中央民族大学民族学与人类学丛书

中国边疆学
理论创新与发展报告
（2019）

REPORT ON
THE INNOVATION AND DEVELOPMENT OF
BORDERLAND STUDIES OF CHINA
(2019)

吴楚克　王浩　主编

社会科学文献出版社
SOCIAL SCIENCES ACADEMIC PRESS (CHINA)

国家社会科学基金重点项目"中国边疆学原理研究"成果

本书由中央民族大学"双一流"学科民族学学科经费资助

前 言
夯实构建中国边疆学的基础

李国强[*]

在几代学人不懈努力下，中国边疆学学科建设目前已经进入快速发展轨道，一门以中国边疆为研究对象的独立知识体系正在建构，也正在呼之欲出，这是我的一个基本判断。近年来，围绕中国边疆学所展开的互动交流、学术讨论十分热烈，除了我们研究所（中国社会科学院中国边疆研究所）呼吁之外，我们所看到的，包括吴楚克老师持之以恒、坚定不移地召开四届中国边疆学理论创新与发展论坛，云南大学、云南师范大学等学校都举办了类似这样的会议。有关研究成果，我想也超过以往任何一个时期，所以我判断，构建中国边疆学已经从呼声转化为学科建设的具体实践，成为边疆研究学术界的共同目标和任务。

关于中国边疆学的学科建设，各位非常清楚，学术界提出了很多观点，可以说异彩纷呈，呈现出百花齐放、百家争鸣的良好态势，但是在众说纷纭中，中国边疆学学科建设的命题似乎又重新变得混沌起来。虽然中国边疆学不是我提出的，但这个过程我基本上是全程经历的，是我们在座马大正先生和他率领的当年的中国社会科学院中国边疆史地研究中心（以下简称"边疆中心"）的学者们，在科研实践的基础上，逐步提出这样一个命题。经过相当一段时间的思考，我感觉我们对于边疆学有一些基本把握，但是在越来越多的研究面前，有一些问题亟待我们厘清，比如说学科定位

---

* 李国强，中国社会科学院中国历史研究院副院长。

的问题、学科内涵的问题、学术体系框架的问题等。思想在不断深化的同时，认识差异却有不断加大的趋势。尽管认识上不一致是十分正常的现象，尽管各种观点理应得到大家的尊重，但是不忘初心，方得始终。在构建中国边疆学的讨论中，我想我们不能忽视提出这一问题的初衷，更不能迷失这一命题的方向。因此，在我看来，清晰认识中国边疆学的理论起点、逻辑起点、实践起点是我们把握初心的根基，科学认识中国边疆学的学科目标、学科任务、学科宗旨是我们牢记使命的关键。而准确认识中国边疆学的时代背景、时代要求和时代方向，是我们继往开来的前提。只有这样才能使中国边疆学的建设基础更加牢固，才能使中国边疆学的发展航向不发生偏离。我认为，中国边疆学学科建设目前正处在一个有关定向与定位的关键节点。

在这个节点上，我的想法是恐怕我们还要回到原点上加以冷静地观察，更加科学地回答，什么是中国边疆学，为什么要构建中国边疆学，我们究竟要构建一个什么样的中国边疆学等一系列基础性问题。同时我们还要从中国边疆学的性质、体系、结构、功能，从中国边疆学的理论、方法、手段、工具等问题入手，牢牢把握中国边疆学学科建设的核心要义，进一步清晰地辨析中国边疆学的主体内涵和学术外延。我想我们路走得再远也不要忘记回家的方向。在这里，我想跟各位分享三个方面的问题。

第一个问题，什么是中国边疆学？界定中国边疆学，在我看来，是建构中国边疆学的最基本也是最重要的环节之一。出于学科建设的需要，我特意反复查阅了国务院学位委员会有关确立学科的一些标准和要求。依据科学性、实用性、简明性、兼容性、扩延性、唯一性六个原则，从边疆学研究对象、研究特征、研究方法、学科的理论来源、研究目的和研究目标等方面，加以细致梳理，客观归纳，科学总结，才能更好地认知什么是中国边疆学，才能更好地探究中国边疆学的学理与学科历史。从上述六个原则入手，我们来探讨一下中国边疆学。在我看来，一个学科必须具有相对独立且自成体系的理论、知识基础和研究方法。要反映不同学科领域的本质差异和原始属性，这是一个非常浅显的道理。如果中国边疆学的理论不成体系，不是独立的，它的知识基础和研究方法既不是独立的，也不是自成一体的，那么我们建构它干什么呢？所以构建中国边疆学，我想就要立足于它自身具有的整体性和独立性，立足于科学归纳提炼，总结其独特的理论和方法。基于此，我做了这样一个定义，以供大家来批判。在我看来，所谓中国边疆学就是哲学社会科学中，一门以中国边疆为研究对象的独立知识体系。这个定义当中包含两个要素。第一个要素就是中国边疆。听起来非常简单，但是我们要去理解它。中国边疆学是把中国的陆地边疆和海洋边疆作为整体进行全面考察的，研究边疆的起源和演进的规律，以及国家治理边疆的全过程。第二个要素就是独立知识体系。这个也非常重要。它必须是独立的知识体系。边疆研究的理论或者知识基础决定了中国边疆学所具有的独立性，它包含了中国边疆从无疆无界到有疆无界到有疆有界发生发展的全部历史，包含了国家边疆治理从无到有、从初级到高级、从简单到复杂的全部进程。在空间格局上，它涵盖了我国所有的边疆地区。在时间脉络上，覆盖了中国边疆由古至今的全时段。通过对边疆历史和边疆建设多层次宽领域的学术考察，要解释中国统一多民族国家发展的客观规律，诠释国家历史疆域与国家领土形成演变的时代轨迹，凝练边疆治理与边疆发展历史嬗变的内在精髓。这是我的一个关于中国边疆学的认识。

　　第二个跟各位分享的问题，我们为什么要构建中国边疆学？构建中国边疆学是理论创新的必然，同时也是时代发展的必然。我们之所以要构建中国边疆学，在我看来，其目的就是通过强化边疆问题的整体性研究、综合性研究，以更加完整规范的学术体系、理论架构，实现边疆领域的三个核心目标。第一个核心目标是探寻我国边疆形成发展变化的历史进程，为科学阐释中国统一多民族国家的必然性、合理性、合法性提供一种基石。第二个核心目标是探寻我国边疆治理的历史脉络。在思想、制度、手段、方式等多个层面，追溯历史根源，阐释时代表征，破解现实难题，为我国边疆治理体系和治理能力现代化建设提供支持。第三个核心目标是探寻我国边疆开发经营的历史轨迹、当代进程、未来方向，为边疆长治久安和可持续发展，实现边疆人民的福祉愿景，提供理论支撑。正是基于上述思考，近年来，中国社会科学院中国边疆研究所（以下简称"边疆所"）在前辈工作的基础上，持续加大构建中国边疆学的力度，召开会议、编辑中国边疆学问题的相关作品，如《中国边疆学》第九辑、第十辑，以及开展广泛的学术交流。不仅把中国边疆学作为我们学科建设的核心目标，而且在中国社会科学院的支持下，中国边疆学在2017年已经纳入中国社会科学院正在推进的"登峰战略"和学科建设的发展战略当中。我们集中优势学科资源，整合优势学科力量，展开中国边疆学学科建设基础性工作。我们当然希望通过扎实务实的工作，从现在起，用两年左右的时间，拿出我们边疆所关于中国边疆学学科建设的一个体系化成果。很幸运的是，在同志们的支持下，这项工作由我来牵头，我们组织精锐力量，正在开展研究。我们把这项研究分成若干章节，由每一个专家学者来分别展开研究。其中，就像我刚才提到的，我们正在进行诸如中国边疆学源头的研究、中国边疆学基础理论的研究、中国边疆学方法的研究，以及一些与其他学科的比较研究等。当然，涉及中国边疆学如何看待和借鉴国外边疆理论的问题，我们也正在进行相关的工作。

无论如何，对于边疆所来说，在座的马大正老师，他见证了边疆所一步步的成长历程。老一代的学者已经走出了一条路，这条路，我们要继续走下去。怎么把这条路继续走下去？我想，既要继承他们的优良传统，同时也要创新发展。根基在老一代，未来发展在我们这一代。我在所里经常跟我的同事们讲，马大正老师当年有两个目标。各位知道我们对这个院子（中央民族大学）并不是很陌生，因为我们最早也是在这里办公，所以在上个月，我在边疆所60周年的庆典上说，边疆所的身上流淌着民族（研究）所的血液。我们最早其实是从中央民族大学的校园起步的。实际上老一代人给我们创造了很多的条件，也奠定了非常好的基础。马大正老师的第一个目标就是建成一个独立建设的科研机构。在他担任我们所领导的时期，这个目标实现了。2002年，当时的边疆中心终于成为中国社会科学院独立建制的一个研究机构。马大正老师的第二个目标就是要把边疆研究建设成为一个学科，即中国边疆学。他为这样一个目标已经奋斗了很多年。目前，我想，无论我们学术界怎样去理解，按照我们的想法，边疆所要拿出实实在在的成果。这是向各位报告的第二个方面。

第三个要跟各位分享的问题，我们究竟要构建一个什么样的中国边疆学？习近平总书记2016年5月17日《在哲学社会科学工作座谈会上的讲话》，为我们加快构建具有中国特色的边疆学学科指明了前进的方向，也明确了具体的要求。按照习近平总书记"5·17"讲话的指示精神，我认为构建中国边疆学应围绕以下三个体系来展开。

第一，遵循学术规律，着力中国边疆学学科的体系建设。所谓学科体系，指的是对专业学科门类整体设置的系统化。学科当然是学术发展到一定时期的产物，它往往既体现社会实践的状况，也反映学术的进展。学科体系的科学性和完整性是我们中国边疆学建设的前提，也是我们中国边疆学持续进步的重要依托。任何一门学问的体系化，首先是源于学问自身由碎片化向整合化提升的内在驱动。我想我们构建中国边疆学恰恰反映了由学术向学科发展的方向。那么打造中国边疆学，我想我们必须按照边疆研究的基本属性，注重多学科以及它们之间的结合，彼此交流，注重多学科研究手段和研究方法相互渗透。同时，我们也必须按照边疆研究的学术规律，形成具有时代特点、内涵多样、结构合理、立足前沿、适应国家需求的学科体系。

第二，要合乎学术规范，着力于中国边疆学学术体系创新。什么是学术体系？学术体系指的是学术研究的系统化，其中包括学术思想、理论观点的系统化，以及学术标准、研究方法和科研手段系统化。我认为，学术体系是中国边疆学的基本内核，也是中国边疆学的核心支撑。没有科学完备的学术体系，边疆学将是缺乏宏观性、系统性和整体性的低层次研究。建立完善的中国边疆学学术体系，必须准确把握边疆研究的特色，从廓清其内涵、学术范畴入手，建立起边疆研究的学术结构，形成边疆研究的学术规范。同时要不断创新学术思想，努力提出有客观依据、经得起实践和历史检验的原创性学术观点。

第三，要顺应时代要求，着力于中国边疆学话语体系创新。什么是话语体系？话语体系就是指一整套表述一种思维系统的语言性。话语体系承载着特定的思想价值观念，关乎价值表达、思想影响和真理传播等重大问题，是一个国家在国际舞台上确立话语权的前提和基础。我们知道话语权的创立者是法国人米歇尔·福柯。米歇尔·福柯指出，话语是权力，人通过话语赋予自己权力。那么构建中国边疆学话语体系就是中国边疆学理论价值和实践价值得以有效提升的重要环节。任何话语体系都有其鲜明的政治立场，这是毫无疑问的。我们说中国有意识形态，美国特朗普政府也有其鲜明的意识形态。中国边疆学话语体系，当然也不例外。在我看来，对内，中国边疆学话语体系关系到边疆主流意识形态话语权，关系到马克思主义在边疆学研究领域的主导地位；对外，中国边疆学话语体系关系到中国边疆学在国际上的话语权力和话语能力，也关系到中国边疆学在国际学术界的影响力和辐射力。

那么构建中国边疆学话语体系，我认为要把握四个要素。第一，要坚持以马克思主义为指导，坚持以人民为中心的基本立场。第二，要坚持不忘本来、吸收外来、面向未来的科学原则。第三，要注重从学理性、通识性、公约性上，打造用于构建中国边疆学话语体系的新概念、新范畴、新表述。第四，也是最关键的一个要素，即努力建构具有原创性、标识性的中国边疆学核心理论。话语体系的决定因素就在于第四条——有没有原创性、标识性的边疆学的核心理论。

在学者们的辛勤耕耘和孜孜以求中，可以说中国边疆学学科建设迎来了大发展和大繁荣的时期。中国边疆研究也正在成为当代哲学社会科学中富有朝气、充满活力的学科。尽管中国边疆学已经具备了独立学科的若干特征，但是学科的构建并没有完成。原因为何？我想恐怕就在于我们对于中国边疆学共同理论基础和研究领域尚未形成透彻的相对一致的学科集合的认识，以及尚未深入思考中国边疆学研究对象、理论体系、知识基础、研究方法等问题。关于中国边疆学学科的讨论势必将继续下去，思想碰撞势必将延续下去。而中国边疆学学科建设也必将在学术交流、思想碰撞中得到进一步的升华。由此而言，可以说，我们边疆研究界在中国边疆学的学科构建上任重而道远。

目 录

第一编　第四届中国边疆学理论创新与发展
高层学术会议论文

中国边疆学构筑是中国学人的历史担当 …………… 马大正／003
中国边疆学研究的多学科合作刍议 …………… 方　铁／015
互联网疆域与边疆
　　——兼议国家网络主权的设置依据 …… 孙　勇　丁　新　王丽娜／035
试论“边界”及其在“边疆学”构建中的重要性 …………… 杨明洪／054
封而不闭的民族国家
　　——兼论跨国民族研究两大范式 …………… 周建新／069
对跨界民族的系统理解 …………… 李　骄／082
“四海一体”海疆构架与建设海洋强国 …………… 王晓鹏／098
李安宅未刊手稿《十年来美国的人类学》解读 …………… 汪洪亮／102
近代中国西北“边疆”意象的生成
　　——基于知识分类和时间结构的分析 …………… 袁　剑／113
边疆研究及其学科化：以民国边政学为中心 …………… 朱金春／122
从“边疆政治原理”到“边疆学原理” …………… 宋培军／140
清代内迁恰喀拉人的民族认同与国家认同 …………… 聂有财／149
命运共同体：广西边疆和谐村寨平而村治理实践研究 ……… 黄小芬／158
试论杨增新之治疆理念 …………… 曹　鹏／175
论我国边疆治理视域中的文化认同问题 …………… 张增勇／184

第二编　第四届中国边疆学理论创新与发展
高层学术会议问答实录

麻国庆致开幕词 …………… 麻国庆／201

马大正谈中国边疆学构筑是中国学人的历史担当 ……………… 马大正 / 204

方铁谈中国边疆史的若干问题及研究的意义与方法 ………… 方　铁 / 210

王义康谈中国边疆的特性与当代边疆研究 ……………………… 王义康 / 217

孙勇谈边疆理论研究的共性与个性问题 ………………………… 孙　勇 / 220

杨明洪谈边界及其在边疆学构建中的重要性 ………………… 杨明洪 / 225

邹建达谈土司"研究热"的"冷思考" ………………………… 邹建达 / 228

周建新谈跨国民族研究的两大范式 ……………………………… 周建新 / 232

张保平谈中国边海防管理体制改革 ……………………………… 张保平 / 236

李骄谈对跨界民族的系统理解 …………………………………… 李　骄 / 239

许建英以新疆为例谈从亨廷顿文明冲突论看中国边疆面临的

　　文化挑战与治理 ……………………………………………… 许建英 / 242

李国强回答提问实录 ……………………………………………… 李国强 / 246

王晓鹏谈"四海一体"海疆构架与东亚海洋秩序的形成 …… 王晓鹏 / 248

汪洪亮谈李安宅未刊手稿《十年来美国的人类学》的解读 … 汪洪亮 / 251

袁剑谈近代中国西北"边疆"意象的生成 …………………… 袁　剑 / 254

朱金春谈边疆研究及其学科化 …………………………………… 朱金春 / 257

宋培军谈从"边疆政治原理"到"边疆学原理" ………………… 宋培军 / 260

聂有财谈清代内迁恰喀拉人的民族与国家认同 ……………… 聂有财 / 262

祁进玉致闭幕词 …………………………………………………… 祁进玉 / 264

附录　2018 年开启"解构边疆观与重构

　　边疆学" ………………………………………… 吴楚克　马　欣 / 266

编后记 ………………………………………………………………… / 277

第一编　第四届中国边疆学理论创新与发展高层学术会议论文

中国边疆学构筑是中国学人的历史担当

马大正*

关于中国边疆学构筑，近 20 年来我撰写了若干文章，大都已结集于《中国边疆学构筑札记》①之中，在拙著《当代中国边疆研究（1949—2014）》②的"第四篇　展论"中也对中国边疆学构筑做了阐述。2017 年 9 月为参加在昆明召开的"中国边疆治理与中国边疆学构筑"高层论坛，我撰写了《关于中国边疆学四题》，并在论坛上做了主题讲话。就我个人而言，有关中国边疆学构筑的思考虽未中止，但创意已是乏善可陈。

一　关于边界、边境、边疆、中国边疆、中国边疆学

在思考构筑中国边疆学时，离不开如下几个名词，即：边界、边境、边疆、中国边疆、中国边疆学。

边界，是指国与国之间的交界线，世界上任何一个国家都有国与国交界的边界。

边境，边境是指与边界线内侧一定范围的地区。一定范围没有统一规定，一般定在 30~50 公里。也就是说，边界线内侧 30~50 公里范围的地区是这个国家的边境地区，世界上任何一个国家都有上述的边境地区。根据绝大多数中国陆地边疆省区的边境规定，中国边境就是与相邻国家接壤的地级市（盟）、县（旗）行政管辖范围内的边疆领土，它包括边境地市

＊　马大正，中国社会科学院原中国边疆史地研究中心研究员。
①　马大正：《中国边疆学构筑札记》，中央广播电视大学出版社，2016。
②　马大正：《当代中国边疆研究（1949—2014）》，中国社会科学出版社，2016。

（盟）县（旗）、边境管理区、边境地带、边境特殊控制区域等。①

边疆，可从两个视角来说。从国家的中心区域视角看，边疆就是远离中心区域且有边界线的边远地区；从边界线视角看，其地域范围要大于边境地区。从这一意义上说，世界上一些国土面积小的国家就难以划出与中心地区相对而言的边疆地区了。即使一些国土面积辽阔的国家诸如美国、加拿大、巴西等国，若依界定边疆地区的两个条件，即有边界线且具有自身历史、文化特点来衡量，也难界定哪些地区可划为边疆地区。除中国外，唯有俄罗斯是一个可以称为有边疆地区的大国。

中国边疆。我们将有边界线且又具有自身历史、文化、民族诸方面特点的省区界定为中国的陆疆省区，或称之为中国陆地边疆地区，包括黑龙江、吉林、辽宁、甘肃、云南五省和内蒙古、新疆、西藏、广西四个自治区。而将有边界线且又具有自身历史、文化、民族诸方面特点的边境县、市称为中国的小边疆地区，亦即上述的边境地区。再加上海疆，包括台湾和海南，这就是中国边疆的地理空间全部。中国边疆具有特殊重要的战略地位，它既是传统意义的国防前哨，又是改革开放的前沿，还是中国可持续发展的基础之地。2013 年 3 月 9 日，习近平同志在参加全国人大十二届一次会议西藏代表团审议时提出"治国必治边、治边先稳藏"的重要战略思想，将治边放在治国的首要地位，对国人认识治理边疆的重要性具有重要的指导意义。"边疆"不能脱离"疆域"而存在，将其泛化不利于对"中国边疆"的研究，也不利于"中国边疆"的稳定和发展。②

中国边疆学。中国边疆学就是研究中国边疆从历史到现实所有问题的综合性学科。中国边疆极具中国特色，研究极具中国特色的中国边疆的中国边疆学，当然也是极具中国特色的。我们在借鉴西方国家相关理论时，一定不要忘记中国特色的实际。

有学人提出构建中国边疆学，"首先建立一个一般意义上的对人类社会边疆现象进行研究的边疆学学科，并形成一定理论解释与研究方法，最重要的是形成一种从边疆出发的视角，然后以此研究中国边疆形成对中国边

① 参见徐黎丽、那仁满都呼《现代国家"边境的界定"》，《中国边疆史地研究》2018 年第 3 期。

② 李大龙：《"中国边疆"的内涵及其特征》，《中国边疆史地研究》2018 年第 3 期。

疆的特殊认识，构建出中国边疆学。"① "如要构建起中国边疆学，首先需要构建起一般边疆学，一般边疆学与中国边疆学是从属关系，亦即一般边疆学是中国边疆研究的基础理论。"②

中国边疆学构筑进程中应有多种理论探索，从这一意义上我鼓励学人们对"一般意义边疆学"或者称其为"一般边疆学"的探研。

但我认为，当前世界各国并不存在具有像中国边疆这种特质的研究对象的存在，可以有边界理论研究、边界变迁史研究、边境管理研究（或可提升为边境管理学），至于是否要建构俄罗斯边疆学，或者重振美国边疆学昔日的辉煌，有兴趣者或关注或探研，但不必将其与我们当前中国边疆学构建历史大任紧密挂钩！

二　中国边疆学构筑演进历程中值得重视的四个节点研究应该深化

中国边疆学构筑从提出到思考的不断深化，是一个渐进、持续的进程。在这个颇显漫长的进程中，我深感如下四个节点是不容忽视的。

第一，对中国边疆研究千年积累、百年探索的继承，以及三十年创新的实践，是中国边疆学构筑的准备。

第二，对中国疆域理论的不断探究，是中国边疆学构筑的学科基础。

第三，对中国古今边疆治理理论与实践的全方位、多层面研究，是中国边疆学构筑的有效切入口。

第四，当代鲜活的现实生活的迫切需求，是推动中国边疆学构筑的重要推动力。

由此，我认为中国边疆学构筑具有必然性、可行性、紧迫性的特点。上述四个节点的研究亟待深化，为此我认为应策划三套丛书的出版，丛书将为中国边疆学构筑研究提供坚实、持续的学术平台。

三套学术丛书分别如下。

一是"中国边疆研究史理论与实践研究丛书"。

---

① 朱金春：《学科"殖民"与构建中国边疆学的困境》，载孙勇主编《华西边疆评论》第三辑，民族出版社，2016，第66页。

② 孙勇：《关于建构边疆学体系的体系思考——代〈边疆学导论〉之绪论》，载孙勇主编《华西边疆评论》第五辑，民族出版社，2018，第52页。

该丛书将从中国边疆研究史的视野，对中国边疆研究的千年积累、百年探索、三十年创新进行面和点相结合的回溯和总结，特别应将重点放在三十年创新的经验与教训的总结上。

二是"中国边疆治理的理论与实践研究丛书"。

该丛书将从中国边疆治理的思想、理论、政策以及经营实践出发，依托历史学、政治学、社会学、民族学诸学科的理论和方法，对从历史到现实的中国边疆治理进行全方位的宏观与微观相结合的研究。

三是"中国边疆学构筑研究丛书"。

应创造条件、积累资料、广泛调研、组织力量、集思广益，启动《中国边疆学通论》（暂用名）的研究与撰写，该项目具有理论的创新性、研究的开拓性、学科建设的基础性，其内容应包括中国边疆学的学科定位、学科的内涵与外延、研究特点和方法、研究功能和价值等问题。通过努力，向社会奉献多部能体现极具中国特色的中国边疆时代特色的学术专著。吁请能有专职于边疆研究的机构关注与组织，有更多的同仁关心与参与，早日让业界和读者读到从不同角度、体现作者不同特色的中国边疆学"通论""概论""引论"……之作。

三套丛书的共同特点可归纳如下。

第一，古今贯通，以今为主。

第二，宏观研究与微观研究相结合。

第三，学术性、原创性应是丛书追求的学术定位。

为推动中国边疆学构筑的学术研讨，《华西边疆评论》率先开辟"边疆学学科研究""边疆学学科建设研究"等学术专栏，在第三辑（2016年10月出版）上刊发了杨明洪的《困惑与解困：边疆经济学还是经济边疆学?》、朱金春的《学科"殖民"与构建中国边疆学的困境》，第四辑（2017年6月出版）上刊发了杨明洪的《反"边疆建构论"：一个关于"边疆实在论"的理论解说》、王春焕的《关于边疆学研究对象和主要内容的思考》。在第四辑的"笔谈"专栏上还刊发了孙勇的《建构边疆学需要打破窠臼》、袁剑的《边疆的概念与边疆学建构》、朱金春的《从国内两部〈中国边疆政治学〉看边疆学学科建构的困境》，为业界同行开辟了一个讨论中国边疆学的学术平台。《中国边疆史地研究》开设有中国边疆学研究的学术专栏，于研究的深化大有裨益。我提四点希望。

第一，寄望于《华西边疆评论》有关中国边疆学的学术专栏能持之以恒，既要有世界视野，也不要忽视中国实际，越办越精彩，且不断扩大作者队伍的覆盖面，并在积累的基础上，不断推出专题论集，以应读者之需。

第二，寄望于《云南师范大学学报》将"中国边疆学研究"学术专栏办得更精彩，能刊发更多直接探研中国边疆学构筑的学术论文。

第三，期待有更多的专业研究杂志和论集，能开辟冠名"中国边疆学研究"的学术专栏，吸引更多的学人参与中国边疆学构筑的讨论和争论。其中我认为中国社会科学院中国边疆研究所主办的《中国边疆史地研究》和《中国边疆学》应有更大的作为。

第四，办好肩负记录中国边疆学学科发展演进历程责任的《中国边疆学年鉴》，为推动中国边疆学屹立于社会科学学科分类一级学科之林成为现实作出贡献。

三 关于中国边疆学的学术思考

近些年，我认真拜读了各位专家有关中国边疆学构筑的真知灼见，结合《当代中国边疆研究（1949—2014）》一书的撰写和《中国边疆学构筑札记》的编选，进一步梳理了近 20 年来自己有关中国边疆学构筑的种种断想，综合成八点学术思考，以就教所有参与、关注中国边疆学构筑的专家和读者。

（一）中国边疆学的学科定位

中国边疆学既是一门探究中国疆域形成和发展规律、中国边疆治理理论和实践的综合性专门学科，又是一门考察中国边疆历史发展轨迹、探求当代中国边疆可持续发展与长治久安，现实和未来极具中国特色的战略性专门学科。中国边疆学是社会科学一个分支，应定位于社会科学学科分类的一级学科。

（二）中国边疆学的学科特点

中国边疆学的学科特点可概括为如下三个方面。

一是综合性。中国边疆学是一门综合性学科，中国边疆社会既是统一多民族国家的有机组成部分，又是一个有机整体。研究中国边疆，涉及边疆形成和发展的历史及规律，涉及边疆地区的政治、经济、民族、宗教、文化等诸多方面。这些具体研究领域各有相应学科，也有相应学科没有涵盖的研究范围，但结合历史与现实，从中国边疆整体出发进行综合研究，只能是中国边疆学。同时这种综合性的特点，还体现在中国边疆学研究视角、研究方法的综合性上。

二是现实性。中国边疆学研究的范围虽然包括边疆的历史与现实，但它主要面对的是中国边疆地区的今天和未来，这是中国边疆学研究的最终目的。当前，中国边疆地区正处于急剧的社会变迁与转型时期，实现边疆地区现代化是时代的主流，因此，中国边疆学以中国边疆地区现代化为中心，以改革、发展与稳定为基础，以维护国家利益为最高原则展开研究，正是由其现实性的特点所决定的。

三是实践性。中国边疆学注重研究中的文化积累，除开展相关"绝学"的研究外，更应面向现实研究。实践性是中国边疆学研究一贯和典型的特征，实践性着重于研究的应用性，强调它指导和改造社会实践的可能性。探索边疆历史上的难点问题、现实中的热点问题，正是中国边疆学实践性特点的体现。需要指出，为现实服务，不能混同研究与宣传的区别，应以科学和理性的精神来观察现实、分析现实、指导现实的走向。作为学科研究，既要适应社会，又要引导社会，否则，学科将丧失生机与活力。

（三）中国边疆学学科的分类设置

我曾在《关于构筑中国边疆学的断想》一文中提出："根据中国边疆学的学科特点，中国边疆学的内涵可包括两大领域，暂以'中国边疆学·基础研究领域'和'中国边疆学·应用研究领域'来命名"。[①]

中国边疆学学科的二级学科设置试做如下思考。

依据中国边疆学的研究对象，即中国边疆的历史与现实的特点和复杂内涵，中国边疆历史学和中国边疆政治学应该是中国边疆学学科下的两门最重要的分支学科门类。

中国边疆历史学的研究重点是统一多民族国家疆域形成、发展、奠定的历史进程和规律性特点，以及与此密切相关的治边观、历代治边政策等。

---

① 马大正：《关于构筑中国边疆学的断想》，《中国边疆史地研究》2003年第3期。

在二级学科中国边疆历史学下可考虑设置若干三级学科,如中国边疆考古学、中国边疆文献学、中国边疆研究史学等。

中国边疆政治学将围绕从古至今的边疆治理展开研究,其内容主要有边疆的政治制度、边疆的社会管控、边疆的民族与宗教、边疆的稳定与发展、边疆的安全与防御、边境管理、边疆的地缘政治等。在二级学科中国边疆政治学下可考虑设置若干三级学科,如中国边疆安全学、中国边疆法制学、中国边疆军事学、中国边疆管理学等。

与中国边疆历史学和中国边疆政治学并列,还可考虑设置中国边疆经济学(生态环境保护、旅游资源开发可纳入其中)、中国边疆人口学、中国边疆文化学(宗教研究应纳入其中)、中国边疆教育学、中国边疆地理学、中国边疆人类学、中国边疆民族问题研究等。

需要说明的是:第一,上述各门类研究均应是古今贯通;第二,边疆理论研究为先导;第三,基础研究与应用研究相结合。

中国边疆学学科分类设置既涉及学科内涵的认识,也离不开学科管理层面的诸多方面,学术因素与非学术因素均有所涉及,十分复杂。上述构思肯定是不完整的,也可能有谬误,只是作为一种思路、一个靶子,供学者们思考和讨论。相信随着中国边疆学学科体系构筑的推进,学科设置的认识将日趋完善。

(四) 中国边疆学的基本功能

中国边疆学的基本功能可概言为文化积累功能和咨政育民功能两大方面,具体说,有以下四点。

一是描述功能。描述是指客观地搜集、记录和整理边疆社会事实及其过程,着重解决的是"是什么"的问题。这是任何一门学科研究的基础和出发点。

二是解释功能。中国边疆是一个不断变化的复杂有机体,现实社会的各种现象和众多问题相互矛盾、相互依存、相互交错,中国边疆学的解释功能就是要在说明"是什么"的基础上,解决"为什么"的问题,探寻中国边疆形成和发展的规律。

三是预测功能。中国边疆学研究的最终目的是促进边疆地区的巩固,促进边疆地区社会的正常运行和发展,因此在理清因果关系、明了事实的基础上，还必须对边疆社会的现象与问题以及其发展趋势做出科学预测，制定战略规划，提出可操作性的对策，使学科发展与社会实践更加紧密地结合。也就是说，在解决了"是什么""为什么"后，应进而探求"怎么办"的问题。前瞻性、预测性与对策性研究是中国边疆学实用价值的集中反映，也是学科服务于实践的直接体现。

四是教育功能。中国边疆学作为综合研究中国边疆历史与现状的学科，在对边疆社会的认识与分析中，影响着广大民众的世界观、价值观、国家观、民族观、历史观，事实上发挥着直接教育和间接教育的功能。

（五）中国边疆学的学科依托与学科交叉

中国边疆学是一门研究中国边疆历史与现状的专门学科，从研究时段看，中国边疆研究离不开中国古代、近代、现代历史的演进历程，但当代中国边疆何尝又不是历史，因此，历史学的理论和历史学的研究方法是中国边疆学赖以生存的基础。但由于中国边疆这一特定研究对象的多维性、复杂性，中国边疆研究体系中包括了基础研究与应用研究的二元性结构，仅仅历史学科的理论和方法已不能完全适应新形势下边疆问题研究的全部，因此，中国边疆学研究需要集纳多学科的理论和方法，诸学科间互通、交融和集约成为必要，中国边疆跨学科研究的大量实践，为中国边疆学的构筑提供了有益经验。如在中国边疆治理理论和实践研究中，历史学的理论与研究固然必不可少，但若主要采用政治学、管理学的理论和方法，辅以历史学、民族学、社会学等学科的理论和方法，实践已证明，此举将大大推动研究的深化。

（六）中国边疆治理理论与实践研究是中国边疆学研究的重中之重

中国边疆是统一多民族国家的重要组成部分。中国的稳定离不开中国边疆的稳定，中国的发展离不开中国边疆的发展。西部大开发战略的实施，其重点也在中国的边疆地区，将中国边疆作为统一多民族国家的有机组成部分，作为一个完整的研究客体，我们才能更好地认识中国的边疆、研究中国的边疆，才能更好认识中国边疆面临的一系列历史上的难点问题和现实中的热点问题，并做出科学的回答。而所有这一切只有在中国边疆学学科建立后才有望得到更合理的开展。

试以中国边疆治理研究为例略做说明。中国是一个有着悠久历史的文明古国，自秦汉以来，历朝历代都十分重视边疆的经营与治理，维护着国家的统一与边疆的发展。中国边疆治理的基本任务是如何守住一条线（边界线），管好一片地（边疆地区）。边疆治理的成败得失，是综合国力强弱的标志之一。中国历代政府在边疆治理方面积累了丰富的经验，而中华人民共和国在治理边疆上既有继承，又有更多的创新。边疆治理的内容十分丰富，主要有边疆行政体制、中央和地方的管理机构、边境管理、边防（国防）、周边外交、民族政策、宗教事务管理、经济开发、文化政策、治边思想等。为了应对 21 世纪新形势的需要，研究应努力尝试通过维护统一多民族国家整体国家利益，来总结历史上治边的经验和考察当代中国边疆稳定和发展面临的机遇与挑战，制定相关的边疆稳定与发展战略。这样宏伟的任务，显然不是仅仅依靠一门或几门学科的理论和方法能完成的，唯有从中国边疆学的学科高度才有望达到目的。

（七）中国边疆学的研究方法

中国边疆学特定的研究对象决定了研究方法中的三个有机结合，即从研究对象而言，中国边疆是历史与现实的结合；从研究类型的分类而言，是基础研究与应用研究的结合；从研究方法而言，是多种学科研究方法的整合。

（八）中国边疆学是一门具有强大生命力的新兴交叉学科

中国边疆学具有强大生命力的原动力，可以从如下三个方面来观察与认识。

第一，从中国边疆学研究的对象中国边疆来看，中国边疆是统一多民族国家不可分割的组成部分，中国边疆又是当代中国人继承先辈留存的两大历史遗产——统一多民族国家和多元一体中华民族——的连接平台，中国边疆的战略地位决定了对它的研究具有特殊的重要性、紧迫性。

第二，中国边疆学研究的基础研究部分，包含了丰富的以史为鉴的功能，在这里历史不是不食人间烟火的阳春白雪，而是与火热的现实生活紧密相连。

第三，中国边疆学研究的应用研究部分，具有强烈的为现实服务的功能，为维护国家统一、边疆稳定、民族团结、社会和谐，为决策部门提供科学决策的政策咨询。

上述三点是中国边疆学这门学科具有强大生命力的原动力，而强大生命力的客观存在又将为中国边疆学的构筑和可持续发展提供精神和物质的基础。

四 学人的历史担当

中国边疆学构筑当前之要务，我在《当代中国边疆研究（1949—2014）》① 中曾有简述，这里拟从学科建设和社会教育两个方面补叙如下。

（一）学科建设方面

中国边疆学构筑的首要条件是要打造具有中国特色、中国风格、中国气派的中国边疆学的学科体系、学术体系和话语体系。近40年来，"中国边疆学在学科目标的提炼、学科结构的打造、学科框架的搭建、研究平台的推出等方面取得了重大突破，在研究人员培养、学术成果的积累等方面取得了可喜成果。但是，应该看到，中国边疆学话语体系相对弱化，尤其是在某一学术体系与邻国的学术体系相交叉、叠合时，往往自缄其口，造成话语断裂、缺失，甚至失语，正是由于中国特色的话语体系和话语创新相对滞后，中国边疆学的学科价值也才更加凸显。"② 因此，当代中国边疆学学科理论体系和学科话语体系可从以下几个方面展开：

1. 在前近代中国历史的语境中凝练出有关疆域和边疆的本土化话语；

2. 厘定本土话语表述的基本概念并使之系统化，进而厘清其与当代话语之间的区别与联系；

3. 以系统化的本土话语阐明前近代中国疆域与边疆形态发展的基

---

① 马大正：《当代中国边疆研究（1949—2014）》，中国社会科学出版社，2016，第 602~604 页。

② 苗威：《建构中国特色的中国边疆学话语体系》，《中国边疆史地研究》2018 年第 3 期。

本规律，并分析其近代转型的复杂历程；

4. 在此基础上，从思想、制度、实践等层面上建构符合中国历史传统与现实状况，并具有自身特色的边疆学学科体系。①

当然中国边疆学学科的理论与方法、内涵与外延、功能与特色等的阐论也有待细化与深化。

在这里我还想强调，既然是中国边疆学，那么构建新时代中国特色的边疆学学科应当以我为主，在充分吸收人类各种文明成果，尊重自身历史和传统的基础上，凝练并提出自己的话语和话语体系，从维护国家核心利益的立场出发，科学总结中国疆域发展和形成的规律，多层面、多维度地提炼出并建构自己一套成熟的边疆理论体系，从而才能平等地与国际学术界展开对话。②

我们应该立足中国政治文化传统实际，从中国漫长的历史时期和复杂丰富的现象中，梳理和总结出中国边疆研究的一般性、规律性和突出特点，建构中国边疆研究的话语体系，"至少在中国边疆研究领域不人云亦云，或者不用中国的史实给西方学者的理论做注脚，甚至不必通过引征西方的理论来证明自己的学识和见解，在探索路上给自己壮胆"③。

（二）学人要走出象牙塔，中国边疆学构筑要直面现实、走向社会

学人要着力推动在边疆教育上多做工作。推动边疆教育，这里的教育是指广义的教育，包括学校教育和社会教育。

关于学校教育，我认为应借鉴20世纪30~40年代边政学建设的有益经验，在高等院校和有条件的研究机构设立边疆系或开设边疆学专门课程，培养受过专门训练的中国边疆学的硕士和博士，以应对边疆研究深化、中国边疆学构筑的需要。

在社会教育方面，应加大宣传边疆和普及边疆知识的力度，让国人更

---

① 王欣：《关于中国边疆学学科话语理论体系建构的几点思考》，《中国边疆史地研究》2018年第3期。
② 参见马大正《中国疆域的形成与发展》，《中国边疆史地研究》2004年第3期。
③ 张云：《中国边疆研究的内涵和特征刍议》，《中国边疆史地研究》2018年第3期。

多地关心边疆、认识边疆、了解边疆、热爱边疆，让学术走向大众，让大众了解学术，必须说明，这里的大众不仅是指千百万普通百姓，还应包括涉边事务的管理者和决策者。在这方面，中国边疆研究者是大有可为的。

历史、现实和未来总是相互联系在一起的，历史是现实的昨天，未来则是现实的明天。中国边疆学研究的对象中国边疆，其本身具有历史与现实紧密结合的特点，因此，中国边疆学研究必须依托历史、面对现实和着眼未来，这既是中国边疆现实向我们提出的要求，也是中国边疆学学科建设的需要。中国边疆研究者要完成上述任务，更应继承和坚持求真求善的优良学风。1993 年我曾在一篇文章中写道："中国古代传统史学研究，有着求真求善的传统。从汉代杰出史学家司马迁起，求真求善即成为每一位有成就的史学家追求的目标。司马迁的求真，即要使其史书成为'其文直、其事核、不虚美、不隐恶'的'实录'（《汉史·司马迁传》）；而求善则是希望通过修史而成一家之言，即通过再现历史的精神来展现自己的精神。与此紧密相关的就是经世致用的传统。求真求善才能得到经世的理论体系，致用则是使理论研究达到实用的目的。"① 上述这段话当时主要是指边疆史地研究，我想对中国边疆学构筑也应该是适用的。

中国边疆学构筑，要坚持制度自信、理论自信、道路自信和文化自信，需要学人扎实的研究，持之以恒的决心，锲而不舍的信心，一步一个脚印，即古语所云：九层之台，起于累土；千里之行，始于足下。已经有了一个好的开头，理想之结局会成为现实！

2018 年 11 月 10 日

于北京自乐斋

---

① 马大正：《当代中国边疆研究工作者的历史使命》，《边疆与民族——历史断面研考》，黑龙江教育出版社，1993，第 5 页。

中国边疆学研究的多学科合作刍议

方　铁[*]

一　中国边疆学的特点与发展趋势

中国边疆学是研究中国边疆有关的历史与现状问题的学科。进入 21 世纪后，中国边疆学得到长足的发展，目前已成为广受学术界瞩目的学科。

中国边疆学发展迅速，与中国面临的国内外形势有关。就国内来说，1978 年实行改革开放，我国进入持续发展的时期，边疆地区的形势随之出现变化，在边疆地区持续发展、资源合理开发利用、民族关系和谐进步等方面都面临新的问题，原有的认识与经验已不能满足需要。在国际上，诸多关系发生改变，一些涉及边疆的权益存在争议。尤其是作为世界大国的美国，强行推行单边主义，对现行国际秩序构成严重的挑战。在这样的情况下，我国边疆及与边疆有关的问题十分突出，亟待学术界加强研究，从理论探讨与实践总结方面予以回应。

中国历来有重视边疆治理的传统。近代由于列强环伺中国边疆，边疆地区出现严重危机，促进有识之士对中国边疆的历史与现实问题进行研究。中国边疆学大致经历了古代治边研究、近代以来的边疆舆地学、边政学、边疆史地、边疆综合研究等几个发展阶段。[①] 中国边疆学的萌芽与诞生，与中国边疆地区的治理以及边疆出现的危机和挑战有关，并伴随中国边疆问题的日益深化而得到相应的发展。

中国边疆学学科具有以下特点：一是基础性研究与应用性研究并重；二是边疆理论与治边实践并重；三是边疆历史与边疆现实问题并重；四是

---

[*]　方铁，云南大学西南边疆少数民族研究中心教授。

[①]　方铁：《试论中国边疆学的研究方法》，《云南师范大学学报》2008 年第 5 期。

研究视角与研究方法具有多样性；五是边疆史地研究与人文社会科学的其他学科，以及与自然科学的相关学科相结合；六是研究成果不仅具有学术意义，而且有重要的应用价值。可以预期，中国边疆学具有的上述特点，随着时代的前进将日趋明显，并形成深度发展的趋势。

中国边疆学源起于近代以来的边疆舆地学、边政学以及边疆史地研究，这几个领域属于历史学的范畴。因此，历史学的研究方法仍然是中国边疆学的主要研究方法之一。历史学研究的主要特点是重视史料的收集与整理，注意把握历史发展过程以及相关因素间的复杂联系；在对史料做全面收集、正确诠释的基础上，通过分析、演绎与归纳等方法，尽可能准确地复原历史的面貌，进而总结历史演变的特点与规律。

中国边疆学研究的对象十分丰富而且复杂，涉及的内容不仅与历史有关，一些问题至今依然存在，而且发展演变的过程仍在延续。中国边疆学的不少问题，属于政治学、法学、国际关系学甚至自然科学探讨的范畴，仅靠历史学不可能做深入的研究。中国边疆学涉及的学科，包括历史学、民族学、政治学、社会学、法学、经济学、国际关系学、考古学、语言学、地理学、宗教学、哲学、文化人类学、人口学、宗教学、军事学、心理学、环境学、生态学、信息学等。因此，重视历史学与相关学科的合作，学习、借鉴其他学科研究的成果与方法，是中国边疆学获得进一步发展的前提。

习近平同志指出："当代中国正经历着我国历史上最为广泛而深刻的社会变革，也正在进行着人类历史上最为宏大而独特的实践创新。这种前无古人的伟大实践，必将给理论创造、学术繁荣提供强大动力和广阔空间。这是一个需要理论而且一定能够产生理论的时代，这是一个需要思想而且一定能够产生思想的时代。"他又说："哲学社会科学研究范畴很广，不同学科有自己的知识体系和研究方法。对一切有益的知识体系和研究方法，我们都要研究借鉴，不能采取不加分析、一概排斥的态度。"[①]

中国是世界上历史持续演变、文化传统未曾断裂的唯一大国。中国在边疆治理、处理民族关系方面形成一套较完整的理论，在边疆建设、边疆民族和谐相处、妥善处理邻国关系等方面，也积累了宝贵的经验。从这个

---

① 习近平：《在哲学社会科学工作座谈会上的讲话》，人民出版社，2016，第8、18页。

意义上说，中国边疆学是中国经验的组成部分，其构成内容、研究的对象与方法，与西方的边疆问题研究有所不同。目前，加强我国边疆治理理论体系的建设，增强文化软实力，争取在国际上的话语权，已成为一项刻不容缓的任务。我国关于边疆治理问题的研究，尚落后于迅速发展的形势。这对我国处理边疆问题产生了不利的影响，同中国国力的迅速增长与中国崛起的远大抱负也不匹配。因此，发展具有中国特色的中国边疆学，不断提高研究水平，不仅是形势和时代的需要，也是用中国话语讲述中国故事的具体体现。我们应树立远大的志向，构建具有中国特色、具有较高学术水平的中国边疆学。

参与中国边疆学合作研究的学科甚多，以下择其要者作简要叙述。

二 历史学二级学科的合作

与中国边疆学关系较密切的历史学二级学科，主要是中国史的专门史、断代史，以及外国史的中国周边国家史。较为常见的研究路径，是进行史料的收集与整理、具体史实与历史问题的研究，以及相关理论与规律的探讨。这些工作十分重要，仍应得到重视并继续开展。但中国边疆学毕竟不同于一般的历史学，其所具有的两个特点值得重视。

一是中国边疆学探讨的某些问题，具有内容结构复杂、运动时段甚长、位处深层不易发现等特点。这些问题有：历代政治实体治边的思想和治策，治边思想和治策与中国传统文化的关系；历代政治实体治边战略的内容及其应用，治边战略的形成发展及其与统一多民族国家形成巩固的关系；中国边疆形成演变的过程，中国边疆形成演变的机制与内在规律；传统文明、地缘政治、民族宗教问题与传统治边的关系；中国传统治边的思想、策略蕴含的积极内容，在新形势下如何继承发展等问题。

二是中国边疆学涉及的一些问题，仅靠历史学不可能进行充分的研究。例如，边疆地区人类活动与自然环境变迁的关系；中国边疆地区的形成发展过程、中央政府对边疆的管理与经营、边疆民族融入中华民族整体等中国经验，如何与外国交流并形成共识的问题；边疆地区资源、权益的合理分配，边疆毗连地区资源的共同开发问题；边疆地区的法治管理与邻国的对接，实现睦邻相安、睦邻合作并与邻国构建命运共同体等问题。

若固守以考证、推理为主要手段的历史学传统方法，排斥其他学科的参与合作，深究上述问题可说是举步维艰。历史学的一些学者，近年来采用历史时段、系统分析、比较研究等较新的研究方法，取得了令人欣喜的成果。

历史时段方法源自法国年鉴学派第二代领军人物布罗代尔提出的"长时段理论"。该理论流行五六十年仍未见衰。[①] 布罗代尔认为历史时间可划分为结构（Structure）、局势（conjoncture）、事件（event）三种不同的时段，这三种时段在历史研究中的重要性相异，可按照结构、局势、事件的顺序递减排列。所谓"结构"，主要指地理环境、气候变化、社会结构、文化心态等在数百年、上千年间起作用的较稳定因素。"局势"指人口增长、流通分析、国民产值等数十年、百余年间存在的重要因素。"事件"则指事件、现象、人物等短期内出现的因素。布罗代尔认为长时段历史最重要，而短时段历史不过是细枝末节，这种看法有失偏颇。但布罗代尔将历史时间划分为不同的时段，注重区分不同时段的研究内容及其特点，尤其重视探讨长时段下蕴藏的事物内部结构与发展演变的规律，具有十分重要的意义。

系统分析方法源自自然科学，应用于人文社会科学后得到改造与补充。[②] 该方法视研究对象为由诸多要素组成的一个庞大系统，其中包括诸多的子系统，各系统相互影响，推动事物不断前进。系统分析方法具有以下特点，一是认为事物处于不断的运动和变化之中，如古希腊哲学家所说："人无法两次踏入同一条河流。"二是承认事物内部存在复杂的结构，结构内部的联系与矛盾构成事物发展的推动力。三是认为研究对象包含不同的子系统，但系统的整体功能大于各部分功能之和，或者说研究者对事物整体把握的重要性超过对子系统分散的研究。系统分析方法与历史唯物主义有相通之处。

比较研究方法在历史学中应用较广。应用此法通常是选取两个或多个具有可比性的对象，总结其发展轨迹，做不同时段的比较，或在某一时段做横向情形的比较。比较研究重视研究对象的相同点与不同点。取得成功的关键，在于选取的对象是否具有可比性，以及比较是否符合逻辑及遵循

---

① 方铁：《中长时段方法与边疆史研究》，载南开大学历史学院、北京大学历史系、中国社科院历史所编《中国古代社会高层论坛文集》，中华书局，2011，第172页。

② 方铁：《方略与施治：历朝对西南边疆的经营》，社会科学文献出版社，2015，第13页。

科学的研究程序。比较研究方法有助于发现研究对象的异同，进而寻找其成因及内在的规律。

建设中国边疆学，应扩大研究的领域，发展深层次的研究，尤应提倡综合性的研究与大视角的研究。中国边疆学研究的对象具有时间跨度长、地域范围大、内涵丰富与情况复杂等特点，内容涉及众多的学科与研究的领域。进行多学科、综合性研究能拓宽视野、扩展材料范围，从不同角度、不同层次来认识研究对象的本质与规律。综合研究强调的是各学科之间的横向联系，大视角研究则是指在研究中扩大视野，把研究对象放在更为广阔的背景下考察。由于复杂的自然环境与社会发展等方面的原因，边疆地区演进的过程丰富多样。若采取静止和孤立的方法研究边疆学方面的问题，难以摆脱"只见树木、不见树林"的局限。进行综合性、大视角的研究，不仅要采用历史时段、系统分析、比较研究等较新的方法，还需要历史学各二级学科、组织社会科学以及自然科学有关学科的通力合作。

专门史中的民族史与历史地理学，较早介入中国边疆学方面的研究。1949 年以来，学术界关于边疆问题的研究成果有相当一部分来自民族史学界。近年来研究的视角和重点发生改变。究其缘由，既因民族问题、边疆问题搅在一起难以区分，也因边疆问题日渐突出，人们对边疆与民族的关系等获得新的认识。此外，相关研究进入较深的层次，研究复杂问题逐渐受到重视，也是一个研究的视角与重点变化的原因。梳理清朝对边疆各地的治理，发现清朝不仅重视宗教信仰与宗教问题，而且将宗教问题的应对作为治边制度与政策的一部分来建设。可见宗教信仰与宗教影响历朝治边的问题，近年来也受到学术界的重视。

历史地理学与中国边疆学的关系十分密切。历史地理学有研究地理学中与历史有关部分、探讨历史学中与地理有关部分等两种学科定位。受其影响，历史地理学兼采历史学、地理学的研究方法。历史地理学界研究的一些问题，如中国历史疆域的形成与变迁，边疆的行政管理及其演变，边疆人口的分布与迁徙，边疆的经济开发与地域差异，边疆城市与交通线的历史变迁，边疆的历史文化景观及其变化，边疆人类活动与自然资源、环境的关系及其嬗变，都具有跨学科研究的特点。历史地理学、中国边疆学还有一个共同之处，即较擅长从整体观、发展观、运动观与比较观的角度来观察问题。

近年有学者提出地缘政治观及其应用的问题，① 即属于历史地理学视角较新的探讨。所谓"地缘政治"，指与地理因素紧密相关的政治及其有关问题。地缘政治是客观存在，人们关于地缘政治的理论是对这一客观现实及其应对的认识与总结。中原王朝有经过长期的实践与积累形成的地缘政治观，其表述话语与内容构架，与西方的地缘政治理论颇有差异；其内容之丰富，较之西方的地缘政治理论毫不逊色。

中原王朝的地缘政治观具有以下特点：一是形成发展的时间很长。从先秦时期诸子百家热衷于探讨诸侯国的地缘政治、形成地缘政治研究的首次高潮算起，到晚清王夫之等思想家潜心总结历代经营得失，就有关的地缘政治问题作专门探讨，中原王朝的地缘政治观经历了二三千年演变的过程。二是历代王朝处理与地理因素有关的政治问题，常自觉或不自觉地应用地缘政治方面的知识，经过反复的实践与总结形成一些相应的原则与策略。三是中原王朝的地缘政治观内容十分丰富，既关注自身政治利益与相关地域的关系，也包括对本集团与天下地缘政治关系的认识。四是中原王朝的地缘政治观，与近代西方的地缘政治理论明显不同，集中反映了观念持有者在价值观、天下观、人地关系观等方面的哲学思想与政治智慧。中原王朝的地缘政治观强调不同地区之间主次、先后的关系，形象地喻之为树木与枝叶或身体与四肢的关系；同时持有宝贵的全局观、长远观与内在联系观，注意到不同地区之间存在联系及互动的关系。中原王朝不仅关注地域板块之间的关系，还重视地缘政治视角之下的区域经营与治理方面的问题。

历史地理学家探讨中国边疆学，近年还较重视区域史的研究。目前我国的区域史研究，大致有向内收缩、向外扩张两种视角，即从区域外看区域内，或从区域内看区域外。② 开展区域史研究，以采用历史时段方法较为优越。应重点揭示区域内部的运行机制，区域演变过程中人的作用，以及区域中自然、地理环境的变迁等问题，这样才能呈现全面、鲜活的历史。另外，相关研究还应妥善处理区域的同质性与异质性的问题，既总结所研

---

① 方铁：《论中原王朝的地缘政治观》，载邢广程主编《中国边疆学》第七辑，社会科学文献出版社，2018，第3页。

② 黄道炫：《区域史研究正不断拓展史学研究的视角》，《人民日报》2018年5月3日。

究区域的特点与自身规律，也不能将所研究区域与地区全局分离开来。

三 历史学与人类学的合作

人类学是全面研究人及其文化的学科。① 在英美等西方国家，人类学包括文化人类学与体质人类学，文化人类学亦称社会人类学。人类学主要研究现实生活中的人及其文化，表明人类学与历史学仍有区别。②

人类学的研究方法具有如下特点：一是以普同论、全貌论、整合论、适应论、文化相对论为理论基础，强调研究对象的全貌观、整体观与适应性变化观，认为文化的价值是相对和平等的，任何文化均有其独特价值，值得尊重和研究。二是重视直接观察方法，通过深入的观察与访谈，全面、系统地把握研究对象各方面的情况。三是注意发掘研究对象的诸多表象所具有的文化含义，探索深藏其内部的文化要素及其变化的过程，以及相关的运行机制与内在规律。③

真实的历史与历史学是有区别的。历史是已凝结的过去，已形成的史实只能被后人认识，铸就的史实不可能修改。受研究者的视角与方法、所掌握史料的丰富完备与否、研究者的时代和水平等因素的影响，不同研究者对同一研究对象的看法必然有差别，甚至研究结果大相径庭。研究历史是历史学家的任务。历史学可以不断探索，一些研究或许能较大程度地接近史实，但无人能准确、全部地复原真实的历史。

复原历史若能做到精彩、真实，并探索其内在机制与发展规律，必须具备足够的史料根据以及符合逻辑的严格推理等条件。法国年鉴学派认为，历史学不能依靠简单地罗列史料。只有历史学家赋予揭示其真相的思想，才能使史料鲜活起来，进而构成真正的历史学。中国历史学家何兆武说："所谓历史的本来面貌，实际上乃是史家所企图传达给读者的那幅面貌。这里面已经经过了历史学家的理解、诠释和他的表达以及读者的理解三重炮制。数据只是死数字，是经过以上的重重炮制才赋予它们有血有肉的生命，

---

① 庄孔韶主编《人类学通论》，山西教育出版社，2004，第1、12页。
② 就广义而言，历史学应属于人类学的一部分，此不赘言。
③ 方铁：《论古代边疆演变的内在机制——基于人类学视角的考察》，《天府新论》2015年第2期。

使之转化为活生生的人的历史活动。"①

引入人类学的知识与研究方法，对探讨中国边疆的形成演变等问题十分有利。采用系统分析方法与历史时段方法，也为历史学与人类学结合研究提供了必要前提。人类学定位于研究当代的人与人的文化。历史学则探讨已发生的事实，两者的定位截然不同。根据研究对象的差异，人类学可细分为探讨历史、经济、宗教、体质、生态等学问的不同分支。现代人类学认识论的基础，主要是普同论、全貌论、整合论、适应论和文化相对论。现场直接观察法是人类学的重要方法，认为研究者唯有亲临现场亲睹并收集事实，获取的材料才真实可信。研究者须对获取的材料做全面深入的研究，发掘深藏其内的文化内涵，梳理相关因素的关系，才能揭示所探讨问题的本质。人类学与历史学探讨的对象虽有现实及过往的区别，但不妨碍我们汲取其理论与方法的有用之处，借以探讨历史现象的内在机制、演变规律等较复杂的问题。

历史学家从事的研究，主要是收集史料进行考释，争取最大限度地复原史实。一些旨趣较佳的历史学家，在复原史实的基础上，还努力探讨深藏其内的演变机制与发展规律等问题。如前所述，无人能毫发无损地复原历史，何况保留至今的史料本身多有欠缺。进一步来说，中国历朝的记录虽有相对客观、准确的优点，但史料残缺不全甚至被恶意篡改也不可避免。兼之中国史学界根深蒂固的传统是划分朝代分类研究，对历史过程的认识不免造成割裂。受其影响，一些人淹留于局部乃至细碎问题的探讨，热衷于平面及静止意境的研究。诸多不利因素的存在，使探究演变机制与发展规律等深层且复杂的问题，有可能成为难以企及的奢望。

人类学提倡的全貌论、整合论、适应论和文化相对论，与整体史研究法有相通之处，相关的思维以及探讨亦可在采用历史时段方法的前提下顺利进行。历史学家不可能身返过去的历史。但人类学倡导的"现场亲睹"，却提醒历史学家应模仿古人的思维方式，置身所研究时代的意境，才有可能领会史载话语的真实含义。另外，人类学讲究破解资料所蕴含的信息，释读隐藏其中的文化密码，以获得对事实的准确把握。人类学家还关注事物内部的关系及其变化过程，这些都值得我们学习。

---

① 何兆武:《思想文化随笔》，科学出版社，2012，第129页。

近年来一些学者研究土司制度，试图借鉴人类学的研究方法。① 例如，元朝最早在云南行省实行土官制度，施行后效果显著，乃在湖广行省等地推广。明朝对土官制度进一步完善，所形成的土司制度在更大的地域范围推行。清雍正朝实行"改土归流"，保留土司制度的合理内核，在边疆地区则继续实行土司制度。

土司制度有其特定的社会基础，仅适用于南方的蛮夷地区。土官土司制度重在控制蛮夷首领。其主要特点有以下几个：一是强调各级土司与所辖子民、自然资源之间的紧密关系，注重土司社会由上而下的复杂结构，设法使之相互牵制。二是朝廷极为重视土司职位的承袭，视其为控制土司的要害。朝廷为此积极发展儒学教育，培养合格的土司接班人。三是允许一些土司统率土军，负责维持治安并可由国家调用。四是朝廷在土司地区征收赋税，并以此为土司的重要职责。土官土司制度开创了中原王朝统治边疆分类施治的时期，即根据边疆各地自然环境的特点与资源开发利用的不同方式、当地的社会结构以及衍生的文化传统、蛮夷之间以及蛮夷内部复杂的关系，制定不同的统治方略以及相关制度。

盟旗制度与土司制度迥然有异。清朝的盟旗制度源自前代的万户制度，吸收了八旗制度的一些内容，主要实行于北部草原。游牧社会盛行强者为王，相互兼并、势力消长是常事。游牧势力膨胀过甚，可能导致无法控制的局面。盟旗制度的核心是防止游牧部落相互间的掠夺与兼并，乃至形成有威胁性的政治势力，即史籍所说的"众建而分其势"。因此，盟旗制度的关键是维持所设盟旗的稳定与盟旗的规模，控制游牧势力的消长。另外，清廷不甚重视盟旗长官的世袭。基于上述认识，清廷通过世代联姻控制游牧势力的上层，又通过分置盟旗管控游牧势力内部的关系，为此禁止盟旗之间相互往来，不许越界放牧。至于在盟旗地区发展儒学教育、征收赋税等则属较次要的问题。通过实行盟旗制度，清朝有效地控制了北部草原，同时解决了北方游牧势力经常南下骚扰的问题。

清朝在其他边疆地区施行的统治制度，也是根据当地的具体情况制定的。清朝在维吾尔族地区实行伯克制度。伯克原是维吾尔族地区的传统官

---

① 方铁：《土司制度与元明清三朝治夷》，《贵州民族研究》2014 年第 10 期；《土司制度研究方法述论》，《云南师范大学学报》2017 年第 2 期。

制。15世纪后伊斯兰教在其地得到迅速发展，宗教领袖阿訇逐渐掌控政权。清廷认识到若听任阿訇势力膨胀，将危及其在维吾尔族地区的统治。统一新疆后清朝实行政教分离的政策，废除伯克世袭的传统，并就伯克的任免、品级、回避、养廉、入觐等作出具体规定，令伯克署理维吾尔族地区的民政事务，有效抑制了宗教势力的发展。清朝在西藏实行以政教合一为特色的制度。清初朝廷利用蒙古和硕特部的首领顾实汗，对西藏进行间接统治。18世纪初清朝派官员直接管辖西藏，派遣驻藏大臣代表朝廷处理西藏事务，并借重驻前藏的达赖喇嘛、驻后藏的班禅额尔德尼两个宗教领袖，规定其地位和职权与驻藏大臣平等，共同协商处理政务。以后又创立了遴选达赖喇嘛、班禅额尔德尼继承人的金瓶掣签转世制度。

研究边疆地区形成的机制与演变规律、历朝制定边疆的统治制度等问题，采用人类学方法大有可为。人类学与历史学结合研究，可以探讨的问题很多，这是一个前景广阔的研究领域。

四 历史学与政治学的合作

政治学是研究社会公共权力的活动、形式和关系及其发展规律的科学。[①] 政治学研究的核心问题是国家问题。中国政治学界近十多年来探讨的热点，主要是国家理论、政治发展、政治文化、政治参与、政治稳定等方面的问题，这些问题也为中国边疆学界所关注。两者不同之处，政治学主要是探讨现实方面的问题，而历史学则关注历史上的问题。政治学、历史学还可共同探讨感兴趣的问题。包括政治制度史与当代政治制度在内的中国政治制度研究，近年来方兴未艾，而对中国政治制度史的研究，大致有政治学和历史学两种不同的视角，表明这是一个学科边缘领域。

历史上的政治制度与行政管理等问题，属于中国边疆学研究的范畴。中国的封建集权制度，中央与地方的行政体制及其运行机制，包括法律、监察、军事、财经、教育、职官等在内的国家管理制度，以及中国传统的政治哲学，对探讨中国历史疆域以及统一多民族国家的形成与管理，具有重要的参考价值。政治学的一些研究方法，如重视结合国家理论进行探讨，

---

① 中国社会科学院科研局编《新中国社会科学五十年》，中国社会科学出版社，2000，第256页。

具有全球意识、历史演进与比较研究的视野，积极捕捉并追踪重大理论与现实方面的问题，善于根据研究对象的差异选择适当的研究方法，这些值得人们学习和借鉴。

边疆统治制度是历朝治边的理念、方略的制度化体现，也是历朝治边的理念付诸实践的中介环节。史学界研究历朝的制度，重点是阐述制度的内容与特点，至于设计者提出制度的初衷，制度形成演变的过程，以及制度施行后的效果与相应修正，通常注意不多。政治学提出了"制度安排"的理念。"制度安排"包括两层含义，一是强调制度设计、定型乃至衰落的演变过程，二是重视制度实行后的情况反馈，以及制度制定者根据反馈的情形，对制度做相应的修改使其臻于完善的过程。

明确"制度安排"的含义，有助于我们了解历朝治边的理念、方略与制度设计之间的辩证关系，即治边的理念、方略是制定边疆统治制度的基础，边疆统治制度付诸实践及其情况反馈，则为治边的理念、方略的修正与完善创造条件。另外，"制度安排"理念也有助于我们认识历朝治边的理念、方略与边疆统治制度所经历的不断发展及趋于完善的过程，进而探索发展过程的阶段性差异，以及造成这些差异的原因。

基于"制度安排"的视角，可以认为中原王朝治理边疆的地方行政体制及其运行机制，大致可分为秦汉至宋代施用于整体边陲的羁縻政策，以及元明清时期以土官土司制度为代表的分类施治型统治制度两个发展阶段。自元代起中原王朝明确区分边疆与邻邦，在边疆地区施行以因地制宜、分类施治为特点的统治制度，对邻邦则实行藩属国制度。[①] 羁縻政策实行于秦汉至宋代，主要内容是中原王朝借重边陲夷狄的首领，对边陲夷狄施行羁縻或控制，但并未形成严密的制度。元朝在云南行省首创土官制度，明代将其发展为土司制度，并在更大的地域范围推广。

土官土司制度具有以下特点：一是仅推行于边疆地区，不再兼用为应对邻邦的政策。二是仅施用于西南边疆及情形类似的其他蛮夷地区，并不用于北部草原等差异明显的地区。三是土官土司获得占有资源和拥有权势的合法性，朝廷掌握收回资源与权势的权力，迫使土官土司奔走效忠，形成了有效的运作机制。四是初步解决治边中长期存在的高成本、低收益的问题，提高

---

① 方铁：《论中原王朝治边的理念、方略与制度安排》，《烟台大学学报》2018 年第 1 期。

了朝廷治边、营边的积极性。五是为解决边陲吏治、驻军等方面的问题，提供了行之有效的途径。六是使中原王朝"以夷制夷"的策略获得成功，治边的效率明显提高，对边疆的统治亦相应深入。土官土司制度也存在软肋。一是易造成土官土司坐大并割据自守。二是中原王朝对土司地区或鞭长莫及，土司地区甚至可能脱离国家的法治管控。三是土官土司地区的发展长期滞后，随着时间的推移日趋严重。明清两朝为解决上述问题进行了"改土归流"，尤以清雍正朝"改土归流"的影响最大，效果也最明显。

土官土司制度获得成功的原因，在于朝廷掌握了南方蛮夷社会的症结，即蛮夷及其首领与土地、人口等资源存在密不可分的联系。为继承王位与占有土地、人口等资源，蛮夷内部经常进行争斗，以此为调整权益分配的途径。实行土司制度后，朝廷插手蛮夷社会的争斗与社会关系的调整，同时创造了分类施治的成功经验。受土司制度启发，王朝在其他边疆地区制定了符合当地特点的统治制度。

元、明、清三朝的藩属国制度，源自元代以前中原王朝的藩篱制度。藩篱制度的基本特点，是中原王朝视归附的边陲夷狄为华夏腹地之藩篱，后者受命护卫华夏边陲的安全。中原王朝与边陲夷狄建立藩篱关系的基本原则，是"附则受而不逆，叛则弃而不追"。[1] 元代以前的中原王朝，大都无认真经营与开发边陲的打算，亦无进一步控制或改造边陲夷狄的计划。元代之前中原王朝治边的重点，主要是应对北方游牧势力南下掳掠。在边陲地区，中原王朝的边疆与周边势力的界线经常变动，中原王朝乃以藩篱制度为武器，以此笼统地应对边陲夷狄的侵扰。

元、明、清三朝的藩属国制度有别于前代的藩篱制度。元朝开始明确区分边疆地区与邻邦，在边疆实行任命土官等实施统治的制度，对邻邦则施用由藩篱制度改造而来的藩属国制度。元朝以安南、缅国等为邻邦，约定藩属国履行定期入朝、子弟入质、编民出军役、纳赋税、置达鲁花赤（掌印官）统治等规定。[2] 在元明两代的基础上，清朝的藩属国制度进一步

① （南朝宋）范晔撰《后汉书》卷86《南蛮西南夷列传》，中华书局点校本，1965，第2833页。

② （明）宋濂等撰《元史》卷4～卷8《世祖本纪》，中华书局，1976，第56～146页；卷125《赛典赤赡思丁传》，第3063页；卷166《信苴日传》，第3910页；卷209《安南传》，第4633页；卷210《缅传》，第4655页；卷210《占城传》，第3660页。

发展。19 世纪法国、日本等列强控制安南、朝鲜等国，标志着清朝与安南、朝鲜等国的藩属关系走向终结。

藩属国制度具有以下特点：确立宗主国与藩属国的等级隶属关系，宗主国对藩属国有至尊与统领的关系，并通过藩属国君主定期入觐与纳质朝贡等得以体现；宗主国对藩属国有保护及监督的义务，须对藩属国纾困解难；宗主国允许藩属国自治，王位世袭；宗主国对藩属国事务较少干预，允许藩属国有自己的法律；藩属国象征性缴纳赋税，或定期缴纳一定数量的土产；藩属国须维护宗主国疆土的安全，避免在边境地区生事生乱；藩属国违反规定必遭惩罚，宗主国甚至出兵讨伐。

中国的政治学理论是从西方引进的，因此存在用中国话语讲述中国故事的问题。周平教授指出："概念短缺已经成为中国政治学构建的掣肘因素。今天中国要构建完备的政治学知识体系，须以概念构建为突破点。"① 不仅是中国政治学，中国历史学同样存在"概念短缺"的问题。进行必要的概念构建，是历史学提高研究水平的一个突破点。

以"治边文化软实力"为例。"文化软实力"是现今使用的概念。一个国家的综合实力，包括硬实力与软实力两个部分。硬实力是指该国的社会生产总值和基础设施等硬件拥有的程度，软实力则是指文化与制度方面的影响力，包括文化影响力、意识形态影响力、制度安排的影响力等。古代有无文化软实力？至少古代并无"文化软实力"的说法。笔者认为，古人对现代意义上的文化软实力不可能做出科学归纳，但历朝对华夏文化具有的重要价值、所产生的重大影响等有深切认识，并采取相应的政策争取其影响实现最大化。在特定的历史条件下，中原王朝的统治者对文化软实力的重要作用有深切感受，对自己具有的文化软实力有充分自信，并以此为巩固王朝统治及向外扩展势力的利器。② 出于对自己的文化、实力与制度的高度自信，中原王朝以封贡制度为载体，通过交通往来、厚往薄来、文化浸润等方式，将文化软实力传播至周边地区，企望实现"守在四夷"、和谐安邦的目标。进一步来说，中原王朝治边施用文化软实力，主要通过实践封贡往来的方略、重视交通的方略、德治教化的方略、软硬实力搭配的方

---

① 周平：《概念供给：中国政治学构建的关键》，《江汉论坛》2018 年第 5 期。
② 方铁等：《论中原王朝治边的文化软实力》，《中国边疆史地研究》2013 年第 2 期。

略来体现。①

由此可见，古代虽无"文化软实力"的说法，但古人却有与"文化软实力"类似的理念，并将"文化软实力"的理念付诸实践。受历史条件所限，古代的某些现象与古人的相应认识及实践举措，表述的话语与现今不同，古人对这些现象的认识也达不到现今的水平或另有不同的理解，因此我们便需要创造新的概念，并以适当的话语来描述这些历史现象。

对现存史料也要作具体的分析。中国史籍汗牛充栋，其文字记载大致有以下特点。一是内容详细，几乎涵盖了古代社会的主要方面，但仍有漏记或故意不记的情形。二是大部分据实记录，真实的程度很高。虽然一些记载或见有意曲笔、见闻失当、理解有误等类情形，但总体上仍属可信，这也是中国历史学具有的一个优势。三是史籍对某些问题的记载延续不断，笔者对前代的记载亦有考证或纠偏，这与中国的传统文化未曾断绝，以及有注意总结前代得失、弥补史载疏漏的传统有关。四是受捉笔者之喜好与偏见的影响，对认为重要之事记载翔实少有遗漏。如古人认为奇异的自然现象是上天对掌权者的警示，"二十四史"中的"灾异志"内容极为详细。对认为不甚重要或经常变动、难以把握之事，则仅略述或干脆舍弃。遍观"二十四史"、《资治通鉴》等史籍，并无关于羁縻政策、与蛮夷和亲、土司制度等内涵较为准确、集中的记载。四是史籍对某些现象的文字表述，受时代、认识水平、语言习惯、作者理解等因素的影响，常有含混、抵牾甚至难以理喻之处，这些都给后人的研究造成不小的困难。

有鉴于此，我们研究历史必须使用科学的方法。应在全面占有、深入分析、正确诠释史料的基础上，注意辨别史料的真伪谬误，弥补因记载不足所造成的缺环，寻找有助于解开历史谜团的关键话语。同时，细心体会史籍撰写的时代、古人的认识水平与当时的话语体系，对古人的表述与用语，做细致的揣摩并力求领会准确。此外，还要注意不同时期古人用语含义方面的变化，以及所述对象事实上已发生的改变。还有一种情形，即对已形成事实或蕴藏较深的规律，古人尚无相关的理念，或对内在规律并无明确的认识及相应的表述，对此我们应用较为准确的话语，进行相应的归

---

① 方铁：《论中原王朝治边的理念、方略与制度安排》，《烟台大学学报》2018 年第 1 期。

纳与提升。因此，对学术上一些常用的概念或问题，我们有必要重新审视，补充可能忽略的内容。对一些认识有异的事项，则需要重新界定概念，乃至构建新的概念。

五 历史学与法学的合作

古代中国有自己的法学，今称"中国传统法制"。中国传统法制包括历史上中国法制的思想与理论、法制的典籍与相关制度、民间流行的习惯法等方面的内容。中国传统法制以中原王朝的法制为主，同时包括边疆王朝、少数民族地区的法制。传统法制与中国现代法学虽有交集，但毕竟不能等同。

经历数千年的发展，中国传统法制形成完整的体系，并体现出鲜明的特点。春秋战国流行成文法，秦代乃有健全的司法机构。隋朝始有全国统一的《开皇律》。唐朝的法律包括《武德律》《贞观律》《永徽律》《开元律》《大中刑律》。元朝的法制大致是蒙古习惯法与汉法的混合物，颁行全国的法制典籍《大元通制》仅为法律案例的集成，算不上一部正式的法典。《元典章》也是元朝官吏所编的法律汇编。明朝于洪武七年颁布《洪武七年律》，洪武三十年颁布《洪武三十年律》，又称《大明律》，沿用至明亡。清初使用满族的习惯法。清朝建立后，推崇明律并将之译为满文，略做修订后颁行全国，称《大清律集解附例》。乾隆五年，清朝颁布第三部法典《大清律例》，一直使用至清亡。

清朝的一项创造是制定大量的则例，包括条例、则例、事例、成例等名目，作为不同部门工作的施行规范。清朝在中央设理藩院管理少数民族事务，理藩院也制定适用于蛮夷地区的法律法规。如适用于西北地区的《回律》，北方草原的《蒙古律》，西南多民族地区的《苗律》，甘肃、青海等地的《西宁番子治罪条例》，以及西藏地区的《钦定西藏章程》。清朝还编制汇编法规与制度的《大清会典》，至光绪年间进行过五次修改。清朝立法之详密、制度之完备与程序之健全，均登上中国传统法制史上的高峰。晚清制定的《大清新刑律》，是中国首部独立的资产阶级性质的刑法典，但颁布后未及实施，清朝乃告灭亡。

边疆王朝的法制及其形成的过程，至今仍是一个相对薄弱的领域。目前学术界对辽、西夏、金、南诏的法制研究较多。辽初期因俗而治，对被统治的汉人实行唐律，对本民族实行习惯法。西夏的《天盛改旧新定律令》，是中国第一部用少数民族文字刊行的法典。金在建国之初采用女真习惯法，灭北宋后使用唐宋汉人的法律，皇统年间制定《皇统制》，为金朝首部成文法典，以后又颁布多部法典。金朝的《秦和律义》大致沿袭唐律，其法制具有全面汉化的特点，对元朝产生很大的影响。南诏法制受唐朝法制的深刻影响，同时保留自己的一些特点。

中国边疆地区的形成、管理以及传统法制，都经历数千年发展演变的过程，具有明显的中国特色，各自形成较完整的知识体系。两者是学科属性有异但可结合研究的关系。一方面，历代法制的思想与理论、法制的典籍与相关制度、边疆地区的习惯法，与中原王朝、边疆王朝对边疆的经营有必然的联系；历朝对边疆的治理和经营，又深刻影响了传统法制。另一方面，传统法制的认识和理论，是历朝治边重要的理论基石，两者互相依存，彼此影响。同时应指出，从传统法制的视角，探讨历朝治边、中国历史疆域形成等问题，在研究的话语、选题及表述等方面都有所不同，相关学科之间增进交流、借鉴十分重要。

传统法制结合中国边疆史研究的选题不少，以下略举数例。

元代以前中原王朝应对边陲问题，相对重视文化软实力，因此恪守"德主刑辅""教化为先"等法制理念。元明清时期边疆趋于稳定，治边的问题日渐突出，中原王朝较为强调法制管理与制度建设，或言"以霸王道杂之""德主刑辅""宽猛相济"等法制理念。元代以前与元明清时期，中原王朝的理解与侧重点有所不同。元代以前中原王朝的"德主刑辅""教化为先"等理念，兼用于边陲内外地区。自元代起，边疆、邻邦较清楚地分开，上述理念通常仅用于边疆地区。对与自己建立藩属国关系的邻邦，中原王朝奉行尊卑有序、和而不同、亲诚惠容、守境相安等理念。自元代起，中原王朝治边的文化软实力，其内容、效用与影响均发生了明显改变，总体上未能适应时代发展的要求。究其缘由，与元明清诸朝的法制思想未能得到相应的发展可能存在一定的联系。

法制史学家强调中国古代司法具有整体性。但从边疆史的视角来看，历代内地与边疆的司法、内地与边疆的制度及管理方式均存在明显的多样性，可以说在古代"一国多制"的情形绝非个别，并在法制思想、法制规章等方面有所体现。对这一有争议的问题，尚需进一步研究。

法制规章制度是统治者法制思想的体现与具体化，为法制实践提供了文本依据。与法制思想一样，规章制度也经历了逐渐完善的过程，并体现出不同时期的特点。法制规章制度包括法典、条例、法规、制度等类别。历朝的法制规章制度都应该研究，清代应是探讨的重点。元代以前，中原王朝在边疆及徼外地区实行羁縻政策，应从法制史的视角进行研究。元明清三朝在法制方面的规章制度，具有因地制宜、分类施治等特点。元明清三朝的边疆管理制度，虽有联系与共性，但彼此的差别也较明显。从法制史的视角思考上述问题，不失为具有重要价值的选题。

对元明清三朝施用于边疆不同地区的管理制度，如土司制度、万户制度、盟旗制度、伯克制度、金瓶掣签转世制度，主要用于北方藩部的朝觐制度，以及施用于邻邦的藩属国制度，都应从法制管理的视角进行研究。清朝的边疆管理制度，具有制定严密、可操作性强、持续时间较长等特征。就管理制度的合理性、完备性与有效程度而言，清朝在诸朝中可称领先，尤以西藏地区的管理制度较为典型。清朝的西藏管理制度相对合理，与西藏社会具有生产方式与经济类型多样、普遍信仰宗教与实行政教合一管理、区域发展不平衡与行政类别复杂等特点相契合。从法制史的视角研究清朝的西藏管理制度，不仅具有积极的学术意义，也有重要的现实借鉴价值。

近年来我国学术界关于中国边疆史的研究，注意采用历史时段、整体史、比较研究等较新的方法，或可开拓传统法制研究的视野。传统法制研究讲究严格的概念、全球的视野，注重理论与实践的关系，学术研究为治理实践服务，注意学习其他国家的成果，强调古为今用，这些特点对中国边疆史研究有启迪意义。中国边疆史、传统法制有共同感兴趣的选题，可合作进行研究，或借鉴对方的成果与方法开展研究。中国边疆形成稳定的过程，与传统法制的发展大致同步。历朝经营边疆的思想与方略，相关的实践与经验，均有传统法制方面的内容。从法学视域审视中国边疆史，可开拓新的领域，并促进研究水平的提高。中国边疆地区的形成与管理，是传统法制涉及较多、较有特色的一个领域。传统法制结合中国边疆史进行研究，还可催生"中国边疆法政学"等较新的学科。

中国现代法学是学习西方法学的结果。在现代法学中，与中国边疆史关系密切者首推国际法。古代东亚地区有无国际法？当代国际法如何吸收中国经验？这是不应回避的问题。现行国际法是近代以来形成的，宗旨是维护二战以来的国际秩序，有其合理的一面。但现行国际法参照欧洲的情形制定，未考虑包括中国在内的发展中国家的经验，因此也是不完备的。现行国际法具有以下特点：强调所有国家一律平等，尊重各国的主权与领土完整，通过平等协商解决问题。以现行国际法为基础，当代国际社会秩序得以构建。

古代并不具备现行国际法形成的条件。19世纪末20世纪初，"法系"的概念逐渐被各国法学界认可，人们认为历史上形成的法律可分为五大法系。即：以《摩奴法典》等为基础，体现婆罗门教文明的印度法系；以中国古代法律为基础，体现中华法律精神并传播至周边国家的中华法系；以《古兰经》为基础，体现中世纪亚、欧、非地区伊斯兰文明的伊斯兰法系；以罗马法为基础，体现西欧大陆成文法文明的大陆法系；以英国法为基础，体现判例法文明的英美法系。其中中华法系起源甚早，内容完整并相对合理，"唐律"起到母法的作用。① 隋唐时的中国法制为周边国家所信服，并产生深远的影响。以隋朝《开皇律》、唐朝《永徽律》等为基础的中国法律，依托隋唐盛世，成为朝鲜、日本、琉球、越南等周边国家学习与仿照的对象。以中国的法律为主体，以相关国家的法律为支撑，进而形成适用于东亚各国的法律体系——中华法系。

中华法系具有下述特点：一是法律以君主的意志为转移。法律的任务是维持"家天下"。君主凌驾于法律之上。根据君主意志制定法律。二是法律以礼教为指导原则与理论基础。西周法制思想的核心是宗法制度，对后世产生深远的影响。早期中国法律制度兼有国法、宗法的双重性质，既适用于宗族内部，又适用于国家。汉朝法制思想的核心是"德主刑辅"，即先用德礼进行教化，德礼无效再辅以刑法。唐人提出："德礼为政教之本，刑罚为政教之用。"三是法律以刑法为主，诸法合体。中国古代法律的初始内容主要体现在刑法。中国古代法律为诸法合体，与西方法律体系不同。四是司法从属于行政。中国有行政立法的传统，并形成一套行政法规。历代颁布各种形式、带有编制立法性质的典、令、格与律，尤其以《唐六典》《明会典》《清会典》最为完备。②

---

① 张晋藩主编《中国法制史》，高等教育出版社，2003，第3页。
② 白钢主编《中国政治制度通史》第1卷，人民出版社，1996，第48页。

中国传统法制体系包括行政法、礼仪法、刑事法三个部分。其中以官制为核心的行政法庞大完整，在法律体系中居于国家大法的地位，发达程度为其他国家所未及。① 礼仪文化体现了中国法律文化的显著特征，隋唐以后实现了法典化。行政法、礼仪法所涉及的大量社会关系，靠有效的刑法制裁得以推行。从有关记载来看，历代中原王朝治边的理论与实践，受到传统法制体系深刻的影响。

现行国际法与中华法系是有差别的。国际法秩序以维护主权、领土完整为基本宗旨，但国际法下的国家标准具有不确定性。国际法下的国家标准有三要素、四要素之争，国内外学者一般赞同四要素说。四要素说衡量国家的标准，包括定居的人民、确定的领土、政权组织、主权。② 现代国家具备独立主权、完整领土的要素，这是与古代国家最大的区别。在国际法秩序之下，各国一律平等，国家领土是稳定的，非经法定事由与程序不得变更。古代的东亚文化圈则是一种以中原王朝为中心或最高点，通过伦理、文化、权力、利益等方式，与周边国家形成的一个等级严密、尊卑有序的秩序网络。国际法秩序是一种主权国家平等、林立的秩序，东亚文化圈则像一个围绕唯一中心旋转的圆圈，或一个具有唯一最高点的金字塔式结构。③ 古代东亚地区并无国家主权的准确概念，国家领土意识形成的时间也晚，这些情形与现行国际法均不相同。

在古代东亚地区起到国际法作用的中华法系，有其合理的内容。在处理与邻邦关系方面，中原王朝积累了妥善处理相互关系、合理分配相关权益等成功的经验，体现了进步的法制精神。突出表现在中原王朝通过施行封贡制度，向边疆和徼外地区彰显自己的文化、制度与实力，构建以华夏为中心的文化圈，并通过厚往薄来、传播德化等方式羁縻四夷，达到睦邻息兵、相安共存的目的。另外，中原王朝的一些进步的法制思想仍有重要的时代意义。例如：以霸王道杂之，德主刑辅，宽猛相济，约法省禁，慎刑轻罚，依法治吏，法因时而变，邻国相亲，和而不同，亲诚惠容，互补共生，守境相安，等等。国际法应吸收中华法系的合理内容。我们应加强

① 吕丽等：《中国传统法律制度与文化专论》，华中科技大学出版社，2013，第6页。
② 赵建文主编《国际法新论》，法律出版社，2000，第69页。
③ 范宏云：《国际法视野下的国家统一研究》，广东人民出版社，2008，第77页。

对中华法系的研究与宣传，在适当的时机，将中华法系的合理内容补充入国际法，使国际法趋于完善，能充分反映包括中国在内的发展中国家的权益。

习惯法与传统法制有紧密的联系。习惯法是某一民族、某一群体或某一地区居民，经过长期发展演变的过程，所形成的与其社会状况、文化传统相适应的群体约束机制。习惯法所有者有特定的思维方式与行为方式。习惯法并非纯粹的法律规定，同时具有社会道德规范的性质。一方面，习惯法在维护习惯法所有者的共同利益、维护社会秩序、促进社会发展及传递传统文化方面起到重要作用。另一方面，习惯法也存在一些消极的内容，如习惯法的某些部分与国家法律相悖甚至冲突。

我国学术界对习惯法的研究取得了可喜的成绩，但仍有进一步扩展的空间。迄今一些学人对习惯法的认识，仍限于少数民族习惯法及少数民族传统文化的层次。对习惯法（包括少数民族习惯法与地区习惯法）所折射的社会状况与文化传统，习惯法与国家法律的相容或冲突等问题，目前的研究不能使人满意。至于国家法律如何吸收习惯法的积极内容、习惯法与边疆稳定的关系、习惯法在构建和谐社会中的作用等问题，关注的人也不多。

习惯法与边疆的形成、巩固有密切的联系。建议探讨以下问题：习惯法与历朝国家法制的关系；习惯法与国家法制关系的演变过程；在边疆民族的国家认同、文化认同形成的过程中，习惯法的地位与作用；统治者借助习惯法维持统治的途径与方式；跨境民族中涵盖两侧地区的习惯法，以及所产生的复杂影响。通过习惯法理解边疆社会以及不同时期的边疆社会与各民族的状况，迄今是一个薄弱的环节。应研究不同地区习惯法的内容及表现形式，不同时期习惯法的发展演变过程；通过习惯法的改变，研究边疆地区与少数民族社会的演变过程；进行不同地区、不同民族习惯法的比较研究，区分习惯法的精华与糟粕，明确可以继承的积极内容。另外，习惯法与边疆管理制度、政策法规存在千丝万缕的联系。既要研究习惯法与历代边疆管理制度、政策法规的关系，也应关注习惯法与现今国家法律的关系。

总之，历史学与法学合作研究，是一个较新的问题。这方面的探讨具有广阔的发展空间。

互联网疆域与边疆

——兼议国家网络主权的设置依据

孙　勇　丁　新　王丽娜*

一　在一般边疆学视域下对互联网的认知

随着人类理性与学科体系的发展，怎样认识疆域和边疆问题，已经成为对实践总结以及上升到理论乃至学科学理探讨的高度，边疆学成为对这个问题研究的集中体现。

1. 一般边疆学对疆域和边疆的基本认识

在建构一般边疆学的进程中，一些研究者用中国式的学术话语对边疆做了一个阐释性的定义：边疆是人类对各自划分疆域的认定与保有以及同时可以交互作用的边缘空间。换言之，"边疆（bian jiang）"① 来自人类群体活动疆域的（无论是陆疆、海疆的，还是天空、太空的，无论是实在的，还是虚拟的）分割和再分割，即在有限的地球空间之中，对"疆域边缘"的划分与划定，在划分之中产生了"边疆"博弈的介入与反介入、认定与反认定等活动，在划定之后又产生了扩张与收缩、整固与分离等活动。这些活动即为政治、经济、外交、军事、法治、社会治理等国家行为体（乃至国际体系组织、社会一般组织、民众以及个人）的一系列行为。所谓边疆、边疆战略、边疆理论包括边疆学等概念，都来自人类的这种对疆域的

＊　孙勇，四川师范大学教授；丁新，四川师范大学四川文化高等教育研究院特聘副研究员；王丽娜，历史学博士，四川师范大学四川文化高等教育研究院讲师。

① 汉语拼音，即汉字边疆，在一次研讨会有学者提出，英文的 borderland、frontier 等在他们的语境之中都有多种含义，若直接用汉语的发音 bian jiang，中国边疆学可以有自己的定义。

实践活动。① 这个实践活动是历史的，也是现实的，更是未来的，因为边疆不仅是一个空间的概念，它还随着时间而变化。

按照马克思主义哲学的基本原理，世界上所有的运动都是物质运动，都是由时间和空间统一而产生并变化的。因此，人类社会所产生的国家边疆，是时空统一物质运动的体现。互联网也具有时空统一的性质，是随着建构和运作它的人类行为而变化的。恩格斯曾经指出："人来源于动物界这一事实已经决定人永远不能完全摆脱兽性，所以问题永远只能在于摆脱得多些或少些"②。这是历史唯物主义对人的自然属性与社会属性的正确揭示。在这里给我们的启示是，从一般群居哺乳动物都有占据资源圈行为的基因遗传性上看，人类所具有的动物性反映在空间上的表现，与一般群居哺乳动物一样，对凡是能够利用的空间都有群体划疆划界的行为，只要人类群体产生划疆划界的行为，参与这种行为的活动主体即行为体将不断增加，于是疆域与边疆的现象就出现了，介入与反介入、认定与反认定，在划定之后又产生扩张与收缩、整固与分离等活动层出不穷。简言之，互联网作为人类自己构建的一个空间，必定有人类在其中活动，也必定反映出人类疆域划分行为的规律性。

从一般边疆学的角度看，划定疆域的众多行为体需要借助力量，做出谋划，制定战略，以整固边疆。当今的世界各国，或多或少都在互联网之中以域名的形式占有一份疆域。各个大国借助互联网的科技承载力量，有头脑的决策层早就开始在这个疆域中进行布局，这已经是不用质疑的事实。一段时间以来，国家之间的博弈已经在这个疆域中展开，很多互联网网络的"边疆"映射出地理边疆的介入与反介入、整固与反整固、压制与反压制。

各国政府组织与非政府组织通过在互联网上所占有的位置、所控制的"大数据"份额，显示出各自的软实力，有的进而跨国盗窃情报，攻击门户网站、挑战他国的主权。恐怖组织则通过互联网进行跨国策划、组织、实施行动。煽动"颜色革命"的组织通过互联网进行沟通，挑动民众对抗社会甚至推翻政府。"金融战争""经贸战争"依靠互联网更加快捷，

---

① 孙勇：《国家战略下的大边疆战略研究》，四川大学出版社，2017，第18页。
② 《马克思恩格斯选集》第3卷，人民出版社，2012，第478页。

打击敌国的金融、财政系统，所用的时间可以按照计划在很短的时间内完成，肢解他国的经济系统可以预先设定达到什么范围和程度。总之，率先占领互联网这个疆域的优势国家，攻击敌国的各项能力都得到了大幅度的提升。

2. 互联网作为人类第五领域的认知

互联网技术的产生以及互联网网络的成形，得益于人类科技的发展。20世纪70年代中后期①，在后工业时代快速发展的物质基础上，西方发达国家掀起科技革命的新浪潮，以信息技术创新为标志的互联网由此出现。早期的互联网雏形即广域网、局域网，是将多台计算机的终端、客户端、服务端通过特有技术形式互相联系起来的物理小空间，随之扩展到局域网之外的范围，网与网之间按照通信技术内部的协议形成一个个小领域，彼此享有对方与协议方的信息资源。之后，信息革命将通信协议的范围迅速扩大，组成国际计算机网络（internet），其结果是互联网的大领域更加快捷方便，通过域名解析（domain name resolution）②，不仅使程序员可以分享计算机技术本身的工具信息，而且朝着非程序员分享人类社会所有创造及其成果的方向发展。

互联网诞生以来，在三四十年的时间中，能够帮助人们做的事情呈几何级增加，所谓的"大数据"（big data）就是它的一种体现，以后在人工智能介入下的互联网发展将更加迅猛，继续深刻地改变千万年来人类的生活方式。由此，我们看到互联网这个人工打造的非自然世界，与人类曾经长时段生活的自然世界很不相同，但对于物质世界互动于人类活动的进程却十分相似。

从上面的简述中，可以看到对应出来的人类几千年的疆域开拓历史——基本上是特殊工具被制造出来之后发生了革命性的变化——即由于发现和掌握了冶炼技术，人类进入金属工具时代之后，生产力与生产关系

---

① 中国学界有研究者发文认为信息技术革命性的载体互联网产生于20世纪90年代中后期，这是不正确的，美国在1969年就正式开始建立局域网，到1983年出现了互联网。如果要往前追溯的话，以太网——大多数局域网的协议出现在1974年，是哈佛大学学生鲍勃·麦特卡夫（Bob Metcalfe）在"信息包广播网"上论文的副产品。

② 域名解析也叫域名指向、服务器设置、域名配置和反向IP登记等。简言之，即把好记的域名解析成IP地址，服务由DNS服务器完成，是把域名解析到一个IP地址，然后在此IP地址的主机上将一个子目录与域名绑定。

都较之以前数万年的状态发生了巨变，地理活动的范围随之扩大，在更大的疆域中以获取更多的生存发展资源，维持了各个群体的繁衍生息。而更加精密有力的机器和大机器的出现，使人类群体的活动疆域更为辽阔，那些掌握先进技术居于强势地位的群体，不断扩大自己的疆域，得到了更多的生存发展资源。

可以说，互联网的产生与发展，极大地浓缩了因工具性变革带来的人类生活范围急剧扩张的历程，之前是以几十万年（石器）、万年（金属器具、竹木器）、千年或至少几百年（金木复合器具，机器、大机器）计的，经历了这样的三个阶段，人类文明进化的时间一次比一次短，人类活动扩展的范围一次比一次大。即使是这样，到20世纪人类也没有完成对身边的陆、海、空、太空四大自然领域的全部占领。而互联网出现之后不到50年，人类对自己建构的第五领域在急剧扩张的态势之中，不仅使物质世界产生了一个超自然态的空间，成为人类社会行为体竞相进入的领域，还能辅助人类群体对地球上本身存在的四大领域的继续进入，并且使这个超自然态的空间持续扩张，以至于能够虚拟地囊括自然态的所有空间。

3. 对互联网范围以及延伸性的研读

抽象地讲，互联网所构成的云知识图谱（Knowledge Graph/Vault），使掌握它的人在很短时间内就可以认知自然界的固态、液态、气态、超固态、等离子态等形态的变化，联想到互联网这个超自然界的空间已经出现的物质形态并不完全是虚拟的，所以所有运用网络技术便捷性的人，潜移默化地完成了对信息即物质运动的感知，获得了现代生活所必需的各种要素。[①] 换言之，互联网所涵盖的疆域已经与陆、海、空、太空实现了虚拟对接，国家行为体、企业组织行为体和个人行为体都可以在这个空间的疆域上活动，通过虚拟的行为完成实际动作的过程，如小到虽有千万里之远但瞬间就能够实现的通邮、通话、发送图纸、远程教育、联动手术、采购物品、结算汇款等，再如大到指挥航海、航空、航天、检视地球大气与地质水文

---

① 控制论创始人 N. 维纳在互联网发展起来之前就预见到，随着现代科学的发展，信息和材料、能源一样，成为人类现代文明的重要因素。他指出："人们正是通过获得信息来区别不同的事物，从而认识事物，改造事物的……所谓有效地生活就是拥有足够的信息来生活。"现代信息技术革命证明了维纳观点的正确性。

变化、调动资源应对突发事件、模拟地下地上或海面乃至大气层的核爆炸、分析星系活动与宇宙运行状态、实现国与国之间的金融经贸活动、巨量社会活动数据提取等。在这样一个使人类能够感知物质动态混合性的超感中介场域中，人们竟可以对接在实在疆域中完成任务，虚拟的世界与人类活动的疆域同时在快速延伸，而且这种景象的后续结果很难预测，除了哲思的想象之外，在现实中有着不可预后的延伸时空——互联网开始于一种可能性空间，也朝着不可预后的可能性空间发展。这个基于控制论基础理论和思想的推测，是因为互联网在某种意义上就是由信息流组成的。当初 N. 维纳（Norbert Wiener）就提出：信息本身是物质，信息具有熵的性质，可以构建出信息流并在一个空间运行。[①] 当时世界上的绝大多数人对此观点一无所知，但在之后科技革命浪潮之中诞生的互联网，有信息论的贡献在里面。由此，能够预测的是，人类社会的信息流有多大，互联网延伸的空间就会有多大。

互联网自身属于人工构建的虚拟空间，在可以对应自然空间领域的同时，又超过这些疆域衍射到一个超自然态的领域。例如，互联网还能够介入人类构建的另一个领域空间——国际金融（贸易）——在那一空间中，凡是金融（贸易）要与互联网的叠合部分，和要借助互联网尽快完成预设任务的部分，互联网都起着很大的甚至是关键性的作用。宋鸿兵早就认为："主权国家边疆的概念，不仅仅包括陆疆、海疆、空疆（含太空）所构成的三维物理空间，未来还需要包括新的一维：金融。"并且指出："从欧美各国金融进化的路径中可以清晰地发现，货币本位、中央银行、金融网络、交易市场、金融机构与清算中心共同构成了金融高边疆的体系架构。"[②] 在宋鸿兵的视野之中，金融网络与其他的构件能够搭建出金融高边疆的体系。这说明互联网本身具有承载和交换机能，人类行为体可以通过由硬件与软件组合的互联网进行另一种形式的疆域或边疆战争！

从一般边疆学研究的对象上看，互联网与自然态的陆疆、海疆、空疆、

---

① 〔美〕维纳：《控制论：或关于在动物和机器中控制和通信的科学》，郝季仁译，北京大学出版社，2007。

② 宋鸿兵：《货币战争③：金融高边疆》，中华工商联合出版社，2011。

太空疆一样，一旦成为国家、社会、公众的活动载体，其疆域的空间必然成为各个行为主体争夺与占领的对象，在此之中的互联网疆域活动，必然要有条约式的规则来进行规制。从最早的一般性口头协议到后来的条款协议，规制的手段、形式越来越复杂，但也越来越具有约束力。但如何确定条款协议，考量着人们认识这一事物的智慧。

二 对具有双重属性的互联网边疆进一步的认识

在学科的学理上，判断一个事物的属性成为研究问题的起点，只有如此，人们才能更加深入地感受和感知这一事物，对互联网的属性认识也同理。

1. 互联网的物理和社会属性的简判

从局域网、广域网到互联网，人类创造了既有物理意义又有社会意义的虚拟空间，这实在是一个伟大的创举，意义非凡。但如同人类多少年来一直存在对熟识物体有盲区或困惑一样，对互联网的物理属性和社会属性，到目前似乎并没有十分明确的阐释。对互联网的物理属性，很直观地看，传统教科书所提示的"物质的物理属性除了密度、比热容外，还有导电性；颜色；硬度；导热性；状态；透明性等"都有亲缘性的阐释。那么，作为互联网物理属性的概念，有什么新的定义？期待有关专家不吝赐教。我们所能够观察到的互联网的社会属性，可以从这个虚拟空间将国家或地区社会的总体情况反映出来。最直接的社会属性是，互联网协议（IP）与互联网协议群（Internet Protocol Suite，IPS）并不完全是电子技术的体现，分配给不同国家和地区的 IPS，其实包含了该区域的科技发展、经济水平、环境质量、政治状况等条件，同时还有这个区域的文化取向、民风民俗、宗教道德、价值观以及法律、法规等意识形态范畴的制约。从一般边疆学的角度看，就是互联网在全球化的同时也具有了国别性与社会性，亦即互联网的社会属性既有区域社会的属性，也有不同区域社会人们自然性与社会性结合的属性。

人类社会进入 20 世纪之后，随着后工业化、信息化的加速发展，尤其是近几十年以信息技术为核心的新技术的广泛应用和普及，植根于各种利益的以市场经济为基础却有利于人类整体进步的全球化①，已经处于一种趋势性的现实中，尤其是世界大国主导的通过政治、经济、文化等方式的全球化，扩张势头越来越猛，这使任何欲以自己传统的经济、文化方式抵制全球化的做法是不可能成功的。正是由于这一点，人们认识到互联网快速推进了全球化，利用和依赖于互联网在全球化的进程中，改善自己的生存和发展的条件。大国和强国则利用互联网进行战略布局，实施和推行本国的边疆战略。

2. 互联网对国家所具有的边疆意义

在全球化的进程中，国际政治从地理平面空间向上扩展到外层空间，向下扩展到信息网络的全息空间，在大部分的领域中，国际政治甚至从现实的物质空间扩展到横跨未来的虚拟空间，如互联网信息互动（Internet network）这个虚拟社会，对人类政治形成了很强的影响，而大数据时代的到来，将虚拟社会带向更有文化色彩的多元化，带向具有更多市场色彩的社会资源分配的博弈之中，也由此推动国家之间争夺战略制高点的活动。互联网与大数据虚拟活动所产生的"疆域"也是有边界的，在这个"疆域"划分出的"边疆"越来越与陆疆、海疆、空疆、太空疆等紧密地联系起来，成为边疆研究的对象，成为各国边疆战略不可或缺的研究领域，因此，一般边疆学把互联网的疆域和边疆纳入，是时代发展的需要。

世界大国和强国将其占据的科技优势转化为一种支配力，有意识地加入自己的社会价值观和国家意志力，以更加直接的方式推动虚拟社会产生对现实社会发挥支配作用的软权力（soft cooptive power）。在科技日益发达的时代，人类社会事实上越来越紧密地联系起来，国际地域空间客观上被大大压缩。在此之中，软实力（soft power）和巧实力（smart power）② 高超

① 全球化首先是指一种经济现象，即各国市场和各地区性市场的一体化，即"各种商品、服务和资本市场的国际一体化"。经济学家一般将全球化定义为"资本、技术和信息通过形成单一全球市场并在某种程度上形成地球村的方式，实现跨越国家疆界的一体化"。由全球化引发的社会化过程，对后觉国家来说面临着地理边界因素被先觉国家所突破，直接导致原有政治安排和文化安排的变动，地理边疆的社会秩序也被其制约。

② "软权力、软实力、巧实力"这三个概念都与美国的约瑟夫·奈的专著有关。居于中心的软实力（soft power），是一国通过吸引和说服别国服从你的目标从而使你得到自己想要的东西的能力，分为政治价值观（当这个国家在国内外努力实现这种价值观时）、文化（在能对他国产生吸引力的地方起作用）及外交政策（当政策被认为合法且具有道德威信时）。

的国家，可以用软权力在虚拟疆域中将国际地域空间压缩，例如通信手段的变革使人类物质和信息交流的时间和环节明显减少，使一国的国家利益迅速突破本土的地理疆界向全球拓展，例如网商通过互联网（物联网）可以直接跨越"自由贸易区"到他国，又如远程教育可直接将本国的教育内容"秒送"给其他国家的受众。

全球化使各个国家的利益在更深刻、更广阔的层面上融入世界，国内和国外的各种利益更加紧密地联系在一起。同时，各个利益集团以及各个国家的利益博弈也更加直接，并在某个时段出现白热化，军事态势仅仅是其中的一种形式，更多的则是经济、文化、金融以及稀缺性资源的争夺。这一系列的博弈借助互联网，都会对大国的国家安全和边疆战略产生现实的和长远的影响。

3. 互联网对各国边疆争夺的作用

自20世纪70年代迅速萌生的信息革命，对包括主权、军事、经济、文化在内的国家安全产生了巨大影响，紧随其后的每一场新的战争形式都成了信息高科技差距的博弈，信息技术领先的一方即为主动方。例如美国依靠外层空间卫星技术，取得信息优势，将制海权和制空权把握在手，经过网络技术在先发制人的战役发起之后，便一路披靡，赢得了海湾战争、科索沃战争、阿富汗战争，又在网络战之中，直接令伊朗、朝鲜的局域网瘫痪。由此来看，别国的陆疆、海疆、空疆、太空疆等地理边疆地区的防御，在先进的高科技强国的眼里，基本上形同虚设。

中国学界在20世纪30年代就有"文化边疆"概念，这是一种对地理边疆不同民族族群文化形态分布的认知。① 这种"文化边疆"的认知，从时代局限性角度看是狭隘的，随着时代的发展，文化边疆的内涵已经有所变化。现今的文化边疆既可以与传统地理边疆叠合，也可以打破传统地理边疆的界限进行悄然的演变，而且这种演变是借助和平方式进行的，这种和平方式的外显即"大数据时代"② 的到来，所依托的就是互联网。

---

① 吴文藻：《边政学发凡》，《边政公论》1942年第1卷。

② "大数据"（big data）在于数据的获取、存储、搜索、共享、分析和可视化等方面具有海量般的巨大。这些数据量的巨大，已不是以人们所熟知的多少G和多少T为单位来衡量，而是以P（1000个T），E（一百万个T）或Z（10亿个T）为计量单位，所以称之为大数据。大数据现象在物理学、生物学、环境生态学、自动控制等科学领域和军事、通信、金融等行业已经存在较长的时间，而互联网的出现则意味着一个大数据新时代的到来。

在当代科技突飞猛进之时，各个大国、强国参与全球网络空间的运行，意味着在这个虚拟的疆域之中获得公共资源，并对获得资源的领域做出划界，是包括中国在内的各个大国面临的任务，也是大国的大边疆战略着眼之处。国家专属的互联网域名及其域内明白无误地应该属于"信息边疆"，而那些有关国计民生与政务国防事务的国家核心网络系统，本身就是"信息边疆"的主体部分，不允许他国或组织利用顶级或次级"域名解析"制造网络破坏事件，[①] 这是保护与守卫"信息边疆"最基本的任务。"信息边疆"的概念在中国已经出现多年并逐渐铺开使用，[②] 这说明中国军界、科技界对这个问题的认识逐渐明确，政界、学界尤其是学界之中边疆理论研究者的认识有待于尽快跟进。需要指出的是，我们在一般边疆学的建构之中，已经将这个形式的边疆纳入研究的对象之中。这对于改进人们的认知，尤其是学界对边疆的认知，具有现实的和未来的意义。

在一个时期中，恐怖主义在网络上泛滥，互联网成为恐怖分子宣扬活动、招募成员甚至筹集资金的渠道，恐怖组织通过网络，向潜在的支持者传递信息。各国政府尽力防止恐怖活动，却无法实施有效的遏制和打击。这成为国家安全、国际政治与国际关系中突出的一个问题，使各国不仅从技术角度高度重视"信息边疆"，更从政治与国家安全的战略层面予以密切关注。

4. 互联网构成信息边疆的几个特性

虚拟世界的边疆（主要是"信息边疆"）有三大特性需要引起涉边（涉藏、涉疆、涉海）智库和决策层注意。

一是具有国别的疆域性和全球化的交叉性。从名词看实质，全球互联网是网络与网络之间所串连成的庞大网络，这些网络以一组通用的协议协定相连，形成逻辑上的单一巨大国际网络。抽象地看，信息技术具有穿越和覆盖几乎所有国家物理数据储存空间的特性，将这个空间划分出疆域和

---

① 如果有人对域名解析进行屏蔽、篡改、转移等，将发生俗称"断网"的现象，这在和平时期一般的情况下仅仅是"恶意行为"，但在国家或者国家集团发生对抗时，则是攻击对方的事件。

② 至少在 2000 年，天极网曾发表文章《杨义先：捍卫中国的"信息边疆"》，这意味着信息边疆问题被提出的时间已经有近 20 年；2003 年 9 月 30 日，《解放军报》发表军事评论《筑牢"信息边疆"的安全防线》，这意味着 10 多年前中国军方已经认可这个边疆的概念。这表明边疆实践远超过业内的国别边疆学研究的进展。

边疆来，先进国家可以在这个特定的物理空间之内，将获得的信息资源综合起来处理，也可以分类进行处理。如果在国家博弈中需要攻击对方时，即可跨越政治、经济、军事、文化等诸多领域，与实体的边疆结合起来，经过网络边疆的连通，在不同程度和广度上给对方造成伤害。

二是虚拟边疆（主要是"信息边疆"）具有实践与理念的落差。由于人工智能的超速发展，信息技术的发展速度超过一般人的想象，而在全球的扩散速度又超过大多数国家及个人的预期。随着人工智能的介入，其直接的影响力和背后的控制力，对于互联网意味着打开潘多拉魔盒①，而不少国家对此还没有充分认识。正因为这种实践领先于理念的变化，包括中国在内的一些国家决策层人员多年来对"信息边疆"的认识滞后，造成相关战略或政策的实际执行以及评估反馈等工作更加滞后。这个落差也为美国利用全球网络空间造就有利于自己的态势提供了战略机遇。互联网发端于美国，使相对统一的技术标准以美国的范式为载体，在弱肉强食的丛林法则下，"信息边疆"中的美国有着很强的"肉食"能力。今后，丛林法则也将支配着各个行为体，谁能更多地抢占"信息边疆"的制高点，谁就能获得更多的主动权。有鉴于此，关于互联网主权的国际谈判，近年来已经进入实质性的会议对话程序。在对话与谈判之中，任何"温良恭俭让"的举止只能丧失在互联网中的主动权。

三是"信息边疆"的不确定性和脆弱性。全球互联网空间事实上蕴含了各国的政治取向，政治一旦具有跨国性之后，"信息边疆"的不确定性和脆弱性随之产生。多数人关注的是互联网技术的提升，尤其是技术提升后给经济和社会生活带来的便利性乃至娱乐性，人们对移动互联网在手机上的出现感到欣喜，随即进入痴迷的状态。这种情况使互联网更加具有疆域和战略空间的性质——人们越是离不开互联网，利用互联网摧毁某地区人们的正常生活，或控制某地区的政治、经济、文化体系，是一件相对容易的事情。当美国有意识地将互联网当作一种大战略空间，以及跨国恐怖活

---

① 潘多拉魔盒，又称潘多拉盒子、潘多拉匣子，来自古希腊神话。在这个盒子里面，有宙斯封住的潘多拉的七个儿子，其中，六个儿子分别代表贪婪、杀戮、恐惧、痛苦、疾病、欲望。潘多拉打开了这个盒子，从此人间多灾多难，但是潘多拉的第七个儿子代表着希望——虽然人们受到贪婪、杀戮、恐惧、痛苦、疾病、欲望的折磨，但是人们没有退缩，因为世界还有希望！

动分子与网络密切结合等事实越发显现之后，信息空间的政治性问题逐渐引起各国的重视。可以预见的是，全球互联网空间的发展会催生各类行为主体，给全球网络空间带来竞争，也带来越来越多的危害。如何进行有效的国际合作，对各种组织利用信息技术对他国造成危害的行为进行限制，将成为"信息边疆"下一步博弈的一大看点。

未来，随着信息技术的深入发展，全球互联网的空间疆域性会越加凸显，争夺全球网络空间主导权的竞争也将逐渐进入白热化的阶段。习近平主席在 2015 年 9 月 23 日会见出席中美互联网论坛双方主要代表时发表讲话强调："当今时代，社会信息化迅速发展。从老百姓衣食住行到国家重要基础设施安全，互联网无处不在。一个安全、稳定、繁荣的网络空间，对一国乃至世界和平与发展越来越具有重大意义。如何治理互联网、用好互联网是各国都关注、研究、投入的大问题。没有人能置身事外。"① 我们认为，习主席的这次讲话，指出并强调了中国参与建构互联网"信息边疆"的重要性和必要性。

三　对互联网网络主权与战略布局问题的观察

近现代以来，凡是人类群体组织尤其是国家能够占据的疆域，都会因为争夺而产生法理性的依据，在国际体系诞生并逐渐完备之后，主权成为占据疆域守卫国家的核心。实体的疆域如此，虚拟的疆域也是如此。

1. 主权的由来和对于互联网的意义

在第二次世界大战之后，围绕着联合国规则所形成的新的国际体系中，主权标志着一国内政外交的自主，以及独立承担国际权利义务的资格，也是在特定领域中具有管辖权的行为体的标志。如果前溯到 1648 年，《威斯特伐利亚条约》（the Peace Treaty of Westphalia）以及之后逐渐完备的条约体系，使世界进入一个现代性的时代，其中的公平、公正、法治、平等等理念开始推向世界，由此产生了国际体系，使主权作为一个国家对其管辖区域所拥有的至高无上的、排他性的政治权力。简言之，主权是一国"自

---

① 《习近平会见出席中美互联网论坛双方主要代表时强调中国倡导建设和平、安全、开放、合作的网络空间》，人民网，http://politics.people.com.cn/n/2015/0924/c1001-27628402.html。

主自决"的最高权威，也是对内立法、司法和行政的权力来源。凡是学过世界历史的人都知道，西方世界的文明进程从那个时候开始加快，并推及全世界。现代民族国家其实都是西方文明"现代性"导致"现代化"的受益者——没有威斯特伐利亚条约体系，世界不可能有今天民族国家的形式，也没有在国际体系下的各国的科技大发展。没有国际体系和《联合国宪章》，中美以及其他国家的代表，不可能坐下来讨论国家主权与现代科技结合而产生的一种形式——网络主权。

历史学家普遍认为，由于威斯特伐利亚条约体系的出现，世界得到了改变，现代性由此产生，极大地推动了科学技术的发展。很多年过去了，科技依然是人类生产力发展的推动力。随着科技的不断提升，人类的生存空间得到拓展，人们对世界的认识也在深化。在现代性向世界推广之后，人们也看到，在科技的支撑下，资本与市场借助战争打破了国家与民族的藩篱，使世界越来越拥挤，各国的争斗也越来越频繁。正因为如此，主权原则为各个国家所认定，不容侵犯与染指。今天的主权，已经从领陆延伸到领海和领空，从政治延伸到文化和经济，不断丰富着主权新的内涵。而这一切都是与国家对疆域尤其是对疆域边缘部分的管辖与治理分不开的。至于近代所谓的"主权让渡"，是特指在某种情况下，在不伤害本国根本利益的前提下，经过具有保护性的共同协议而产生的浮动主权的部分转移。除非一国被他国完全或部分管制，一般情况下是不会将主权全部让渡于其他国家的。

在一般边疆学的认知中，由于承认国家主权的概念，每一个地理板块上的国家都有着疆域管理的认识，而我们称每一个疆域管理的边缘部分为边疆。可以说，这种认识与美国著名的边疆学奠基人特纳（Frederick. J. Turner, 1861~1932）有关，是他告诉了人们，边疆在国家政治与价值观下是可以不断拓展的。人们还看到了其后的斯皮克曼（Nicholas John Spykman）作为美国杰出的地缘政治学家，揭示了边疆在什么情况下会被撕裂，亦即在处于交叉的边缘地带，一旦他国蔑视了某国的主权并实施攻击，国家主权被撕裂的这种情况就会发生。人们还看到，美国由此延伸的事实逻辑是，格雷厄姆（Daniel O. Graham）中将提出的高边疆战略，更是令人脑洞大开——国家之间的主权争斗不仅可以在陆疆、海疆、空疆，也可以在外空疆体现出来——而对外空疆这个高边疆的争夺要依托于网络技术。

2. 美国在互联网疆域进行的战略布局

随着科技的进步，美国的有识之士将互联网也纳入国家战略的视野之中，并且得到了政府与军方的认可和实施。1988 年，美国国防部建立了三军计算机应急反应中队，各军种分别设一个分队。当时世界上的大多数国家对计算机网络的作用还知之甚少，而中国民众对计算机的认识主要来自能够快速处理文档的广告。2002 年，美国总统布什签署了"国家安全第 16 号总统令"，组建了美军历史上，也是世界上的第一支"黑客"部队——"网络战联合功能司令部"。而世界各国对"网络战"运作的机理还在猜度之中，中国民众在这方面的知识基本上来自科幻作品。2005 年 3 月，美国国防部公布《国防战略报告》，明确将网络空间和陆、海、空、太空定义为同等重要的、需要美国维持其有决定性优势的五大空间。[1] 2009 年 5 月美国总统奥巴马发布了名为《网络空间政策》的报告，报告中重申网络空间与陆、海、空、太空五大空间并列，[2] 并明确提出要建立总统直辖办公室，负责协调美国各个政府部门与网络空间有关的工作，从组织机构上保证网络空间战略的有效实施。

事实上，"美国的网络空间战略制定由来已久，从克林顿时代、布什时代到奥巴马时代，这个战略从提出与深化到了国际化、系统化，表明了美国在网络空间建立国际基本规范的战略思路，也体现了其对自身网络空间技术的强大信心，以及在网络空间谋求霸权的强势策略。"[3] 当美国政府在国际互联网空间鼓励、支持甚至直接协助挑战、颠覆特定国家主权的时候，美国的一些大企业和机构紧随其后，利用大数据窃取商业机密和相关信息，使利益攸关方如欧盟、印度、俄罗斯、中国等国因此担忧国家安全与自身的利益，在与其相关的合作中表现出担忧和防范。

美国政府 2011 年 5 月发布《网络空间国际战略》（International Strategy

---

[1] 《美军网络部队，相当于七个 101 空降师》，新华网，http：//news. xinhuanet. com/globe/2013-08/02/c_132573543. htm。

[2] 对太空空间的争夺，早在 20 世纪 60 年代初，美国总统肯尼迪就明确预言："争夺宇宙霸权是未来 10 年的主要内容。哪一个国家能控制宇宙，它就能控制地球；谁控制了太空，谁就控制了战争的主动权。"人民网，http：//www. people. com. cn/GB/junshi/8221/42066/42069/3057135. html。

[3] 魏柱廷、陈文光、郭黎：《美〈网络空间国际战略〉观察与思考》，360 个人图书馆，http：//www. 360doc. com/content/15/0724/06/16788185_487006411. shtml。

for Cyberspace），阐述美国"在日益与网络相连的世界如何建立繁荣、增进安全和保护开放"。这份试图规划全球互联网未来发展与安全的"理想蓝图"，显现出强烈的美国式价值理念。中国、俄罗斯、塔吉克斯坦、吉尔吉斯斯斯坦四国于同年9月向联合国大会提交的《确保国际信息安全的行为准则》（草案），以及总部设在加利福尼亚州的赛门铁克公司于同年11月1日披露的网络安全调查报告，折射出了进入这个疆域的主要成员以及这些成员各自相关的主张。

一段时间以来，在"信息边疆"博弈中占据优势的国家是美国，而形势则不利于接入国际互联网的欧盟、中国和其他国家。石海明、刘戟锋指出："美国在互联网领域就占据着绝对的优势，全球13台根服务器就有10台被美国控制着，其中两台被美国军方控制着，其一为H服务器，它位于美国东部马里兰州的阿伯丁武器试验场，属于美国陆军实验室，其二为G服务器，受控于五角大楼网络信息中心。而且，管理这13台根服务器内容的'互联网域名与地址管理公司'（ICANN）也由美国政府掌控。"① "正是凭借强大的互联网优势，美国近年来不断拓展战略信息战的高边疆，在认知空间主导话语权，配合其外交、政治及经济战略，维护着美国的霸权。"②

2012年3月29日，美国发布的《大数据研发倡议》（Big Data Research and Development Initiative），旨在推进从大量的、复杂的数据集合中获取知识和洞见的能力，并协助加速在科学、工程上的发现步伐，强化美国国土安全，转变教育和学习模式。该倡议涉及联邦政府的6个部门〔美国国家科学基金（NSF）、美国国家卫生研究院（NIH）、美国能源部（DOE）、美国国防部（DOD）、美国国防部高级研究计划局（DARPA）、美国地质勘探局（USGS）〕。这些部门承诺将投资总共超过2亿美元来大力推动和改善与大数据相关的收集、组织和分析工具及技术。③ 此外，这份倡议还透露了多项正在进行中的联邦政府各部门的大数据计划。通过全球战略下的"新

① 石海明、刘戟锋：《制脑权：信息时代军事较量的"高边疆"》，新华网，http://news.xinhuanet.com/mil/2011-03/01/c_121132649.htm。
② 石海明、刘戟锋：《制脑权：信息时代军事较量的"高边疆"》，新华网，http://news.xinhuanet.com/mil/2011-03/01/c_121132649.htm。
③ 《奥巴马政府发布"大数据研发倡议"》，慈溪社科网，http://ss.cixi.gov.cn/art/2012/4/18/art_52445_897612.html。

军事战略"和"反恐战略"将军方纳入其中，包括组建网络战部队，[1] 为美国整合强化国家情报信息网络体系，提高军事情报信息处理能力，增强基于信息系统的体系作战能力提供了有效的技术手段和工具。

2009 年 6 月 23 日，美国国防部长盖茨下令组建网络司令部，美军战略司令部要在 2009 年 9 月 1 日前制定出网络战作战理念和计划。这标志着美国把国家疆域的"第五领域"纳入战略范围。2013 年 3 月 18 日，在网络司令部直接指导下，美国出版了一部所谓"世界网络战争法典"——《塔林手册》。《塔林手册》包含 95 条规则，其内容主要有，国家发起的网络攻击行为须避免敏感的民用目标，如医院、水库、堤坝和核电站等，规则允许通过常规打击来反击造成人员死亡和重大财产损失的网络攻击行为。[2] 2014 年 3 月底，美国国防部长查克·哈格尔表示，国防部将继续致力于扩大网络战部队规模、提升美国在网络安全领域的能力，计划于 2016 年将网络司令部网络战部队人数增至 6000 人。到 2014 年 10 月 21 日，美国直接推出了《网络空间联合作战条令》。2017 年 10 月 24 日，美国国防部发表声明说，美国网络战部队在 10 月 21 日达到这一"里程碑"。初步作战能力意味着这些网络战部队能够"执行基本任务"，美军 133 支网络战部队现有 5000 人，其中近一半部队已经具备全面作战能力，并计划到 2018 财政年度结束前（2018 年 9 月 30 日）把网络战部队扩军至近 6200 人，届时这些部队都将拥有全面作战能力。[3]

3. 几个大国在互联网的战略布局和美国的态度

紧随着美国在互联网实施战略布局，法国 2013 年度《国防与国家安全白皮书》将网络攻击确定为最大外部威胁之一，明确网络防御力量是法国除陆军、海军、空军之外的第四支军队。法国为此筹划一个网络防御行动链，由法国国防参谋长联合军种办公室的行动规划和指挥中心进行监督，

---

[1] 虽然美军从未公布过涉足网络战的总人数，但专家们认为，美军有 3000~5000 名信息战专家及 5 万~7 万名士兵涉足网络战。如果加上原有的电子战人员，美军网络战部队的人数应该在 88700 人左右。这个规模，相当于 7 个 101 空降师。http：//news.xinhuanet.com/globe/2013-08/02/c_132573543.htm。

[2] 北约卓越网络合作防卫中心国际专家小组：《塔林网络战国际法手册》，国防工业出版社，2016。

[3] 《世界各国网络部队透视：美国规模最大、英国征召黑客》，观察者网，http：//www.guan-cha.cn/military-affairs/2016_05_19_360940.shtml。

并决定在 2019 年前为网络安全、防御和研发投入 10 亿欧元。此外，法国政府还计划储备一支民间网络安全与防御力量，培养民间网络防御专家，必要时为政府和军队服务。①

德国联邦国防军自 2006 年就开始组建黑客部队，通过建立黑客部队，德国缩短了与其他西方国家的差距。德国联邦国防军 2012 年提交给联邦议院的文件称，军队已经具备了攻击"敌方网络"的初步能力。2017 年 4 月 1 日，德国武装部队正式成立网络信息司令部。该司令部与陆军、海军、空军、医疗服务并列，共同构成德国联邦国防军体系。德国声称，这将在北约联盟中发挥主导作用。②

英国成立了国家网络安全办公室，直接对首相负责，主要负责制定战略层面的网络战力量发展规划和网络安全行动纲要。英国网络战部队主要有两支：一是网络安全行动中心，隶属于国家通信情报总局，负责监控互联网和通信系统、维护民用网络系统，以及为军方网络战行动提供情报支援；二是网络作战集团，隶属于英国国防部，主要负责英军网络战相关训练与行动规划，并协调军地技术专家对军事网络目标进行安全防护。③

印度基于国家利益十分注重网络攻防，斥资 30 亿美元建设国家网络战司令部，并设立了体系化的网络安全分部，组建了规模达 1.5 万人的网络战部队，以应对日益严重的网络威胁。网络战部队正式成立后，印军网络战作战思想转变为先发制人，主动入侵敌国进行网络窃密。印军还充分发挥软件技术和人才优势，同地方专业机构合作组建陆海空联合计算机应急分队，并征召黑客入伍。印度三军总参谋部已经制定出一份信息战条令，进一步规范了网络战。④

俄罗斯把防止和对抗网络信息侵略提高到国家战略高度，成立了向总统负责的总统国家信息政策委员会，陆续制定了网络信息战相关规划，以加强对信息化建设的领导和协调，加快信息基础设施建设。为确保在网络

---

① 张林初：《法国新版〈国防与国家安全白皮书〉评析》，《法国研究》2014 年第 1 期。
② 《决战五维空间，多国构建网络战力量"放大招"》，光明网，http：//junshi.gmw.cn/2018-06/19/content_29342732.htm。
③ 《世界八国网军大阅兵 谁将赢得网络战未来》，网易网，http：//news.163.com/15/0908/13/B30ADIQS00014JB5.html。
④ 《世界各国网络部队透视：美国规模最大、英国征召黑客》，观察者网，http：//www.guancha.cn/military-affairs/2016_05_19_360940.shtml。

信息对抗中占据主动，俄军建立了特种信息部队，负责实施网络信息战攻防行动。俄军的网络战能力虽然不如美军，但也具有较强的网络对抗侦察、渗透能力和整体破网能力。[①]

差不多在同一时期，加拿大、以色列、日本、韩国、澳大利亚等国纷纷制定政策，组建网络战部队，加入互联网的战略布局之中。

2015年4月，美国国防部又发布新版《网络空间战略》概要，首次公开表示将网络空间行动作为今后军事冲突的战术选项之一，表明美国已突破了网络空间作战的编制体制、武器装备、融入联合作战等一系列瓶颈问题，形成了网络攻防的有效模式，具备了发动网络战争的全部能力。

这表明美国是世界上具有边疆战略前瞻性的国家，几十年甚至上百年对拓展国家疆域问题进行着持续不断的研究和实践，从理论到实践都在引领着其他国家。从美国行为的逻辑分析上看，美国面对世界网络战略的均势，有着前瞻性破坏均势的预案：常规手段为控制掌握在自己手里的根服务器，实施对冒头国家经常性的攻击；非常规手段为加快人工智能提升的步伐，利用超前发展的人工智能，发起网络空间的"核攻击"，必要时就直接大规模地瘫痪形成网络均势国家的互联网。我们预测，下一步的网络安全与战略对话和谈判，与大国之间的核谈判相似，以制止超常规网络攻击为主题。

4. 网络主权的提出和多国的对话

信息社会世界峰会（World Summit on the Information Society）是全球性的组织，在2003年第一阶段会议通过的《日内瓦原则宣言》，以及2005年第二阶段会议通过的《信息社会突尼斯日程》中，都有"网络主权已经成为国际社会真实而客观的实践"等表述。在2004~2005年、2009~2010年、2012~2013年，联合国三度成立了信息安全政府专家组，持续研究信息安全领域的现存威胁、潜在威胁，以及为应对这些威胁可能采取的合作措施，达成了和平利用网络空间、网络空间国家主权原则等重要共识。

2013年6月24日，第六次联合国大会发布的A/68/98文件，即通过联合国"从国际安全的角度来看信息和电信领域发展政府专家组"所形成的

---

① 《决战五维空间，多国构建网络战力量"放大招"》，光明网，http://junshi.gmw.cn/2018-06/19/content_29342732.htm。

决议。该决议第 20 条内容是："国家主权和源自主权的国际规范和原则适用于国家进行的信息通讯技术活动，以及国家在其领土内对信息通讯技术基础设施的管辖权。"[1]

网络的疆域看似是虚拟的，它却映射出人类社会国家疆域的形态，其中的认定与反认定、介入与反介入、划定之后的管辖等现象，无一不是疆域和边疆的治理问题。即使网络是虚拟的疆域，还没有国际法明确的网络国界，但事实上网络的基础设施、网络公司等实体，包括参与网络活动的众多行为体都是有国籍的，网络所形成的疆域已经成为所在国的重要战略资源，理所应当受到所在国的管辖。因而"网络主权"被联合国的专家组在十多年前所提出，既有着事实的依据，也有着经验的验证。这从国际体系合法组织研究的角度，对网络主权问题为各国包括中国这样的互联网大国提供了有力的支持。

欧盟酝酿两年之久的《通用数据保护条例》（GDPR）于 2018 年 5 月 25 日正式施行，被各国广泛认为是欧盟有史以来最为严格的网络数据管理法规，吸引了全球社会和信息技术产业的目光，也引起了美国的极大不满。因为这个最新的法规，其实有个明确的指向，即网络主权不容侵犯。

中国对网络主权问题有着明白无误的阐述，2015 年 12 月 16 日，中国国家主席习近平在第二届世界互联网大会开幕式主旨演讲中提出，推进全球互联网治理体系变革要坚持尊重网络主权，"尊重各国自主选择网络发展道路、网络管理模式、互联网公共政策和平等参与国际网络空间治理的权利，不搞网络霸权，不干涉他国内政，不从事、纵容或支持危害他国国家安全的网络活动。"[2]

2017 年 12 月 4 日，习近平主席在给第四届世界互联网大会的贺信中指出："互联网发展也给世界各国主权、安全、发展利益带来许多新的挑战。全球互联网治理体系变革进入关键时期，构建网络空间命运共同体日益成为国际社会的广泛共识。我们倡导'四项原则''五点主张'，就是希望同国际社会一道，尊重网络主权，发扬伙伴精神，大家的事由大家商量着办，

---

[1] 支振锋：《"网络主权"的国际背景与现实意义》，《紫光阁》2016 年第 2 期。
[2] 《习近平在第二届世界互联网大会开幕式上的讲话（全文）》，新华网，http://www.xinhuanet.com/politics/2015-12/16/c_1117481089.htm。

做到发展共同推进、安全共同维护、治理共同参与、成果共同分享。"① 我们认为，习近平主席提出的这些主张，能够得到专家学者们的理解，也能够在联合国组织对事实研究的基础上，达成联合国成员国的共识，并在进一步的实践中，将网络主权这个命题纳入国际法体系的内容之中。因为人类都有着对世界和平的愿望，都有着对世界秩序规范运行的向往。

当虚拟的互联网遍布世界的时候，其现实意义不容忽视，意味着网络日益成为国家博弈的"无形疆域"。从某种意义上说，谁拥有制网权，谁就可以攫取自己最想得到的资源，也获得了国家安全的无形防线，谁失去了制网权，谁就可能失去大多数的资源，并在国家安全的无形防线上失控。这种无形疆域中的"信息边疆"，对国家安全的重要性，与传统的领土、领海和领空安全等同。换言之，虚拟的边疆并不是"假大空"的概念，虚拟边疆与网络战事实上的存在，对各大国在 21 世纪的兴衰起着很大的作用。

四 结语

在一般边疆学的视域下，由于有了主权这个概念与互联网管辖权的组合，尊重主权作为国际法所确定的国家之间的行为也成为在一个特定领域之中人们需要协商的事务。对此，联合国的每一个成员国必须遵从联合国宪章所确立的当代国际关系的基本准则。围绕着互联网这个第五领域的研究，涉及全球的治理大事，也涉及各国参与国际网络的治理问题。我们的意见是，主要原则的框架应该确保所在国的网络主权，兼顾处理不同性质、来源以及损害程度的威胁的考验，需要建立分层次的立体的网络治理体系，而非单一的国别系统，各国才能够应付在这一疆域的问题。中国必须将互联网这一虚拟的疆域与边疆，尽快明确列入大边疆战略之中。这是未来国家战略下大边疆战略出现概率增大的一个重要方面，以保障中华民族实现伟大复兴的目标。

---

① 《习近平：尊重网络主权 发扬伙伴精神 共同搭乘互联网和数字经济发展的快车》，中国共产党新闻网，http://cpc.people.com.cn/n1/2017/1204/c64094-29683103.html。

试论"边界"及其在"边疆学"构建中的重要性[*]

杨明洪[**]

由于中国边疆问题日渐突出，国家对边疆问题的理论研究需求日盛。近年来，不少学者纷纷提出要构筑一个新兴交叉的"边疆学"，以此来回应这种需求。甚至有专家发出"我的愿望是构筑中国边疆学"[①] 的誓言。从20 世纪 90 年代初期开始，一直到近些年，许多学者不断呼吁构建"中国边疆学"的学科体系，马大正、邢玉林、方铁、周伟洲、吴楚克、周平、孙勇等学者先后撰写文章，对"中国边疆学"的研究对象、内容体系、研究方法、学科特点等展开论述。应该说，国内学界对构建"中国边疆学"已经形成共识，有关研究硕果累累，并在学科体系上进行了构建，[②] 但边疆学学科建设的实际进展不大，学界对这一现状是不满意的。[③] 例如，孙勇写道："近年来学科建设的进展缓慢，其成果中对于边疆史地、民族宗教、边政等方面的探讨居多，还有很多关于边疆调研的材料、论文，也都冠以'边疆学'之名，但对于任何构建边疆学学科体系的探索，则难以深入，学

* 感谢四川大学社会发展与西部开发研究院孙勇、朱金春、黄云松以及中央民族大学吴楚克、云南大学方盛举等给予的启迪和帮助。

** 杨明洪，经济学博士，云南大学发展研究院教授，四川大学中国藏学研究所专职研究员，研究方向为区域经济、藏区经济社会发展、边疆经济。

① 曾涛：《"我的愿望是构筑'中国边疆学'"——马大正访谈录》，《北京日报》2007 年 10 月 8 日，第 9 版。

② 马大正：《关于"中国边疆学"构筑的学术思考》，《中国边疆史地》2016 年第 2 期。

③ 孙勇、王春焕、朱金春：《边疆学学科建设的困境及其指向》，《云南师范大学学报》（哲学社会科学版）2016 年第 2 期。

科范式本身尚付诸阙如。”①

笔者认为，边疆学建设的进展缓慢可能与边疆学未形成核心概念有着极大的关系。因此，构建边疆学的第一要务就是探讨其核心概念。“边界”是边疆学的核心概念，涉及边疆的其他很多现象，均是因“边界”而生；涉及边疆的很多问题，都系“边界”而发。人们经常讨论的边疆结构与功能、边疆状态、边疆形态、边疆运动等问题，以及在此基础上的边疆问题、边疆战略、边疆政策等问题，毫无例外地都是基于“边界”而出现。本文尝试就这一观点做初步论述。不妥之处，请方家指正。

一　边界为何物？

对普通人来讲，“边界”一词并不陌生，但对于学者来讲，其概念往往模糊不清。此处的“边界”是指国家与国家之间的边界，而不是其他共同体或者区域之间的边界。由于人类社会中，国家诞生非常早，因此边界的概念也非常久远。

在现代国家即“民族国家”的概念出现以前，边界清楚的情形并不多见，只有到了现代国家之后，特别是《威斯特伐利亚条约》生效之后的欧洲，国家之间的边界才逐渐清晰起来，并加以固定。马克斯·胡伯写道：“国家功能在一个特定的区域内连续、和平地行使，是构成领土主权的一个因素。这一原则，不仅建立在独立国家及其边界形成条件的基础之上，同时也是基于被广泛接受的国际法体系及其原理之上。”② 边界一旦形成，就成为国家主权利益的集中表现，既是分割国家与国家之间的领陆界限，也是确定国家领海与公海的界限，还是国家领空和外层空间的想象界限。边界在陆地和水面上是真实的界限，而在高空、外层空间以及底土则是想象中的界限。

学界特别是政治地理学科对于边界的关注比较多，“与政治边界有关的问题常常引起地理学者们的兴趣。在所有存在或急或缓的边界问题的国家

---

① 孙勇：《建构边疆学中跨学科研究的有关问题探讨》，《中央民族大学学报》（哲学社会科学版）2016年第3期。
② 马克斯·胡伯：《帕尔玛斯岛案》，载张世明、王济东、牛昢昢主编《空间、法律与学术话语：西方边疆理论经典文献》，黑龙江教育出版社，2014，第267页。

里，或多或少作为专家，地理学者都会被卷进全面的讨论中。"① 理查德·哈特向重点讨论了自然防御边界、自然标示的边界、基于地形特征相同的地区的边界、人文边界、贸易区边界，并认为，"上西里西亚是一个对于各国具有不同地形、人文边界意义的而非聚居密集的边境地区，分隔了拥有人口稠密的重要工业区的广阔地带。代表外交妥协的政治边界线，忽略了绝大部分地理边界线，由此自行制造了一条新的边境线。"②

美国地理学家斯蒂芬·巴尔·琼斯从历史到现代的边界概念，重点分析了作为自然标记的边界以及民族、"帝国主义"与边界概念的关系。这里，他认为，边界的形成与民族有密切的关系，"德国对自然边界概念的反应，是将边界概念建立于民族的基础之上"③，同时他又认同"民族自决是民族主义与生俱来的本质——'天赋人权'（the Divine Right of Peoples）"④，而"民族主义似乎强化了领土毗邻的渴望"⑤。斯蒂芬·巴尔·琼斯还将边界与"帝国主义"联系在一起，他引述了弗里德里希·巴策尔法则，即"作为国家的边缘器官，边界是国家成长及安全的载体"⑥。

不仅如此，斯蒂芬·巴尔·琼斯还讨论了边界的契约性概念、边界的几何学性、界限的强权政治性。⑦"边界的契约性概念的本质在于，正如个人就财产边界达成共识一样，两个国家应当共同同意某一边界并坚持此边界。"⑧ 至于边界的几何学性，主要是"任何政府均可能倾向于采用简单的

---

① 理查德·哈特向：《上西里西亚的地理边界和政治边界》，载张世明、王济东、牛咄咄主编《空间、法律与学术话语：西方边疆理论经典文献》，黑龙江教育出版社，2014，第221页。
② 理查德·哈特向：《上西里西亚的地理边界和政治边界》，载张世明、王济东、牛咄咄主编《空间、法律与学术话语：西方边疆理论经典文献》，黑龙江教育出版社，2014，第251页。
③ 理查德·哈特向：《上西里西亚的地理边界和政治边界》，载张世明、王济东、牛咄咄主编《空间、法律与学术话语：西方边疆理论经典文献》，黑龙江教育出版社，2014，第335页。
④ 理查德·哈特向：《上西里西亚的地理边界和政治边界》，载张世明、王济东、牛咄咄主编《空间、法律与学术话语：西方边疆理论经典文献》，黑龙江教育出版社，2014，第336页。
⑤ 理查德·哈特向：《上西里西亚的地理边界和政治边界》，载张世明、王济东、牛咄咄主编《空间、法律与学术话语：西方边疆理论经典文献》，黑龙江教育出版社，2014，第337页。
⑥ 理查德·哈特向：《上西里西亚的地理边界和政治边界》，载张世明、王济东、牛咄咄主编《空间、法律与学术话语：西方边疆理论经典文献》，黑龙江教育出版社，2014，第338页。
⑦ 理查德·哈特向：《上西里西亚的地理边界和政治边界》，载张世明、王济东、牛咄咄主编《空间、法律与学术话语：西方边疆理论经典文献》，黑龙江教育出版社，2014，第319~350页。
⑧ 理查德·哈特向：《上西里西亚的地理边界和政治边界》，载张世明、王济东、牛咄咄主编《空间、法律与学术话语：西方边疆理论经典文献》，黑龙江教育出版社，2014，第341页。

边界……屈服于勘探、交通以及绘图之类的实际情形"①。边界的强权政治特性是缘于"界线不仅是一条区域法律体系的线段,而且还是一条领土实力结构的契约线"②。

关于"边界"的功能,郭荣星将其归纳为控制界线、司法界线和财政界线三大功能。显然,郭荣星对边界功能的研究逻辑起点是民族国家。③ 这里,笔者赞同郭荣星的观点,并补苴如下。

一是控制界线功能,即只要跨越到某边界以内也就进入某个国家的控制范围内。

边界的控制功能最初起源于防御,这是边界的首要功能。按照哈特向转引自博格斯的说法,"抵御不受欢迎的入侵者,无论是军队、走私犯还是移民","也许是因为欧洲的边界绝大多数都是在武装冲突之后才确定下来的,所以在划界的时候人们通常考虑的是防卫因素",进而将其概括为"一种空间生物体所必需的防御外壳",但他仍然对此表示疑问:"这个观点忽视了边界的初始功能,即:约束。简言之,就是在地球表面划定界限,处于界限一边的所有人和事物都要服从于一个国家的权威,而一旦越过了这条线,所有的一切就又要服从于另一个国家。"④

由于边界上独特的地理界限,首先具有明显的政治、军事属性,而这些属性就外化为防御控制功能。德国的国家大辞典认为,"边界是将本国与邻国分开的外在标志,这种外在标志可以是人为的,如界碑、界墙等;也可以是自然的,如沿山脊或者分水岭,沿河流流向等。"⑤ 借助这些自然的或者人文的障碍物,就可以发挥其控制线的功能。

当然,随着欧盟的建立以及申根协定的生效,欧盟内部国家之间的边界控制线功能趋于消失,但是随着形势的发展,作为控制线的边界,又会

① 理查德·哈特向:《上西里西亚的地理边界和政治边界》,载张世明、王济东、牛咄咄主编《空间、法律与学术话语:西方边疆理论经典文献》,黑龙江教育出版社,2014,第343页。
② 理查德·哈特向:《上西里西亚的地理边界和政治边界》,载张世明、王济东、牛咄咄主编《空间、法律与学术话语:西方边疆理论经典文献》,黑龙江教育出版社,2014,第347页。
③ 周平:《中国边疆政治学》,中国编译出版社,2015,第2页。
④ 理查德·哈特向:《上西里西亚的地理边界和政治边界》,载张世明、王济东、牛咄咄主编《空间、法律与学术话语:西方边疆理论经典文献》,黑龙江教育出版社,2014,第226页。
⑤ Gequn Feng, "Cross Border Cooperation: The Europegion Upper Rhine, A Model for the Tumen Project in Northeastern Asian?" *Baltic and East European Studies*, 2006, p. 221.

在一定程度上得以恢复。例如，2016 年 2 月 18 日，出于控制叙利亚难民进入德国的需要，德国总理默克尔拒绝了欧洲国家的要求，即通过关闭边境一次性控制以欧洲为目的地的难民潮。①

二是司法界线功能，即边界精确地划定了该国家范围内所遵从的司法标准以及该国法律体系的影响范围。

边界的存在将一个国家的司法管辖权与另外一个国家的司法管辖权区分开来。毫无疑问，不同国家之间的法律体系是完全不同的，司法主体是该国政府，司法主体不能够相互重叠。即边界精确地划定了该国家范围内所遵从的司法标准以及该国法律体系的影响范围。在单一制国家体制中是这样，在联邦制的国家体制中也是这样。马克斯·胡伯写道："在联邦制的国家中，建立司法管辖权是为了根据需要而将国际法的规则运用到联邦制国家的州际关系之中。这一意义尤为重大……在一个联邦国家中，所拥有的调处州际问题的完整司法体系，远超过在所谓严格的国际关系领域其被运用到领土问题。"② 而在邦联制中，司法主体仍然是各国的政府，因此，它们之间仍然有边界的限制。

虽然欧盟或者申根协定国范围内边界的控制线功能在逐步丧失，但作为司法线功能的边界并没有消失。

三是财政界线功能，即边界往往也规定了一个国家的财政运行范围。

就征税权来讲，边界可以做到关税的设定，以确保一旦进入该国边界，该国所实施的征税权被采纳。对进出口边界的货物进行征税，是一个国家的主权。从经济上界定国家的主权，现行的方法之一就是设定关税。可以想象，没有关税就没有国家主权在经济上的实现。同时，国家机器的正常运转，或者国家权力的运作，主要是通过国家对企业和居民征税来满足其物质基础，反过来，企业和居民享受的国家管理和公共服务，以其向国家缴纳的税收来作为交换。当然，国家与公民、社会之间有着复杂的关系，但是，可以想象，没有边界，其他国家的公民就可以没有代价地享受该国提供的公共秩序和公共服务甚至社会福利，这对于该国缴纳税收的公民是不公平的，当然也是不可能的。这样，边界就精确地划定了一个国家的财

---

① http://news.sina.com.cn/w/sy/2016-02-18/doc-ifxprucu2979896.shtml。

② http://news.sina.com.cn/w/sy/2016-02-18/doc-ifxprucu2979896.shtml。

政运行范围。

同样，虽然边界的控制线功能在欧盟或者申根协定国范围内逐步丧失，但作为财政线功能的边界并没有消失。

二 为什么核心概念如此重要？

张世明指出："一般而言，学科的内核地带是比较稳固的，但学科的外围边疆地带则往往比较模糊，并且多系未开发的空白或者低度开发的区域。"[1] 与此相应，任何一个成熟的学科均有其核心问题。例如，相对来说，民族学的核心问题是不同文化之间的人群问题，人类学的核心问题是不同人群之间的文化问题，政治学的核心问题是公共权力的分配问题，经济学的核心问题是资源配置问题，管理学的核心问题是人的激励问题，地理学的核心问题是人地关系问题，等等。反过来说，有核心问题是一个学科成熟的标志。有了核心问题，人们就在该学科下精细作业，围绕该学科的核心问题，也就有了独特的观察世界的视角、方法以及研究相关问题的特殊方法。因此，对于拟建的学科，其基本任务就是要找准其核心问题。

毫无疑问，中国边疆学不是一个成熟的学科，直到目前为止，甚至没有提出这一基本问题。顺便说一句，目前学者惊奇地发现，在没有中国边疆学的前提下，[2] 出现了中国边疆政治学，2005 年吴楚克出版了中国第一部《中国边疆政治学》[3]，2015 年，周平出版了第二部《中国边疆政治学》[4]。有专家评论说，这两部开创性的著作，虽然书名为《中国边疆政治学》，但更多的是继承了 20 世纪 30～40 年代的"边政学"，并更多地运用现代理论和新鲜资料加以充实。[5] 周平的《中国边疆政治学》是最新的理论成果，更

---

① 张世明、王济东、牛甿甿主编《空间、法律与学术话语：西方边疆理论经典文献》，黑龙江教育出版社，2014，第 14 页。
② 坊间或有书名为《边疆学》的著作或者教材，如郑汕所著《中国边疆学概论》（云南人民出版社，2014），但普遍认为，此书是一本非常好的关于边政的专著，另外一本《中国边疆学新论》（罗崇敏，人民出版社，2007）则是研究中国边疆经济发展的著作。孙勇、王春焕、朱金春：《边疆学学科建设的困境及其指向》，《云南师范大学学报》（哲学社会科学版）2016 年第 2 期。
③ 吴楚克：《中国边疆政治学》，中央民族大学出版社，2005。
④ 周平：《中国边疆政治学》，中央编译出版社，2015。
⑤ 四川大学社会发展与西部开发研究院讲座教授孙勇与笔者面对面交流。2016 年 4 月 19 日记录。

多的是应用政治学的理论与范式来观察、分析边疆区域的政治现象。这些都是了不起的成果，但这些无一例外地指向同一问题。那就是边疆学的核心问题是什么，如果不能很好地回答这一问题，那么所谓的"中国边疆学"就根本构建不起来。因为没有核心问题，学科就没有相对固定的研究对象，没有相对固定的研究对象，称得上一个独立的学科吗？回答是否定的。事实上，中国边疆学没有成为一个独立的学科，而依附在诸如历史学、政治学、地理学等学科下面，其根本原因就是没有形成自己所希望解决的核心问题，并形成核心概念。这个问题在中国如此，在国外也如此。

1. 从中国国内的进展考察，没有形成边疆学的核心概念

正如张世明所指出的那样："边疆学研究的一个重要性就在于其在诸多的交叉地带进行'边界作业'（boundary work）。"① 张世明看到了某一具体学科解决的核心问题以及在此基础上形成的核心概念对于该学科的特殊意义，并意识到这一工作需要整合，形成有确切的描述词汇、相应的理论工具，所以，他进一步写道："长期以来，关于边疆问题的研究也是一种交叉学科研究，或者说是一种学科互涉研究。从目前的状况来看，某些个人由于自身的复合性知识结构的便利条件，在边疆研究中已经获得部分层次的整合，但从总体上看，在确切的描述词汇、理论工具和构想上尚缺乏一致性。"②

从国内的边疆研究来看，不少学者将"边疆"视为核心概念，但是在使用这一概念时则是凭借一种具象意义的直觉，并没有对这一概念在根本上进行反思性的探根求源，也没有从逻辑演绎的角度对其进行哲学意义上的推演。何明在《边疆特征论》一文中就表达了这样的意见。③ 这样实际上就是将"边疆"看作基本事实，而不是一个学科建构的理论起点。

2. 从国外的进展考察，也没有形成边疆学的核心概念

著名学者特纳（F. J. Turner，1861—1932）没有给出边疆学的核心问题，其论著的着眼点是解释美国的历史，只不过，他另辟蹊径，从边疆这

---

① 张世明、王济东、牛咄咄主编《空间、法律与学术话语：西方边疆理论经典文献》，黑龙江教育出版社，2014，第 17 页。
② 张世明、王济东、牛咄咄主编《空间、法律与学术话语：西方边疆理论经典文献》，黑龙江教育出版社，2014，第 18 页。
③ 何明：《边疆特征论》，《广西民族大学学报》（哲学社会科学版）2016 年第 1 期。

一视角观察美国的历史乃至于所谓"美国精神"的形成,这点从他的文章名称《边疆在美国历史上的重要性》(The Significance of the Frontier in American History)、《区域在美国历史上的重要性》(The Significance of the Section in American History)以及这些文章的内容得到证明。麦金德也没有给出边疆学的核心概念,其主要著作和论文是《历史的地理枢纽》(1904)、《民主的理想与现实》(1919),但他主要是解决政治地理学上的问题,没有接触到地缘政治学的核心问题。欧文·拉铁摩尔也不是试图构建一种边疆学的研究范式,给出边疆学的核心概念,而是从边疆区洞察中国的历史,将中国历史研究从中原中心观推进到边疆中心观,这是历史观的更新,更确切地讲,是历史研究方法的变革。

针对国外的边疆学研究,张世明也不无遗憾地写道:"在边境研究协会(The Association for Borderlands Studies,ABS)苦苦挣扎的岁月里,它对自己研究领域的控制被大量的'速成边界专家'进一步削弱了,这些'专家'得到旨在赚钱的咨询公司或者与边界有关联的机构的支持。"[1] 他从 ABS 的现象中得出的结论是:"边疆学的学科化必然会改变边疆的现实及其认识的边界。"[2]

国外对于边疆研究有着深入的进展,但是由于没有学科化的尝试与努力,所以即使是对边界、边疆的概念进行了深入的探讨,也没有从学科建构的角度审视这一概念。

三 "边界"能否成为边疆学的核心概念?

那么,拟建中的边疆学的核心概念是什么问题呢?

曾经有人建议,将"边疆"作为"边疆学"的核心概念,但从语义上不符合逻辑,"边疆学是关于边疆的科学",显然这一判断句已经陷入同义反复。经济学的核心概念是"资源配置",但不能叫作"资源配置学",经济学之所以要关注这一问题,是因为人的欲望无限性与资源的有限性之间的矛盾需要通过优化资源配置来实现。因此,人们简单地将经济学定义为

---

① 张世明、王济东、牛呦呦主编《空间、法律与学术话语:西方边疆理论经典文献》,黑龙江教育出版社,2014,第 18 页。

② 张世明、王济东、牛呦呦主编《空间、法律与学术话语:西方边疆理论经典文献》,黑龙江教育出版社,2014,第 19 页。

"经济学是关于资源配置的科学"。因此，需要另辟蹊径定义边疆学的核心概念。这里，笔者不揣谫陋，提出"边界"是边疆学的核心概念，并给出以下理由。

1. 从地理边疆的角度考察，"边界"是边疆学的核心概念

德国地理学家弗里德里希·拉策尔给出的边疆定义是："边疆是国家、经济及民族领域的边缘性区域，各类物质资料在此进进出出，使得一个民族与国家得以生存。"① 而周平教授给出的边疆定义是："边疆就是国家疆域的边缘性部分，或者说，边疆是国家的边缘性疆域。"这两者比较接近。笔者也赞同这一定义。当然，这一"边疆"概念是针对"地理边疆"而做出的定义，对于非"地理边疆"是不太适合的。

值得注意的是，这里所谓的"国家"应当是"现代国家"，即基于"民族国家"的理念建构的国家，而不是传统意义上的"王朝国家"。现代民族国家的显著特征就是国家的领土是通过明确的边界区界定，而不像在王朝国家常常是通过文化或者"人头"去界定。② 当你拿到任意一张地图，不难发现，除了未定边界线或者处于边界争端之中外，任何一个国家均有明确的边界线，这是最直观的。之所以"边疆学"将"边界"作为自己的核心概念，是因为不但现代国家利益需要通过"边界"来清晰界定，而且世界空间的有限性与现代国家利益的无限性之间的矛盾也需要通过"边界"去调整。

同时，"边界"这一概念为边疆学的研究树立标尺，以此概念可以塑造成为一个完整的边疆学。研究标尺是一个主观认识客观世界的过程，而认识边疆这个客观对象需要一种便利的视角。当我们从内向外看时，边疆就是国家向外的前缘，处于国家的边缘，英文单词应当是"frontier"，特纳就是在这个意义上使用"frontier"这个单词，因为独立后的美国是在"西进运动"中完成"民族国家"的建构，在这种情况下，向西的任何地方相对于东部来讲都是前进道路上的"前哨"，相对于美国的东部，前沿地带或者说边疆地带在经

① 〔德〕弗里德里希·拉策尔：《作为边缘有机体的边疆》，载张世明、王济东、牛盼盼主编《空间、法律与学术话语：西方边疆理论经典文献》，黑龙江教育出版社，2014，第132页。
② 在朝贡制度下，中央王朝与藩属之间是基于对人的统治，而不是基于对领土的统治，藩属与中央王朝之间，也随着中央王朝的强盛衰微的转换与之建立或紧或疏的关系，"叛服无常"，领土的边界通常是模糊的，藩属地的文化也与中原文化有较大差异。

济上"落后",在文化上"野蛮"。"西进运动"是将边疆不断向西推进,直到太平洋,地理上的"边疆"在美国消失。这是美国国家形成的历史过程,也是美国西向的本土边疆形成和消失的过程,但研究这一过程仍然是标准的历史学,只不过是换用边疆(frontier)的视角而言。

而在中国,研究边疆治理的学者也是从这种视角看待边疆的。将"边疆"定义为处于国家疆域的边缘性区域,是将其与国家的"核心"或者"中心"或者"内地"进行比较而得出的。这种情况下,"国家的中心"是参照系。通常情况下,国家的中心是首都,敌国欲灭一国的主要手段就是占领其首都。站在"国家的中心"来看,该国家的疆域末梢部分就是其边疆,给人们的感觉是,边疆就是地处距离首都相对遥远的方位。一般来讲,边疆可能在政治上处于敏感区域,因为那里处于与邻国的交战状态,或者那里存在国家分裂因素,无论哪一种情况,都使边疆具有敏感性。边疆可能由于长期的边界屏蔽效应或者战争等因素,经济上相对落后于核心区域,当然也有可能处于开发的前沿阵地,经济上更加发达。在多民族的国家里,边疆地带的文化通常异于内地,而在单一民族国家如日本,其边疆和内地就没有文化上的差异。

但在描述"边疆"时,不是以"国家的中心"为参照系,而是倒过来以"边界线"为参照系。因为这样做更便于主观认识边疆这一客观对象。从这一视角我们可以给边疆下另外的定义,即所谓"边疆"是指作为以"边界"为参照、并在地理空间上指向"国家的中心"(首都)的连续地理空间。这成为学科研究的逻辑起点,因为,如前所述,一般意义上的"边疆学"需要建立固定的而不是"捉摸不定"的参照系,而"边界"在民族国家中是固定的、明确的。

"边疆"一词是复合概念,我们赞同周平的解释:"'边疆'之'疆',既有界的涵义,也有疆域的涵义。"[1] 因此,人们可以体会语意上的差异:学科研究上使用"边疆"时,实际上是以边界为参照系,由边界向内侧延伸的部分,英语应该是"borderlands",当前世界上影响最大的非学术组织"边疆协会"仍然使用"Borderlands Studies"这一英文名称;当我们特意指"边境地区"时,仍然是以边界线为参照系,英语词为"border regions",郭

---

① 周平:《中国边疆政治学》,中央编译出版社,2015,第 2 页。

荣星的专著就使用这个词。①

因此，"边界"是边疆学的核心概念，而不是"边疆"这个概念。边疆治理和边疆战略是一个国家在认识边疆规律的基础上，从国家自身利益最大化追求出发，针对国家边疆的全局性谋划。这里的国家利益最大化，要么体现在巩固现有的"边界"，要么拓展新的"边界"，并实现与国家的政治、经济、文化的一体化。毫无疑问，边疆政策与落实国家边疆战略的支撑需要推动国家"边界"移动或者转换"边界"的形态去实现。不同国家之间的"边疆利益"的调节与调整，是不同国家之间的互动甚至是博弈的结果，也是国际法发挥作用的结果。

2. 从非地理边疆的角度考察，"边界"是边疆学的核心概念

经过演化出现了新的边疆形态。"无形边疆"作为新的边疆形态，包括"利益边疆""文化边疆""战略边疆""信息边疆"等，是非地理边疆的重要形式，而所谓的"高空边疆""地下边疆"之说，虽然基本是物理性质的度量，但不能说其是完全的无形边疆，因为可以使用现代的科学仪器加以测量，只是人的肉眼难以观察。

笔者认为，边疆具有自然属性和社会属性二重属性。② 一般来讲，边疆的自然属性在边界开放的前提下，往往出现不断弱化的趋势，但不会消失，最终形成一种观念形态的概念，这种概念表示某种"空间""界限""边界"。至于边疆的社会属性，则在某种情况之下有增强的趋势，这种增强的趋势是受到某种理论、观念的强烈影响而形成的。边疆的自然属性不断减弱与边疆的社会属性不断增强共同形成目前人们所谓的"高空边疆""地下边疆""太空边疆"等概念，进而形成所谓的"利益边疆""文化边疆""战略边疆""信息边疆"等概念。可以预见，边疆的自然属性和社会属性双重演化下的边疆概念也会出现新的变化。

由此观之，无形边疆的概念实际上也多半是取边界之意。无形边疆理论关注的是国家利益边界的移动，针对国家整体利益或者全局利益的边疆就演变为战略边疆，但所谓的"高空边疆""地下边疆""太空边疆"等也强调边界的范围，并没有国家地理边疆那种"带状"分布特征。总之，从

---

① Rongxin Guo, *Border Region Economics*, Physica-Verlag, 1996.
② 杨明洪：《困境与突破：边疆经济学还是经济边疆学》，《中国图书评论》2015 年第 12 期。

非地理边疆的角度考察,"边界"是边疆学的核心概念。

3. 从当代学者研究中国边疆问题考察,"边界"是边疆学的核心概念

历史上,中国疆域是变化的。与中原王朝本身的强弱相对应,中国的疆域做出扩张与收缩的变动,这种变动是中国的"边疆运动"。然而,任何国家的边疆运动都一样,最终有一个终结点,这个终结点就是民族国家缔造完成。在西方列强入侵中国之前,中国是一个王朝国家,以中原为基础,建立了朝贡制度,中央王朝与藩属之间的关系有时是基于文化,有时也是基于人的统治而建立起来的。作为一个国家,中国边界是模糊的。在西方列强的刺激下,中国逐渐接受了民族国家的概念,从晚清开始,使用"中华民族"这个概念去构造"国族"。伴随着中华民国的建立,国家的边界越来越清晰。最终到中华人民共和国的建立,除了与周边国家在少数地段有争议外,绝大部分的边界固定下来。这一点对中国当代边疆问题甚至边疆史的研究均产生重大影响,也就是基本上以中国当代的"边界"为基准研究中国历史上的边疆问题和当前的现实问题。[①]

当然,这种参照系与时间因素关系极大,越向当前靠近,越依赖这个参照系,反过来,越向古时回溯,越偏离这个参照系。例如,蒙古国所在地域在历史上属于中国的版图,但当今它是一个独立的国家,研究中国当前的现实边疆问题,把蒙古国纳入中国的疆域分析某一边疆问题,就会出现谬误。相反,研究古代的中国,蒙古国所在的地域就可能成为中国边疆的研究对象。因此,如果不正视中国当代的边界而抽象谈论中国的边疆问题,简直没有办法想象。

四 边界与边疆是怎样的关系?

简单地讲,边界与边疆的关系非常容易区分,边界是边疆的构成要素,是"线",呈现"线状"分布,而边疆是"面",呈现"带状"分布。然而,在实际中经常将两者混为一谈,而这一现实已经表明,边界概念应当成为边疆的核心概念。

---

① 关于历史研究中的疆域问题,学界在 20 世纪 50~60 年代有过讨论,其中以 18 世纪清代大一统的疆域为基准,也有以现代的中华人民共和国疆域为基准。但是,现代边疆研究实际上是以现代疆域为基准的,也深刻地影响了学术思维。

斯蒂芬·巴尔·琼斯写道："我关注边界（boundaries）而非边疆（frontiers），但探究这一主题的任何人均知道，将这两个术语完全分开来是不可能的。"① 他认为，"边疆"与"边界"使用中分歧的增大与契约性概念相符，除了英语，其他语言也允许两者之间的辨识，但美式英语中的用法如此不同，以至两者基本没有关系。"在美国及其他新大陆，当某地人口稠密甚或在众多情形下能够有效控制之后才能确定边界的框架。'边疆'逐渐意味着聚居地不断演进的边缘，而非领土的占领……尽管多数欧洲人将美国-墨西哥之间的边界称为边疆，但我从未听到美国人如此称呼。"② 针对佩勒姆（Pelham）的观点，"几乎不能说罗马共和国有任何疆界。毫无疑问，它没有边疆划分或者防御"，理查德·哈特向指出："显而易见，此处的'边疆'是在'边界'的意义上使用的。"③ 理查德·哈特向认为，寇松并没有明显地区分"边疆"与"边界"，但寇松辨识出了一种过程，边疆可据此成为一种被勘定的边界。④

在国内，吴楚克也指出："世界上边疆的产生和类型十分复杂，在很多情况下，只有边界而没有边疆，或者边疆和边界是重合的；更多的时候，边界的变动和争议导致边疆始终处于变化当中。"⑤ 最近，何明在《边疆特征论》一文中论述边疆的第三特征时开宗明义地指出，"边界既是领土的归属主体和居民的国籍身份的分界线，也是国家制度的分界线。"本意讨论"边疆"的特征，但他给出了"边界"的特征，即"边界犹如栅栏，一方面作为屏障阻隔着来自境外并可能危及本国的各种因素以确保本国的安全，另一方面作为联通异国的桥梁进行跨国交流交换以获取利益和实现发展"⑥。从而将"边界"的特征转换为"边疆"的特征。中国学术界对"边疆"与

---

① 理查德·哈特向：《上西里西亚的地理边界和政治边界》，载张世明、王济东、牛眙眙主编《空间、法律与学术话语：西方边疆理论经典文献》，黑龙江教育出版社，2014，第330页。
② 理查德·哈特向：《上西里西亚的地理边界和政治边界》，载张世明、王济东、牛眙眙主编《空间、法律与学术话语：西方边疆理论经典文献》，黑龙江教育出版社，2014，第342页。
③ 理查德·哈特向：《上西里西亚的地理边界和政治边界》，载张世明、王济东、牛眙眙主编《空间、法律与学术话语：西方边疆理论经典文献》，黑龙江教育出版社，2014，第321页。
④ 理查德·哈特向：《上西里西亚的地理边界和政治边界》，载张世明、王济东、牛眙眙主编《空间、法律与学术话语：西方边疆理论经典文献》，黑龙江教育出版社，2014，第340页。
⑤ 吴楚克：《前言》，载吴楚克、赵泽琳主编《中国边疆学理论创新与发展报告（2015）》，经济管理出版社，2016。
⑥ 何明：《边疆特征论》，《广西民族大学学报》（哲学社会科学版）2016年第1期。

"边界"的混用反映出"边界"在边疆概念一般化处理上的重要意义。

拉铁摩尔在讨论以长城为边界的亚洲内陆边疆时指出:"政治上所认定的明确的边界,却被历史的起伏推广成一个广阔的边缘地带。"① 事实上,拉铁摩尔描述的情形具有普遍适用性,特别是在现代民族国家,莫不是以截然分明的线性边界来进行全方位的区隔,但是现实中跨越边界的互动往往使这一边界变得模糊,并且围绕边界形成了兼具两侧特征与影响的有着一定纵深的区域,那么这一区域实际上就是边疆。如果从这样一个角度来看,事实上可以将边疆看作边界的衍生概念。

学界对于边疆与边界概念的区分与混用实际上表明了视角上的杂糅:一方面,对边疆的界定是以国家疆域为视野,而在视角上则是以核心区域出发;另一方面,对边界的界定是从国家疆域的外缘着眼。这样实际上是在不同的视点上认识边疆与边界。而如果以边界为核心,从发生学的角度来看,边疆实际上是边界的产物,就可以得出边界与边疆之间具有有机联系的结论。如果从功能的角度来看,边界实际上主要呈现的是阻隔的功能,而边疆则是体现了阻隔与沟通的相互矛盾却彼此依存的双重功能。

由此可以看出,"边界"就是边疆学的核心概念。事实上,涉及边疆的其他很多现象,均是因"边界"而生,涉及边疆的很多问题,都是因"边界"而发。暂且不说政治地理学所讨论的基础性概念,即"边界效应"本身就将"边界"置于核心地位,单就人们经常讨论的边疆结构与功能、边疆状态、边疆形态、边疆运动等问题,以及在此基础上的边疆问题、边疆战略、边疆政策等问题,毫无例外地都是基于"边界"而出现的。

"边界"是边疆学绕不过去的核心概念,而历史上的边疆问题也是游走在"边界"的伸缩问题之间,静态与动态的边疆都是由"边界"的移动引发的。虽然边界与边疆的关系非常容易区分,即边界是边疆的构成要素,是"线",呈现"线状"分布,而边疆是"面",呈现"带状"分布,但现实中"边疆"与"边界"的混用反映出"边界"在边疆概念一般化处理上的重要意义。可以这样说,离开"边界"这一概念,抽象地讨论边疆问题、研究边疆学构建,将于事无补。

从当前中国所谓的"边疆问题"来看,举凡涉及边疆发展、边疆安全、

---

① 〔美〕拉铁摩尔:《中国的亚洲内陆边疆》,唐晓峰译,江苏人民出版社,2005,第156页。

边疆稳定三大基本问题，表面上看是"面"上的问题，实质上是这些"面"上的问题解决得不好，就会影响"边界"这个"线"上的问题，因为从政治的角度，这三大问题会影响或者最终决定"边界"是否稳固。从这个意义上可以部分理解吴楚克、周平、孙勇等所论"边疆本身也是政治现象"这句话的含义。

封而不闭的民族国家[*]

——兼论跨国民族研究两大范式

周建新^{**}

在当下的社会科学研究领域，人们依据各自研究视野的不同，将世界表述为四个层级，即地方、国家、地区和全球，而四个层级的核心是民族国家，人们正是以民族国家的存在为参照坐标，从而划分出其他的层级。毫无疑问，人们既然能够划分出这四个层级，说明各层级之间是可以相互区隔的，是有明显的差异性的。同时，我们也毫不怀疑，各层级之间又是彼此联系的，是无法绝对分割的。现实的问题是，当下的人类社会似乎过于强调区隔，特别是强调民族国家的彼此区隔，而忽视了彼此联系的绝对性，从而导致一些认识上的模糊甚至是错误。本文将主要以民族国家的视角，从"跨国民族"研究领域切入，展开对民族国家间跨国社会广泛联系事实的论述，进而提出"跨国民族"研究两大范式以就教于学界。

一 地方、国家、地区和全球

"'世界主义社会民主'显然需要在各种层面上——地方、国家、地区和全球——的治理进行激烈的竞争。"① 这里的"地方、国家、地区和全球"四种表述概念，表面上看是一个简单的带有地域性大小的物理空间的划分，

---

* 本文是 2014 年度国家社会科学基金重大项目"中国边疆地区的边民离散与回归"（编号 14ZDB109）的阶段性成果。
** 周建新，教育部人文社科重点研究基地云南大学西南边疆少数民族研究中心教授，博士生导师。
① 〔英〕戴维·赫尔德、安东尼·麦克格鲁：《全球化与反全球化》，陈志刚译，社会科学文献出版社，2004，第 116 页。

但仔细分析又不完全是以地域大小来衡量的。这种划分，排除全球意识，从地方、国家和地区看显然带有区隔分类的核心意涵，而这种分类绝不仅仅停留在物理空间的大小之上，而且带有明显的社会分界和政治分层的意识。

笔者并未考证"地方""国家"和"地区"这些用词出现的先后之分，但从区分的意义看，显然"国家"才是产生彼此区隔的坐标起点。即"国家"的出现，对应比较出了"地方"和"地区"，而真正意义上的"全球"概念，则是欧洲人发现新大陆之后人类具有全球视野时才出现的，这至少是在 1500 年之后了。[①]

这里所说的"地方"，一般指属于一个国家内部的历史或现实中特定的行政区划或者自然、经济、文化区域。

"国家"，如果从整个人类发展史看，古代历史上出现过形形色色的各类国家，但从我们现实的四个分层看，毫无疑问这里的国家是指现实的所谓"民族国家"，即以民族的名义建构的"具有建立共同生活所必需的共同经验的最广大的组织"[②]。从绝对的物理空间角度看，一个"国家"的地域范围并不一定比另一个国家的"地方"大，但一定比"地方"的行政层级高。因此，从地域大小看，"国家"和"地方""地区"并不完全具有可比性。

"地区"之所以比"国家"的层级高，主要是指"国家"之间的联合，或者几个"国家"之间形成的政治、地理、经济或文化区域。例如，"东南亚""欧盟"都是我们所说的"地区"。虽然像中国这样的地域大国，从土地面积看，一个国家可能比几个国家联合起来的地域还要广大，但从现实的世界性国家体系架构看，这里的"地区"却是数个"国家"的联合，它们在联合国和一般国际舞台上的政治话语权上显然大于单一"国家"，所以"地区"在表述层次上超越了"国家"层级。

"全球"自然是指我们共同生存的地球。这里它只代表一种人类生存空间的全覆盖，以及对人类社会的整体关怀，更多的是一种抽象的意义，并

① 〔美〕斯塔夫里阿诺斯：《全球通史——1500 年以后的世界》，吴象婴、梁赤民译，上海社会科学院出版社，1992。

② 〔英〕鲍桑葵：《关于国家的哲学理论》，汪淑钧译，商务印书馆，1996，第 302 页。

不是要特别强调它实际代表的物理空间的大小。

以上四个层级的划分的确有物理空间范围大小的考虑，但更主要的是在民族国家体系架构下相互之间的区别，以及政治话语权大小的考虑。"地方""国家""地区"和"全球"原本就是一种相对的划分体系，从社会治理层面看，"地方""国家""地区"都具有相对区隔和"封闭"的特征，其中"国家"是最重要的核心，是我们生活的"小同社会"，而"全球"是人类追求的"大同社会"。

二 封而不闭的民族国家

（一）从"封"到"闭"的国家治理追求

古代历史上，所谓"封"就是"画地为牢"。奴隶主、封建帝王通过"分封"将土地或封号分给与自己利益相关的人或集团。这种分封显然主要是以土地分界的。尽管"在数千年前，人们都居于国家结构之外，生活在松散的帝国统治，或者各自为营的统治权力之下"①，但综观中外历史，人类建立过的各种各样的国家社会，无论哪种，都在追求彼此形成土地的界限进而形成社会的界限。他们认为，通过"封"可以形成"闭"，而这种"闭"有利于独占利益和有效管理。这显然是一种在社会治理实践中获得的经验。这种以"封闭"促进治理的手段，到了威斯特伐利亚时代，被国际社会制度化了，并且逐步向"封闭"的顶峰迈进，即使到了资本主义社会，甚至社会主义社会，民族国家的"封闭"特征依然没有发生根本性改变。

威斯特伐利亚体系建构之前，人类社会不同群体之间的联系，除了零星的互通有无自发流动外，真正大规模的接触往往是以战争、商贸、移民等形式实现的。当时跨越古代国家边界的行为都还相对自由，强者可以自由横行，完全处于一种世界无政府状态，弱者也可以"离开国家，逃向蛮夷"②，而国家却往往鞭长莫及。但是威斯特伐利亚体系形成之后，特别是"一族一国"思想造就民族国家形成后，国与国之间通过划分国界，

---

① Charles Tilly, *Coercion*, *Capital*, *and European States*, *AD990 - 1992*, Cambridge, Mass.: Blackwell, 1990, p. 162.

② 〔美〕詹姆士·斯科特：《逃避统治的艺术——东南亚高地的无政府主义历史》，王晓毅译，三联书店，2016，第 145 页。

制定出了严格的领土界线和社会界限，确保将彼此分割开来。边界"将领土、人民及其经济、社会、政治、文化生活区隔开来"①。"有证据表明，作为标准和完全排他的政体，民族国家对于无国家的人群是充满敌意的。"②因此，威斯特伐利亚体系的建构，使边界成为一道阻碍人口随意跨越的巨大屏障。

西方学者认为，威斯特伐利亚体系的形成，意味着分立世界（Discrete world）的形成。这是一种分隔原有社会联系的理念，其实践也的确产生了很好的社会分割效果。例如，在东南亚的历史上，老挝和泰国之间因为划湄公河而治，湄公河东边的人成为法国殖民势力下的老挝人，而湄公河西面的人成为泰国人。③ 民族国家的建构，使他们原有的社会联系从此被撕裂，彼此开始区隔甚至互不相认。虽然这其中的过程和原因非常复杂，但毫无疑问，民族国家的建构是导致彼此从土地到人心分割的最主要原因。

民族国家建构中的"封闭"就是"去联系化"，就是要消除与原有社会的联系，以彰显"自我"的独立个性和与众不同。中亚各国自20世纪90年代开始的以民族的名义建设新国家的历程，是我们当下观察民族国家建构的最好场域。中亚五国的独立建国，都面临着将过去的"地方"历史上升为"国家"历史的问题。它们一方面努力"去俄罗斯化"，另一方面也极力从自身的民族历史文化中寻找建构民族国家的有用素材。这种"去联系化"，其目的就是要建构"封闭"的自我，塑造有独立个性的民族国家，这几乎是所有民族国家追求的方向。但无论建构者如何努力"去联系化"，他们发现的事实却是，绝对的"去联系化"根本无法做到。

（二）封而不闭的民族国家

尽管人类历史上出现的各种国家类型，都是以"封"和"闭"的手段为主，想办法独占土地和人民，但事实上，古代的"分封"没有阻断人类

---

① 邹吉忠：《边疆·边界·边域——关于跨国民族研究的视角问题》，《中央民族大学学报》2010年第1期。
② 〔美〕詹姆士·斯科特：《逃避统治的艺术——东南亚高地的无政府主义历史》，王晓毅译，三联书店，2016，第145页。
③ 〔泰〕姆·耳·马尼奇．琼赛 M. L. M.《老挝史》，厦门大学外文系翻译小组译，福建人民出版社，1974，第3页。

社会之间彼此的联系，就是在威斯特伐利亚体系形成之后，也没有完全阻断人们的跨国交往，反而是资本主义的全球贸易加强了世界不同群体的联系。闭关锁国不是绝对的，国家边界就像一个没有扎紧的篱笆，到处都有跨越边界的现象存在。从社会和文化的角度看，历史上不同群体之间彼此的联系从来就没有中断过，不管这种联系是以怎样的方式进行。在中国西南边界一线，我们时时处处可以看到跨越边界的族群互动和商品流通。民族国家的边界只是相对于前威斯特伐利亚时代更加严密了一些而已。这一点，我们在国与国之间的跨国民族社会看得尤为清楚。詹姆士·斯科特认为 1945 年之前的赞米亚地区，"自我管理的人民与民族国家之间权力的战略平衡"是存在的，之后，民族国家才"忙于把其权力伸展到最远的边界，将那些弱者或未被统治的区域清扫收编"。[①] 如果说那个时代，中国和东南亚地区还没有完成现代民族国家的边界建构，看到的是一个相互联通的世界，那么在当下，中国南方与东南亚交界地区早已在民族国家体系的严格管控之下，但边民跨越国界的互动依然盛行，甚至"在跨越边界的大量多种交易中，国家既不能参与其中也无法施加影响"[②]。各种跨越国界的行为，生成和构建了"一种非军事、非政治的经济区域、社会区域、文化区域和生活区域"[③]。

地缘政治依据民族国家的地域方位，把国家看作相互分割的板块，但是从跨国民族族缘政治的视角看，国家之间的社会是相互联通的，各种真实的社会联系不仅穿透国家边界，而且把国家边界彼此紧密连接。缅甸罗兴亚人的悲剧，让我们看到了缅甸与孟加拉国之间的跨国民族社会连接；乌克兰的克里米亚危机，让我们看到了俄罗斯与乌克兰之间的跨国民族天然联系；甚至"9·11"事件，也让我们看到了美国与阿拉伯世界的跨国社会连接。这些事件从表面上看，似乎都是为了进一步完成彼此区隔的民族国家的建构，实质上反而证明了彼此联系的无法割裂性。

---

① 〔美〕詹姆士·斯科特：《逃避统治的艺术——东南亚高地的无政府主义历史》，王晓毅译，三联书店，2016，第 5 页。

② 〔美〕詹姆士·N. 罗西瑙：《没有政府的治理》，张胜军等译，江西人民出版社，2001，第 326 页。

③ 邹吉忠：《边疆·边界·边域——关于跨国民族研究的视角问题》，《中央民族大学学报》2010 年第 1 期。

从当下民族国家管理和治理的手段看，所有国家都是因情而治，管控与开放相结合。显然，绝对的封闭是不存在的，更何况在现代国际社会条件下，一些国家在制度上允许并承认国民的双重、多重国籍身份。另外，跨国民族社会中思想观念的交换、血缘基因的漂移、数字网络的连接等，使人们可以轻易跨越国界，国与国之间的跨国互动更加频繁和紧密，时空距离被无限压缩，民族国家的封闭作用不断弱化。显然，整个人类社会以人的个体的形式或集聚的形式，存在跨越民族国家界线的点对点的单线社会联系，进而以数量增加和空间分布差异形成社会网络连接，同时也存在片状相邻紧密连缀的跨国民族社会连接，这才是真实的封而不闭的民族国家。

三 "跨国民族"研究的两大板块

民族国家的建构，从构想到实践都是一种分割封闭的路径，是一种与外界相区隔的理念。这种分割首先是在土地上的分割，即对占领土地领土化的过程；其次是对管辖人民的分割，即人民民族化的过程或者社会国民化的过程；最后是对人民思想意识的改造，即建构特定指向的国家认同的过程。民族国家通过各种手段对由国界圈定的不同群体进行人民的再造，其中文化和思想的塑造最为重要。但是，所谓民族国家的建构已经走过了几百年的发展历程，表面上已经完成了全球性的民族国家领土划分，而多民族国家内部人民民族化的过程却十分艰难，甚至止步不前或者已经被事实证明走入了死胡同。因此，各自之间原有的跨国民族现象依然如故，同时各种各样的超越国家边界的新的"跨国"事实又不断涌现。

如果说，民族国家的建构追求的是一种国民民族化的内聚过程，那么历史和现实中存在的各种"跨国民族"现象，就是一种各民族外溢的过程。一方面国家要极力维持既有的内聚，另一方面又受到外部力量的影响，无法制止国内各民族与外部的连接或者外溢现象。

根据对历史和现实相关问题研究成果的梳理，"跨国民族"研究整体上可以划分为以下两大板块。

（一）以边界为核心区域的跨国民族研究

从世界历史看，威斯特伐利亚体系的建立是人类社会世界性国家体系重构的分水岭。在此之前，国家界线没有被硬化，盈亏变化较大；在此之后，国家界线逐渐硬化、刚性、精确化。这里所说的"跨国民族"研究第一大板块，主要就是研究威斯特伐利亚体系形成后，世界所有民族国家由于边界的划定而出现的跨国民族及其问题。

这类研究，主要围绕国家边界的建构，描述和介绍各个国家内部跨越边界的同源族群的历史、社会、文化、语言等；分析和解读彼此跨国互动现象、规律、动因、心理等问题；聚焦互动中出现的热点问题和一般性社会问题；探讨现实社会发展中的彼此合作、和平跨居等问题。

这一大板块主要是对历史既成事实的研究，主要聚焦于历史上形成的国家边疆社会文化"遗产"，例如殖民地的、帝国的边疆族群及其社会文化是如何形成的，以及殖民体系瓦解或帝国崩溃后新生的民族国家之间争夺边疆地区各种"遗产"的问题，也包括当下各个民族国家边界地区各族群发展问题等。这一大板块的研究主要聚焦在边境、边界附近，多使用"跨界民族"或"跨境民族"概念展开研究，是一种聚焦边疆中心的小视野和传统视角。目前跨国民族研究的绝大多数成果属于这一大板块。

（二）以远距离跨国移民为核心的问题研究

20 世纪末兴起的全球化带来了全球性的跨国移民现象，而全球化意味着跨越民族国家边界的各种人和物的流动、信息和资本的流通、文化和观念的影响等，各种挑战传统民族国家架构的现象不断涌现。高科技手段的一致性，不仅压缩了人与人之间的空间距离，也压缩了人与人之间的思想距离，同时，各种跨越边界的恐怖主义、疾病、生物、气候、观念等带来的问题，似乎都在挑战民族国家原有的权威、结构和边界。

在西方，欧盟的形成和不断扩展，将原有的民族国家边界变成了其内部边界，《申根协定》实际上已经突破了传统的民族国家领土结构。在东方，民族国家的边境地区虽然实行严格的管控，但面对全球化的人流、物流、信息流，各个国家也被动或主动地实施有序有限的开放，东盟的建立就是在积极探索其内部国家间的利益分享和风险共担的问题。

正是当下国与国之间出现了相对宽松的边界管理政策，以及区域性共同体的形成，加之科学技术进步促进了全球交通，因此以全球分散迁移为特点的远距离移民成为常态。这种新的开放、持续、循环和规模性的全球移民现象，使移民远距离迁移之后在新的客居国与祖籍国的族群之间形成了紧密的跨国社会联通网络。这种全球化条件下的以民族国家国民远距离迁移散布于世界的现象，必然带来新的跨国民族问题，它突出的特点是，研究对象不再局限于国家边界附近，而是聚焦全体"国民"，进而是国民迁移形成了远距离"跨国民族"社会网络，甚至出现了双重、多重国籍的跨国社会问题。这种新的"跨国民族"现象使民族国家边界模糊，这与民族国家力求"边界"清晰的愿望恰恰相反，"跨国社会"内部的各种诉求虽然不乏"远距民族主义"① 的表现，但更多的是个体权利在新的客居国的个人主张，一般不危害相关民族国家的整体利益。

这一大板块的研究，大多关注于当下远距离全球移民的各种生活适应，以及移民跨国实践后的文化身份和国民身份自我定位等问题，以"跨国移民""跨国公民""跨国社会"等主题研究成果为主。

四 跨国民族研究的两大范式

跨国民族研究，虽然可以大致分为以上两大板块，但两大板块是相互联系的，不是截然分开的。我们从研究的问题看，两者明显带有交叉和联系，历史和现实并没有完全割裂或分离。从问题导向看，过去以第一大板块的跨国民族问题研究为主，而现在出现了同时重视两大板块问题研究的取向，甚至第二大板块有超越第一大板块的趋势。显然，跨国民族社会网络在形式上超越了民族国家的象征性疆域和领土性边界；在内容上形成了一个新的跨越国界的社会领域。过去的跨国民族研究一般局限于一个主权国家内部，而现实的跨国民族研究有意识地关注两个或多个不同主权国家之间的文化群体的跨国民族社会生活，它不仅仅局限于早期的微观的"跨界""跨境"民族社会研究，也适用于各种各样的现代远距离宏观的"跨国"民族社会生活研究。"跨国民族"作为一个分析概念和框架，其本身就是一种方法、一种视角、一种理论。如果说托马斯·库恩的所谓"范式"，就是一种科学研究的"参照系""基本模式"或"基本结构"，那么跨国民族研究大致可以划分为以下两种研究范式。

---

① 〔美〕本尼迪克特·安德森：《比较的幽灵——民族主义、东南亚与世界》，甘会斌译，译林出版社，2012，第 72 页。

（一）　国家主义视角下的跨国民族研究范式

由于在民族国家建构过程中，各方力量博弈无法兼顾或完全忽视各种复杂的族群历史文化因素，边界的划分往往是以国家的强力手段实现，跨国民族现象自然成为民族国家内部"合理"的存在。在国家主义视角下，地方、国家、地区、全球这四个层次中只有国家具有至高无上的主权，而主权就是要强调民族国家与外界的区隔和分界。因此民族国家被假想为封闭的、纯洁的、自我的界线清晰的一个"地方"。边界被视为一条将不同文化和地域分开的界线，用政治边界划分文化边界，并且假定人民生活在文化孤立的、界线分明的国家内。① 因此，国家主义的立场在政治上根本不承认跨国社会的存在，国民的身份往往是一元的。

国家主义视角下的跨国民族研究范式，往往强调民族国家的边界、领土、主权，一般不重视国家边界地区的跨国民族及其问题研究，而强调边民的国民属性，强调国家边界是分割国家治权的分割线。在这种理论认识下，跨国民族概念虽然在文化层面得到承认，但在相关问题研究时存在"有害论"和"有益论"两种观点。有害论者更多看到的是，经验上，"大量事实告诉人们，几乎所有民族分离主义的活动都首先从跨界民族问题中反映出来"②。因此，经常夸大跨国民族的潜在危害；有益论者更多看到的是，只要不在政治上产生诉求，"跨界民族的分隔部分之间在经济和社会文化上的联系与往来，实属正常现象，是一种正效应活动"③。显然，绝大多数跨国民族一般能在既有的民族国家内部与其他民族和平共生，形成"和平跨居"的景象。

当"一族一国"实践无法将所谓的"一族"完全聚合在"一国"之内时，跨国民族的跨国联系反而成为民族国家与外部联系的一种社会纽带，并且将隔离的国家用一种跨国的社会力量连接起来，这是社会事实，但只要我们从民族国家的立场出发，其研究理论都不会突破民族国家的领土界限，只能是一种国家主义的视角和方法，强调维护主权国家的领土疆界、

---

① 施琳：《边境人类学发凡——国际边境研究理论范式与我国边境民族志的新思考》，《广西民族研究》2017 年第 2 期。
② 葛公尚主编《当代国际政治与跨界民族研究》，民族出版社，2006，第 32 页。
③ 葛公尚主编《当代国际政治与跨界民族研究》，民族出版社，2006，第 38 页。

人民权利，强调跨国民族内部分属的不同的国民身份。其特点是关注边疆、边境、边界地区，研究对象多为边界两侧的同一跨国文化群体，他们居住的地域相对稳定且跨国相连或相近，族群文化特征较为鲜明。前文梳理的第一大板块内容和新近提出的"边境人类学"① 研究，主要属于此研究范式，这类研究大多以自上而下的国家主义视角展开研究。

（二）跨国主义视角下的研究范式

20世纪90年代，由格里克·席勒（Glick Schiller）主编的《走向跨国视阈下的移民》一书出版，跨国主义作为一种分析视角出现。这是一种有益的民族国家联通的视角，它把全球分隔的民族国家从社会和文化层面重新连接起来。跨国实践、跨国社会空间和跨国认同是跨国主义的三大核心概念，连接、融通、共享、分担是跨国主义的思想主旨，它"抛弃传统的民族-国家中心范式，从更广阔的全球视角来研究族群和文化的跨国流动现象"②。跨国主义承认跨国社会的存在，并且在政治上直面双重、多重国籍问题以及随之产生的跨国公民权利等问题。

这种新的跨国移民现象，虽然不再表现为整体性的以某一民族为主体的广泛迁移，但同样可以归入跨国民族问题研究范围，因为他们的民族属性并没有因跨国迁移而彻底丧失，许多问题最终还是回归到种族、阶级和族群的传统论述。"现代的通信联络和交通运输使这些流动人口能够继续保持为原有文化和社群的一部分，因此，他们的身份与其说是移民，不如说是散居海外的群落，保持着跨国的共性。"③ 虽然"有人有双重国籍，可以声称既是这一国人又是那一国人"④，但他们很难有双重的民族文化身份。移民原有的文化民族属性依然存在，同时移民后的国家政治民族属性似乎更为清晰和彰显，这里体现着民族国家对国民塑造的影响力。

全球移民所形成的持续而频繁的跨国移民社会实践，以及跨国社会的

---

① 施琳：《边境人类学发凡——国际边境研究理论范式与我国边境民族志的新思考》，《广西民族研究》2017年第2期。

② 丁月牙：《论跨国主义及其理论贡献》，《民族研究》2012年第3期，第1页。

③ 〔美〕塞缪尔·亨廷顿：《谁是美国人？——美国国民特性面临的挑战》，程克雄译，新华出版社，2010，第12页。

④ 〔美〕塞缪尔·亨廷顿：《谁是美国人？——美国国民特性面临的挑战》，程克雄译，新华出版社，2010，第21页。

政治、经济、文化和社会关系结构等，都是超国家社会和跨国家社会的现象，这对当今世界民族国家的原有特性构成普遍的挑战，但能够在既有的民族国家领土、主权和人民三原则下具有一定的生存空间。显然，跨国主义理论虽然完全突破了民族国家体系视角的局限，突破了民族国家主权领土界限，摆脱了地理上的领土空间的制约，冲破了民族国家的话语霸权，但它并不以破坏现有民族国家体系为目的，而是乐见民族国家之间的联通与和平。在这一理论视角下，民族国家的区隔性被忽视，而民族国家的联通性或全球的整体性连接被突出。毫无疑问，当跨国主义成为联通民族国家之间的思想纽带，使跨国移民成为联通民族国家之间的社会力量时，我们对于跨国民族的研究便摆脱了国家主义的既有知识体系。

跨国主义的研究范式往往具有更大的视野和全球的关怀，其研究对象主要聚焦于远距离跨国流动的移民群体，他们大分散、小聚居在远离祖国的异国他乡，阶层差异较大，民族身份不一，国族属性时隐时现，"国籍观念趋于淡薄，他们成为双重国籍或多重国籍的人，或是成为世界公民"①。前文所梳理的第二大板块的研究内容多属于此研究范式。

五 作为思想和方法的民族国家

在人类学研究领域中，"地方"被看作重要的研究对象，对"地方"的历史文化以及地方性知识的认识，被看作认识世界的基础。人们往往将"地方"与"全球"对比，将两者看作"多"与"一"的关系。对于"地方"的认识，也就是对于"全球"的认识，"全球"是由"地方"组合而成的。同时，我们也可以将"地方"看作局部，将"全球"看作整体，那么"地方""国家""地区"都是"全球"的局部。我们还可以将"地方"看作"小"，将"全球"看作"大"，以区别微观与宏观的视野。

由于"地方"与"全球"的这种辩证关系，从方法论的视角看，研究"地方"的意义不言而喻，而作为"地方"的民族国家似乎是深究这种关系的关键。民族国家显然已经成为一种分析的尺度和工具。人类在认知世界的过程中，曾经以为世界是为我们无限延展，有取之不尽用之不竭的资源，

---

① 〔美〕塞缪尔·亨廷顿：《谁是美国人？——美国国民特性面临的挑战》，程克雄译，新华出版社，2010，第12页。

而当我们具有了全球的视野，在我们当下无法汲取地球之外的资源时，全球的关怀又让我们回归到了"地方"的关怀。"地方"精细化的管理有赖于国家的全面治理，而国家的治理多是依靠自我分立的民族国家独立运转。目前世界无政府状态下，罗马俱乐部提出的增长的极限、巴黎气候协定组织期望的改善大气环境等都是一种全球的关怀，而这些全球关怀的落脚点还是作为"地方"的民族国家。

过去，作为思想的"现代民族国家与其说是一个明确的观念，不如说是一部历史和信仰"①，它严重阻碍了人们对于联通世界的认识，并不遗余力地建构"封闭"的所谓的"一族一国"。今天，全球化正在消解"族国一家"的理念，未来的发展大势将是民族中心主义让位给国家中心主义，分立主义让位给联通主义，国家中心主义向"人类命运共同体"不断迈进。爱尔兰曾经是英国的殖民地（"地方"），后来成为独立的民族国家，而在加入欧盟之后，它从民族国家又成为欧盟的"地方"。我们从这种"地方""国家""地区"演进的社会过程中，看到世界从小社会向大社会演进的一般性规律。虽然我们讨论"全球"社会，依然要回到"地方"和"国家"的视角，但全球的视野不可或缺，因为只有将全人类连接起来，所有的"地方"社会才能"互联互通"，"人类命运共同体"才能够显现，"全球治理"才可能实施，我们中国人数千年来一直向往的人类"大同"世界才可能实现。

六 结束语

人类社会不同群体自建构各种古代国家和近现代民族国家以来，各自从圈定土地和人民开始，主要以"封闭"的形式相互区隔，国家彼此展开各种斗争。这种国家间的斗争似乎是一个永远无法走出的循环。但是，当下来到了全球化的时代，在这种循环往复的斗争过程中，无论是统治者的个人理性还是全体国民的整体理性都在不断增强，相应地反映在个人、民族、国家等各个层面，并超越地方、国家、地区的认识，开始关注全球的共同利益，这种人类整体理性的上升使人们对于未来更加乐观和期待。

从民族国家的视角看，似乎全球是一个彼此分割的世界，但从各种跨国民族社会存在的现实看，世界完全是一个连续联通的社会。无论作为全

---

① 〔英〕鲍桑葵：《关于国家的哲学理论》，汪淑钧译，商务印书馆，1996，第302页。

球"地方"的"民族国家"如何努力，传统的以分割为主的治理手段，已经显现出向彼此连接的发展取向。我们没有理由怀疑"国家的存在是为了促进美好的生活"①，至于这个世界是以一个什么样的形式连续起来，而不被外部自然力所阻断，也不被内部排斥力所割裂，这正是我们要深入研究的。

民族国家通过建构领土世界，用边界阻断外部的世界；而人的社会，又通过流动交流的方式，将民族国家之间的"断"联通起来。无论是"地方"的传统力量、"民族国家"的所谓绝对权威，还是全球化带来的新的现实，其实都无法阻断人类社会的连续性，这些力量不仅不能在空间维度的横向上阻断人类社会彼此的联系，也不能在历史维度的纵向上阻断彼此的联系，更不能在生命和文化维度上阻断彼此生物学和文化意义上的深层的联系。这就是我们生存世界的真相。

①〔英〕鲍桑葵：《关于国家的哲学理论》，汪淑钧译，商务印书馆，1996，第305页。

对跨界民族的系统理解

李 骄*

跨界民族在具有明确国家主权和国家边界的民族国家时代是一种客观存在，他们作为一种较为特殊的人类群体，在国家之间交界的地带存在、活动并不断发展。对跨界民族准确、正确的认识和理解，将有利于进一步理解跨界民族在国家治理、边疆治理中产生的影响，将有利于进一步理解跨界民族在地缘政治、国际战略、国际关系中产生的影响。当前学界有诸多学者，比如葛公尚、刘稚、曹兴等，对跨界民族及其相关方面进行了较为丰富的研究，然而，当前聚焦于跨界民族本身的认识和理解的系统分析和论述尚不多。本文拟就关于跨界民族的理解进行一定的系统讨论。

一 跨界民族中的"民族"

跨界民族既是一种客观存在，又是一个用以描述的概念。"跨界民族"一词中"民族"是主语、是核心，"跨界"是形容"民族"的定语。因此对跨界民族的理解应当首先从"民族"入手。

要理解跨界民族中的民族，面临着这样一条逻辑：什么是民族，跨界民族中的"民族"是什么？当前国内学界的诸多学者，比如周平、叶江、郝时远、马戎等，对关于民族的论题展开了既深刻又丰富的论述，大致认为民族国家形成、人类社会进入民族国家时代后，民族分为两个层面，包

---

* 李骄，云南大学公共管理学院博士生。

含两个方面的含义。①

其中一个层面为文化民族，其形成和维持的纽带与力量是共同的历史和文化，故其核心特征是历史文化性。文化民族是指历史上自发形成并不断发展扩大的人类群体，他们存在于一定的地域范围，拥有固定的名称，拥有共同的祖先、记忆、历史神话，拥有共同的文化，拥有特定的民族认同、民族情感和民族意识，并具有稳定性和延续性。人类个体在原初社会，面临来自自然环境与其他人类个体或人类群体的双重威胁，因此单独的个体之间必须进行联合。联合的媒介最初且自然而然的是血缘关系，但是当以血缘关系为纽带联合而成的共同体依旧难以处理和抵御上述的双重威胁时，那么共同体势必需要发展扩大，需要寻找新的联合媒介。那么起到联合作用的新媒介就可能是共同的经历，相似的思想观念、心理信仰、宗教、甚至价值观，并在相互交往、交流中形成新的、范围更大的心理认同和共同文化，联合成为新的更大的民族群体。这种民族群体在发展扩大的过程中，血缘关系的纽带作用的重要性逐渐让位于共同文化的纽带作用，因为共同文化的纽带作用较之血缘关系更远、更广，也更具有延续性。因此，这样的民族群体突出地表现出文化性。这样的民族群体形成以后，从共时性的角度看，一方面面临着民族群体内部诸多组成部分的进一步整合以及增强内部凝聚力的情况，另一方面依然存在诸多其他民族群体，依然面临着不同民族群体相互接触、交往、竞争的情况。基于这两个方面的境遇，这种民族群体需要基于共同文化增强其民族认同、民族情感和民族意识。从历时性的角度看，一方面，在一定的时期内，并与其他民族群体相比较，这种民族群体表现出稳定性；另一方面，以发展的眼光看待这种民族群体，其基于代际传播等因素又表现出延续性。

另一个层面为政治民族，也可称为国家民族，其形成和维持的纽带与力量为国家权力，其主要特征为具有建构性和国家政治性。② 政治民族是指，在具有明确国家疆域的民族国家内部由全部人群构成的共同体，他们

① 周平：《论民族的两种基本类型》，《云南行政学院学报》2010 年第 1 期；叶江：《民族概念三题》，《民族研究》2010 年第 1 期；郝时远：《中文"民族"一词源流考辨》，《民族研究》2004 年第 6 期；马戎：《中国民族问题的历史与现状》，《云南民族大学学报》（哲学社会科学版）2011 年第 5 期。

② 周平：《民族国家与国族建设》，《政治学研究》2010 年第 3 期。

拥有共同的历史和文化，最重要的是他们与民族国家相匹配、统一，掌握着国家主权，享有公民的权利和义务。国家民族这一事物以及概念，形成并兴起于近代的西欧，并随着西方资本主义殖民侵略而在全球范围内兴起和传播。中世纪的欧洲存在基督教普世世界与地方封建割据共存的历史现实，此时的君主（王朝）权力与地位均较为虚化。中世纪末期，随着资本主义与资产阶级的发展，这样的情况出现了转机：资本主义经济发展需要自由、统一的市场，君主（王朝）需要获得权力与权威，于是二者相配合摆脱了基督教普世世界的束缚、打破了地方封建割据的藩篱，并通过威斯特伐利亚体系获得了国家主权，从而创建了王朝国家这种国家形态。王朝国家形成后，王权以及王朝政府的权威得以实质性树立，并需要巩固和增强：一方面为了实现国内居民对君主（王朝）的认同与忠诚，国家权力聚合了国内的全部人群；另一方面为了将王朝公共权力延展，建立自由、统一的国内市场，因此以经济纽带将国内的所有居民联系起来。随后，反基督神权的文艺复兴运动与以上两个方面相联合，在发展和鼓吹新的理念和文化的同时，促进了国内居民的文化交流交融，进而产生共同的心理和共同的文化，并在国内居民心里埋下了关于资本主义民主理念的种子。如此，王朝国家形成后，通过政治、经济、文化三个方面的整合，一种新的、更为复杂却具有某些同质性的人类群体被构建出来。君主（王朝）、资产阶级与基督教普世世界、地方封建割据之间的矛盾因王朝国家的形成而终结，但是新的矛盾又逐渐产生并激化。随着王朝国家的发展，资本主义和资产阶级的进一步发展、兴盛与王朝专制统治形成了新的矛盾，国内居民的生产、生活、发展也与王朝专制统治形成了新的矛盾。伴随着两组矛盾的激化，伴随着诸如天赋人权、主权在民等资本主义民主理念的深入人心，伴随着共同体（民族）认同、共同体（民族）意识的不断增强与觉醒，随着民族主义的形成并产生影响，并随着资产阶级革命的胜利，王朝国家被终结，一种新的国家形态和一种新的人类共同体被创建出来。这种新的人类共同体实现了主权在民，实现了共同体对国家权力的掌握，即所谓的政治民族或国家民族。这种新的国家形态实现了民族对国家的认同、民族对国家的掌控，民族是国家的内核、国家是民族的政治屋顶，[1] 即民族国家。

---

① 周平：《全球化时代的民族与国家》，《学术探索》2013 年第 10 期。

文化民族的核心特征在于其作为民族群体并未掌握国家主权，没有与国家结合统一为民族国家，其本质是具有历史文化性，政治民族的核心特征在于其与国家主权相联结从而形成民族国家，其本质是具有国家政治属性，因此二者为不同层面和类型的民族。然而二者又存在共时性的联系，表现为两个方面：从宏观的角度看，当前的民族国家既有与国家相匹配的国家民族，在其国内亦有数量不等的文化民族群体，即当前的民族国家大多是多民族的民族国家；从微观的角度看，不论文化民族还是政治民族终究会集合或集中在个体之上，并形成个人所具备的多种身份和角色之一，比如某一个人他可能既具有文化民族的身份同时又具有政治民族的身份，在个人身份上实现了文化民族和政治民族的共存。

那么，跨界民族中的"民族"是哪一层次或类型的民族呢？关于这个问题诸多学界的学者积累了一定的研究成果。比如，刘稚分析了民族的两种类型：政治人类学意义上的民族和文化人类学意义上的民族，并指出跨界民族的"民族"是历史文化共同体意义上的原生形态民族。[①] 曹兴认为可以将跨界民族理解为"文化实体的范畴而不要理解为政治实体的范畴"[②]。葛公尚认为跨界民族所具备的两个必要特征之一是"原生形态民族本身为政治边界所分隔"，跨界民族是"具有不同国籍的同一民族"。[③] 马曼丽、张树青认为"跨国民族"的民族包含三个方面的内涵与特征，即共同的历史、共同的文化特征与心理素质、共同的族属认同和民族情感，并明确指出跨国民族中的"民族"并不是国族。[④] 和少英、李闯认为跨境民族是指拥有共同族源，在语言和文化方面大致相同的同一民族。[⑤] 崔海亮认为，跨境民族的两个突出特征之一是"传统文化成为维系民族认同感的精神纽带"，且"淡化了国家主权性质和意识形态色彩，更强调民族传统文化的精神纽带作

① 刘稚：《跨界民族的类型、属性及其发展趋势》，《云南社会科学》2004年第5期。
② 曹兴：《论跨界民族问题与跨境民族问题的区别》，《中南民族大学学报》（人文社会科学版）2004年第2期。
③ 葛公尚主编《当代国际政治与跨界民族研究》，民族出版社，2006，第12页。
④ 马曼丽、张树青：《跨国民族理论问题综论》，民族出版社，2009，第22、24页。
⑤ 和少英、李闯：《桥头堡建设与云南跨境民族文化的繁荣发展》，《云南民族大学学报》（哲学社会科学版）2011年第5期。

用"①。综合诸多学者的分析与论述，可以大致得出一个结论：跨界民族中的"民族"是指历史文化民族而非政治民族或国家民族。

要准确把握跨界民族中"民族"的含义，不得不考虑它的形容词或限定词："跨界"。"跨界"一词的焦点又在于"界"。此处暂且笼统地认为"界"是指民族国家的陆地国界，"跨界"笼统地看就是跨越国界和跨居国界。那么，跨界民族就是跨越国界或跨居国界的民族。民族分为两个层次或类型，反映在具体的个人与群体上即为两种身份。政治民族是否会出现跨越国界和跨居国界？在民族国家时代，政治民族与国家是一体两面的关系，民族即国家，国家即民族。当前的国际秩序遵循着主权原则和现行政治疆界不变的准则②，政治民族的跨居或跨界就意味着民族国家领土的扩张和主权的膨胀，就意味着违反当前的国际秩序、打破当前既有的国际关系，就意味着国家与国家之间将产生矛盾、冲突甚至战争。因此，跨界民族这一概念所描述的客观群体并不是国家主权、政治意义上的民族。因主权边界而被分隔于不同国家的一些群体，虽分别居住于不同的国家、拥有不同的国籍，但在语言、祖先认同、宗教信仰、文化等方面具有联系性和一致性，并具有统一的民族认同、民族情感、民族意识。因此，这些群体整体上可以被认为是跨越或跨居主权边界的同一历史文化民族。因此，跨界民族中的"民族"指的是历史文化民族。

然而文化民族与政治民族具有统一性和共时性，比如某一群体既具有政治民族身份，又具有文化民族的身份，于是两种身份集合在一个群体上。在特殊的时空条件下，跨界民族就其整体来看，他们属于同一文化民族群体；就其部分来看，居住于不同国家的部分则具有不同的公民身份和政治民族身份。综上所述，跨界民族中的"民族"是什么？可以这样理解，从历史文化的角度看，跨界民族具有统一性和整体性，即跨界民族是同一文化民族；从国家权力、国民身份的角度看，跨界民族具有异样性和部分性，即跨界民族的不同部分属于不同的政治民族。跨界民族在整体上是同一文化民族，但不同的部分则又分别具有不同的政治民族身份。

---

① 崔海亮：《"一带一路"背景下中国跨境民族的中华民族认同》，《云南民族大学学报》（哲学社会科学版）2016年第1期。

② 葛公尚：《试析跨界民族的相关理论问题》，《民族研究》1999年第6期。

二 跨界民族中的"界"

这部分主要回答的问题是跨界民族跨的是什么"界"。关于这个问题，学界的诸多学者在研究跨界民族及其相关问题时进行了一定数量、一定程度的分析和论述。例如，刘稚认为跨界民族是在"相关国家交界地区毗邻而居"。① 葛公尚认为跨界民族具备两个重要特征："一是原生形态民族本身为政治边界所分隔，二是该民族的传统聚居地位政治疆界所分割。"② 马曼丽、张树青指出："所谓'界'是指国界，即国家疆界。"③ 王伟认为跨界民族是"跨越国界而居且其民族名称、生活习俗、语言文字等族群要素基本上保持密切联系的同一民族"。④ 李俊清、黎海波指出"许多民族的聚居地为国家主权和领土疆界所分开，同一文化民族在不同的政治国家之间跨界而居"。⑤ 综合诸多学者的研究成果，可以认为跨界民族中的"界"是指国家的边界和疆界，所说的"国家"则是具有主权的民族国家。

讨论和理解跨界民族的"界"，首先应当考虑和明确跨界民族这一客观事实所形成或出现的时间节点。具体而言，跨界民族形成或出现于民族国家时代。第一，从民族的角度来看，政治民族与民族国家相伴而生，国家和民族主义构建的政治民族与历史中形成的历史文化民族形成对比，通过对二者的分析、理解，明确了跨界民族中"民族"的意涵。第二，从国家的角度来看，民族国家是国家发展中的一种形态，它拥有具备国际秩序意义的国家主权，拥有较为稳定的领土、领海和领空，即国家疆域。国家与国家之间的边界、界线也较为明确、固定和稳定，因此跨界民族这一客观存在也较为明确和稳定。前主权国家时代，国家与国家之间的边界较为模糊，不具备明确性、固定性，又因为彼时的人类世界并没有形成具有全球公共性的国际秩序，进而导致国家的疆域大小随着国家实力的强弱、国家

① 刘稚：《跨界民族的类型、属性及其发展趋势》，《云南社会科学》2004年第5期。
② 葛公尚主编《当代国际政治与跨界民族研究》，民族出版社，2006，第12页。
③ 马曼丽、张树青：《跨国民族理论问题综论》，民族出版社，2009，第14页。
④ 王伟：《跨界民族问题对我国政治安全影响探析》，《民族论坛》2014年第7期。
⑤ 李俊清、黎海波：《中国的跨界民族与边疆公共事务治理》，《公共管理学报》2015年第1期。

间战争的作用而出现变化，因此不具备稳定性。在民族国家时代，民族意涵清晰，国家疆域范围明晰，国家间国界清晰，国际社会形成了具有公共性的国际秩序和准则。因此，在民族国家时代，对于跨界民族这样一种客观存在的特殊群体的观察和描述才变得清楚，而关于跨界民族的概念也变得具体、明确。

在民族国家时代的背景下，跨界民族中的"界"就是国家与国家之间的国界、边界。然而，当前学术界的不同学者关于这类特殊的群体提出了不同的概念，比如跨界民族、跨境民族和跨国民族。其中，提出并使用跨界民族和跨境民族这两个概念的学者较多，随着研究程度的深入，诸多学者对这两个概念进行了厘清，认为跨界民族的民族在地理分布上基本是毗邻的、连成一片的，跨境民族虽跨国界而居但是民族分布却并非毗邻、连成一片的，[①] 并在侧重点不同的研究中运用不同的概念。另外，关于跨界民族与跨境民族的区别，有学者认为二者的区别不在于民族是否跨国界，而在于民族是被动跨界还是主动跨界，其中民族被动跨国界的称为跨界民族，民族主动跨国界的称为跨境民族。[②] 学者马曼丽对跨国民族进行了较为系统的分析和论述，认为在当前全球化时代，随着民族群体在国家间的流动，民族跨界"已跨居两个以上不相邻的国度，甚至发展到远隔重洋或遥跨数国"[③]，因此提出跨国民族这一范围宽泛的概念。

跨界民族、跨境民族以及跨国民族这一组概念或术语，既有联系又有区别。而它们之所以既有联系又有区别，关键在于对"界"的认识和理解。"界"是分隔同一历史文化民族的分隔物，它在民族国家时代最根本、最基本的意义是指国家的国界、边界，是被赋予了政治意义的区分此国与彼国的地理界线。而后，以这最根本、最基本的国界线为基础或基点，随机地、非对称性地向国界线两边晕染、展开，逐渐形成了包含国界线在内的条状区域、块状区域、片状区域，甚至这样的片状区域大到一个国家、一片海洋。简言之，这样的过程正如由线扩至面，面又进而扩大的过程。跨界民

---

① 刘稚：《跨界民族的类型、属性及其发展趋势》，《云南社会科学》2004年第5期；葛公尚主编《当代国际政治与跨界民族研究》，民族出版社，2006，第12、13页；王伟：《跨界民族问题的形成、表现及影响》，《黑龙江民族丛刊》2014年第1期；等。
② 曹兴、孙志方：《全球化时代的跨界民族问题》，中国政法大学出版社，2015，第7页。
③ 马曼丽、张树青：《跨国民族理论问题综论》，民族出版社，2009，第16页。

族、跨境民族、跨国民族具有相似性和联系性，因为它们所"跨"的"界""境""国"都含有国家主权意蕴的国界和边界的意义。然而，它们三者之间又是有区别的：跨界民族的"界"是指国界线，属于"线"这一范畴，分别居住于相邻国家的同一历史文化民族之间仅隔着"线"，基本是毗邻而居的；跨境民族的"境"是指包含国界线的"条"或"块"，分别居住于相邻国家的同一历史文化民族之间隔着"条"或"块"，并非毗邻而居；跨国民族的"国"在这里既有主权政治的意义，又有地理空间范畴的意义，即分别居住于不同国家的同一历史文化民族，他们之间隔着一个或多个主权国家及其拥有的疆域，另外分别居住于不同国家的同一历史文化民族之间隔着海洋，也将之称为跨国民族。

以上论述的"界"是民族国家的领土疆界、边界，可谓之具体、有形的"界"。跨界民族的"界"还可从无形的"界"进行分析。在民族国家时代，民族国家中的"民族"与"国家"是一体两面的关系。从国家的角度看，跨界民族之所以是一种客观存在，某些历史文化民族之所以被称之为跨界民族，是因为具有主权性质的国家边界把整体的历史文化民族群体分隔在相邻的不同国家，而国家边界是具体的、明晰的、有形的。从民族的角度看，一个民族国家中的全部人群共同体即是一个政治民族，因此不同的民族国家既是不同的国家又是不同的民族。政治民族与历史文化民族具有共时性联系，一个统一的政治民族可能包含着多个历史文化民族，不同的历史文化民族既身负各自的历史文化民族身份，又身负同一政治民族身份。在不同的民族国家间可能会出现这样的情况：居住在不同民族国家的某些群体，虽各自身负着不同的政治民族身份，但在历史文化方面具有相似性、相同性，是同一历史文化民族。简言之，整体的历史文化民族分成了不同的政治民族部分，于是跨界民族产生了，不过这里的"界"是指政治民族之界。

综上所述，跨界民族的"界"既是有形的，又是无形的。有形的界是从国家的角度进行理解，是指具有领土主权性质的国家陆地疆界、边界；无形的界是从民族的角度进行理解，是指具有国家权力属性、国家公民性质的政治民族之界。

三 跨界民族的含义、特征及类型

以上两个部分对跨界民族的"民族"和"界"进行了分析、论述，并适当分析了"跨界民族""跨境民族""跨国民族"三者之间的联系与区别。而本部分则继续聚焦于跨界民族本身，以较为静态、相对静止的眼光来观察、分析跨界民族。

（一）跨界民族的含义

首先存在跨界民族这一客观群体，而后才有"跨界民族"这一概念。概念的产生是用于描述客观的事物。综合上文的分析和论述，以相对静止的眼光来看，可以认为跨界民族是指，作为整体的相似或同一历史文化民族，被具有主权意义的国家边界分隔在相邻不同的民族国家、被具有国家公民性质的政治民族界限分割为不同的政治民族部分，而且分隔在不同民族国家的不同政治民族部分围绕着相邻民族国家的陆地边界毗邻而居。

（二）跨界民族的特征

通过总结和分析跨界民族的特征，以便能够更加深入地认识和理解跨界民族。跨界民族的主要特征如下。

1. 跨界民族的民族身份具有双重性

跨界民族从民族的角度来看，他们身负两种民族身份，即历史文化民族身份与政治民族身份。从整体性的角度看，跨界民族是同一历史文化民族，他们在血缘、祖先、生活习惯、生产方式、宗教信仰、语言文字、文化传统等诸多方面存在相似性、相同性。同时，作为整体的民族群体，基于政治、经济、文化、社会等层面的交往、交流、沟通，他们凝聚形成了特殊的民族情感、民族认同及民族意识。从部分性的角度来看，分别居住于相邻不同国家的民族群体就是不同国家的公民、身负所在国的政治民族身份，他们享有所在国的公民权利，并履行所在国的公民义务。可以认为，跨界民族虽然是同一历史文化民族，但其中不同的部分又是相邻不同国家的政治民族、国家公民。

2. 跨界民族是围绕着相邻国家的国界线毗邻而居的

跨界民族的"界"有两个方面的含义：首先，"界"是指具有主权意义的国家边界；其次，是指将同一历史文化民族分隔在相邻不同国家的分隔物是一条"线"，即国界线。"界"的第一层意涵重点在其具有主权性，第二层意涵主要是从分隔物的范围大小来理解。基于"界"的这两个层次的含义，可以认为跨界、跨境、跨国是相同的，因为它们都是指跨越了或跨居于具有主权意义的国界，但跨界、跨境、跨国又是不同的，因为它们所指的范围大小各不相同，界是"线"，境是"条"或"块"，国是范围更大、更广的"片"。从分隔物范围大小的角度，只有"跨界"才能指毗邻而居；"跨境"和"跨国"都不可能指毗邻而居。

3. 跨界民族在地理空间分布上具有区域性、地域性，在指称上具有部分性

以我国为例，我国国内拥有数量众多的跨界民族。宏观地看，这些跨界民族都分布于我国的国界线附近；微观地看，各个跨界民族则是错落分布于我国国界线的不同地段和部分。另外，我国民族分布的格局是"大杂居、小聚居"，比如我国的蒙古族既分布于内蒙古自治区，也分布于云南省。但是称蒙古族为跨界民族，主要是指与其他国家的蒙古族围绕国界线毗邻而居的那部分蒙古族，比如生活居住在内蒙古自治区的蒙古族；而生活居住在云南省的蒙古族严格来说就不是跨界民族。因此，称某一民族为跨界民族，严格地讲是指围绕着国家边界线生活居住的该民族的某些部分。

4. 跨界民族的交往交流具有便利性和融洽性

跨界民族是相似的或同一的历史文化民族，在血缘、生产生活方式、语言文字、历史文化等诸多方面具有共性，且他们之间大多具有亲戚关系、朋友关系。另外，作为分隔物的国界线上既有正式的、正规的、官方的国门通道及口岸，又有民间的"便民通道"。基于这两方面的因素，身处相邻国家的民族部分经常走亲访友、过耕过牧、相互帮忙、共同庆祝民族节日、共同进行正常的宗教活动等，他们之间的交往交流，因所处的地理条件而具有方便性，因历史文化因素而具有和谐性、融洽性。

5. 跨界民族的活动所产生的影响具有国际性

可以将跨界民族视为一个具有整体性的结构或者组织体系，那么一定的结构、组织体系其存在以及进行活动就会产生一定的功能和影响，而且根据作用对象的不同，这些所产生的作用和影响既有可能是积极的，又有可能是消极的。跨界民族是一个特殊的民族群体和结构体系，他们既是同一的历史文化民族整体，又是不同的政治民族部分，他们进行交往、交

流、沟通等活动及其产生的后果、作用和影响，在一定程度上不仅涉及跨界民族本身，而且涉及相邻相关的不同国家，不仅具有历史文化交流层面的属性，而且可能已到达了国际政治层面。这些活动及其产生的作用和影响对于相关的不同国家可能积极的，也可能是消极的，而对于相关不同国家的关系则既可能产生正和效应，又可能产生零和效应，还可能产生负和效应。

（三）跨界民族的类型

当前学界的不同学者，例如刘稚、曹兴①等对跨界民族的类型进行了一定程度的分析和论述。以宏观、相对静止的视角，并以分布在相邻不同国家的民族群体部分的数量、规模、所占比例为分类标准，可以将跨界民族分为以下几个类型。

1. 在相邻各国内均是主体（多数）民族的跨界民族

这种类型的跨界民族是指，同一历史文化民族被国界线分隔在相邻不同的主权国家内，身负不同的政治民族身份，但这些被分隔的民族群体在其所在国内均是主体民族群体或者多数民族群体。在当前全球范围内来看，朝鲜和韩国境内的朝鲜族是典型的此类跨界民族。居住在朝鲜和韩国境内的民族群体，从历史文化民族的角度看，他们基本上都是朝鲜族，且朝鲜族既是朝鲜的主体（多数）民族，又是韩国的主体（多数）民族。从政治民族的角度看，居住在朝鲜的朝鲜族是朝鲜的公民，居住在韩国的朝鲜族则是韩国的公民。

2. 在相邻各国其中一方是主体（多数）民族，在另一方则是非主体（多数）民族的跨界民族

这种类型的跨界民族是指，同一历史文化民族被国界线分隔在相邻不同的主权国家内，身负不同的政治民族身份，但是被分隔的某一部分民族群体在其所在国内是主体（多数）民族，而被分隔的另一民族部分则在其所在国内不是主体（多数）民族。以我国为例，我国与朝鲜交界地区的朝鲜族、与蒙古国交界地区的蒙古族、与哈萨克斯坦交界地区的哈萨克族、

---

① 刘稚：《跨界民族的类型、属性及其发展趋势》，《云南社会科学》2004 年第 5 期；曹兴、孙志方：《全球化时代的跨界民族问题》，中国政法大学出版社，2015，第 32~41 页。

与吉尔吉斯斯坦交界地区的柯尔克孜族、与塔吉克斯坦交界地区的塔吉克族、与越南交界地区的京族等属于这种类型的跨界民族。相应的朝鲜族、蒙古族、哈萨克族、柯尔克孜族、塔吉克族、京族在我国是少数民族，但在相应的朝鲜、蒙古国、哈萨克斯坦、吉尔吉斯斯坦、塔吉克斯坦、越南却是主体（多数）民族。

3. 在相邻各国内均为非主体（多数）民族或少数民族的跨界民族

这种类型的跨界民族是指，同一历史文化民族被国界线分隔在相邻不同的主权国家内，身负不同的政治民族身份，而且被分隔在相邻不同国家内的民族部分均是其所在国内的非主体（多数）民族群体或少数民族群体。还是以我国为例，我国东北方向与俄罗斯接壤地区的赫哲族、鄂伦春族、鄂温克族，西北方向与哈萨克斯坦、吉尔吉斯斯坦接壤地区的维吾尔族、塔塔尔族，西南与南部方向与印度、尼泊尔、不丹、缅甸、老挝、越南接壤地区的藏族、门巴族、珞巴族、壮族、傣族、布依族、苗族、瑶族、彝族、哈尼族、景颇族、傈僳族、拉祜族、怒族、阿昌族、独龙族、佤族、布朗族、德昂族等都是这种类型的跨界民族，这些民族分别是相邻的不同国家内的非主体（多数）民族或少数民族。

四　跨界民族的形成及其发展趋势

这一部分将着重以较为动态的视角来观察和分析跨界民族，着重分析和论述跨界民族形成、产生的原因与过程，在当前情况下，跨界民族的活动及其产生的影响，以及跨界民族本身将会怎样进行演变与发展。

（一）跨界民族的形成

跨界民族的形成和出现需要具备一定的条件和因素。首先需要已经存在的历史文化民族，其次需要人类社会进入民族国家时代。因为只有进入民族国家时代，国家才具有主权性质的、受到国际秩序认可的国家疆域和国家边界，居住于民族国家内部的人群才具有相应的政治民族身份。有了历史文化民族以及具有明确主权的国家边界，并不一定就会使跨界民族产生和出现，而其中的关键又在于"跨"，既包括动态的"跨越"的意思，又包括静态的"跨居于"的意思。

那么分析和论述跨界民族的形成和出现，就可以如此进行：在既有历史文化民族，人类社会又进入民族国家时代的背景下，某些历史文化民族群体是如何"跨越"国界或"跨居于"国界两边的？是什么因素促使某些民族群体出现"跨"的活动或"跨居于"的状态，从而使得同一历史文化民族的不同部分身负不同的政治民族身份？关于这个问题，学者曹兴进行过较为系统的分析，认为民族群体主动跨越国界的为跨境民族，民族群体被动跨居于国界两边的为跨界民族。① 由此，可以大致认为历史文化民族要么是被动跨界要么是主动跨界，从而形成和出现了跨界民族。

被动跨界所形成的跨界民族具体形成的历程主要有两种。第一种是民族国家之间划定国家边界之前，同一历史文化民族作为整体集中生活在一片区域（不论其历史上就是该区域的土著居民，还是历史上是从其他地方迁徙至该区域），而后民族国家之间划定国界，而国界恰好将这片区域分割，随即原本居住于此的同一历史文化民族也被分隔于相邻的不同国家。第二种是作为整体的历史文化民族生活在一个统一的民族国家内，但是这一民族国家分裂了，分裂而成的新的民族国家间的国界恰好将原本生活在某一区域的同一历史文化民族分隔在相邻的不同国家。例如，我国与俄罗斯接壤地区的赫哲族、鄂伦春族、鄂温克族，与蒙古国接壤地区的蒙古族，与哈萨克斯坦接壤地区的哈萨克族，与缅甸、老挝、越南接壤地区的十多个民族等属于第一种跨界民族过程。20 世纪 90 年代，随着苏联的解体，产生了多个新的民族国家，同时也形成了一些跨界民族群体，较为典型的是被分隔在各国的俄罗斯族，这种形成历程属于第二种跨界民族过程。

主动跨界所形成的跨界民族具体形成的历程一般是民族国家之间已经划定了明晰的国界、边界，而后生活在国界线一侧国家的民族部分向国界线另一侧的国家进行移民，且国界两边的民族部分是围绕着国界线毗邻而居的。主动跨界的情形也分为两种情况。第一种是"质"的变化，即某一历史文化民族群体原本仅生活在某一国家，而后跨越国界移民到相邻的国家，且在相邻的国家疆界毗邻而居；第二种是"量"的变化，即某一历史文化民族已经是跨界毗邻而居了，但是居住于不同国家

---

① 参见曹兴《论跨界民族问题与跨境民族问题的区别》，《中南民族大学学报》2004 年第 2 期；曹兴《中国周边安全中的跨界民族问题》，《中南民族大学学报》2015 年第 4 期；曹兴、孙志方《全球化时代的跨界民族问题》，中国政法大学出版社，2015，第 17~31 页。

的民族部分又相互向对方国家进行移民。其中，第一种主动跨界的情况在全球范围内较为罕见，第二种主动跨界的情况则不时发生。致使主动跨界这一情况出现的影响因素很多，不同时期、不同区域的主动跨界情况都有各不相同的因素影响，需要具体问题具体分析。但是正如普遍性寓于特殊性之中一样，可以从对各不相同的主动跨界情形的分析中，总结出一些共有的、概括性的影响因素，大致可以从历史因素、现实因素、境内因素、境外因素、政治因素、经济因素、文化因素、社会因素等多个方面进行分析。

（二）跨界民族的影响

跨界民族群体是一个有机的整体，从内部性来看，它由各个民族成员及其相互之间结成的各种关系所构成，并有其独特的关于政治、经济、文化、社会等方面的各种活动、现象及规律；从外部性来看，作为整体的跨界民族群体又与其他人类群体和人类组织结构在政治、经济、文化、社会等方面进行各种交流活动，形成诸多联系，产生不同的影响。而此处所说的跨界民族的影响仅是指作为整体的跨界民族在其运动、活动过程中，对外部其他群体或组织结构产生的影响。

跨界民族是有机的整体，可以被视为一种特殊的组织结构。那么一定的组织结构及其运行与活动，或多或少地将会产生一定的影响和功能。从外部性来看，它的运行与活动之所以会产生一定的影响或功能，是因为有与之有联系、交互的对象与客体，而与跨界民族这一较为特殊的群体结构有联系、有交互的客体对象，最显而易见的就是其跨居的相邻两个国家。因此，跨界民族的影响主要是指跨界民族在其活动过程中，对跨居相邻的国家所产生的影响。

在相邻国家毗邻而居的同一历史文化民族的不同政治民族部分，他们之间进行的各种交互活动，将会对相互接壤的国家产生一定的影响。这些影响从作用方面来说可分为政治方面、经济方面、文化方面、社会方面、外交方面、安全方面等；从程度上可分为没有明显的影响和有比较明显的影响；从性质上大致可以分为消极的影响和积极的影响。消极的影响和积极的影响对于相邻的不同国家又有如下情形：对国界双边国家来说都是消极的影响；对国界其中一边国家来说是消极的影响，但是对国界另一边国家来说是积极的影响；对国界双边国家来说都是积极的影响。基于这些不同的情形，相邻国家之间的关系也将形成不同的效应：负和博弈关系、零和博弈关系、正和博弈关系。从国家主义和国家利益的角度出发，面对跨界民族的相互活动及其产生的影响，应当立足于本国的国家利益，积极规范和引导跨界民族的活动，尽量规避消极影响，努力破除国家之间的负和博弈关系，构建和维系国家之间的正和博弈关系。

（三）跨界民族的趋势

跨界民族作为一种特殊的民族群体，在当前的时代背景和社会背景下有着自身独特的变化、发展和相应的规律。从历时性来看，各跨界民族有着独特的形成过程，并因此形成了不同的跨界民族类型；从共时性来看，在同一时代背景下，全球范围内又分布着诸多跨界民族群体，且这些不同的跨界民族群体又身处具体、各不相同的社会背景。因此，可以认为每一个具体的跨界民族群体的变化、发展都是独特的，各个跨界民族群体具体、微观的变化、发展过程也是各不相同的。然而，一般性寓于特殊性之中，从宏观的角度看，可以大概总结跨界民族的变化、发展趋势。

第一，在一定时期内跨界民族这一特殊的民族群体将会长期存在。跨界民族是同一历史文化民族跨越相邻国家的国界毗邻而居的民族群体。历史文化民族是在人类社会变化发展过程中，逐渐形成并不断变化和发展，它的形成、变化、发展及消亡有其自身的规律，并有一定的历史过程。因此历史文化民族在一定时期内是长期存在的。当前已进入民族国家时代，在全球秩序中已明确了主权至上的原则和现有疆界不变的准则，因此国家与国家间的边界在一定时期内是稳定的、明晰的。在民族国家时代，存在历史文化民族，那么跨界民族将长期存在。另外，从微观运动的角度看，在当今全球化时代，人员的流动日益便捷与频繁，同一历史文化民族成员或部分群体主动在相邻国家之间移民，出现跨界而居的活动与现象也时有发生。

第二，从民族的角度看，跨界民族群体在继续身负历史文化民族身份的同时，分属相邻不同国家的民族部分的政治民族身份将进一步凸显。跨界民族就其整体共性而言，他们是同一历史文化民族，他们以历史、文化等要素为纽带，拥有共同的民族记忆、民族情感和民族意识。而历史文化

民族有其自身变化、发展的过程与规律，因此作为整体的跨界民族将继续
保留同一历史文化民族身份。而跨界民族的特殊性在于，其不同的部分是
跨界毗邻而居的，且分处不同国家的民族部分拥有不同的国民身份、政治
民族身份。而且分处不同国家的民族部分，其国民意识将进一步增强、政
治民族身份将进一步凸显：一方面，各个民族国家都致力于构建、巩固、
增强统一的国家政治民族，以凝聚国家力量、激发国家活力；另一方面，
分处不同国家的民族部分不断地参与其所在国的政治、经济、文化、社会
等方面的生活与过程，不断地与其他国内群体交往、交流、交融，不断地
享有公民权利并履行公民义务。

第三，从所跨之"界"的角度看，"界"依然是以国界线为基础，但
"界"的范围将逐渐扩大。由上文分析得知，"界"既有国家主权的意义，
又有范围大小的意义。具有主权意义的边界线是致使同一历史文化民族成
为毗邻而居的跨界民族的分隔物。个体的人以及人类群体具有主观能动性，
并且具有追求更好生活的本能。因此，围绕着国家边界线毗邻而居的跨界
民族的不同部分或多或少都会为追求更加优渥的生活条件和更加美好的生
活自主地向各自所在国的中央腹地逐渐迁移。另外，每个国家都会致力于
加强边疆地区开发、建设，以补齐短板、增强国家的整体实力，而鼓励国
内其他地区特别是中央腹地、发达地区的人口、人才向边疆地区流动，促
进边疆地区的发展。再者，科技的发展，交通的日益便捷，也为跨界民族
的迁移提供了客观条件。基于以上几个方面的因素，分处相邻不同国家的
跨界民族部分之间的分隔物从性质上看，依然是具有主权性质的国界线，
从范围大小来看，分隔物则由"线"扩大至"条、块"甚至"片"。简言
之，跨界民族将可能逐渐向跨境民族甚至跨国民族演变。

"四海一体"海疆构架与建设海洋强国

王晓鹏[*]

历史上，先进海洋理论的缺失导致我国在海洋问题上的各项措施不够充分有力。海疆理论是中国特色海洋理论的重要组成部分。广义上的"海疆"可理解为"四海一体"，即"沿海""海域""海路""海外"及"海上命运共同体"。秉持"四海一体"海疆理论，就要在海洋强国建设过程中，充分发挥海疆人的主体作用，发扬传统海疆精神，处理好海洋争端、发展海洋产业、推进"一带一路"建设。

中国是陆海兼备的大国，西靠大陆，东濒大洋，位于亚洲大陆与太平洋的边缘。陆海复合是中国地缘政治最大的现实，向海洋迈进是中国最终成为世界强国的必经之路。中国的和平发展与民族伟大复兴必须走向海洋。因此，海洋战略是国家大战略中必不可少的组成部分。

从历史上看，任何一个海洋大国的崛起必定伴随着先进海洋理论的产生。从古罗马西塞罗的海洋观到近代美国马汉的海权论，海洋理论在大国的海洋经略中扮演了重要角色。直至 2007 年，美国发布的《21 世纪海上力量合作战略》仍然重点强调了海上力量赢得未来战争的方法，这是美国方面根据新时期、新形势对马汉"制海权"理论的创新和发展。

由于我国历史上长期以来存在重陆轻海的思维定式，海洋理论长期缺位，海洋资源的开发及利用一直未被足够重视，国民整体海洋意识不强，海洋科技相对落后，加之中国的地理、历史条件及其他因素，开发利用、管理海洋的政策及相关举措较为滞后，从而迟滞了我国发展海洋事业的历史进程。总体而言，先进海洋理论的缺失导致我国在海洋问题上的各项措施不够充分有力，从而积累了复杂的海洋问题，在一定程度上迟滞了我国开发海洋、经略海洋、管理海洋、管控海洋的历史进程。

党的十八大报告从战略高度对我国海洋事业发展作出了重大部署，提出建设海洋强国的目标。2013年9月7日和10月3日，国家主席习近平分别在访问哈萨克斯坦和印度尼西亚时提出了丝绸之路经济带和21世纪海上丝绸之路的倡议。其中，21世纪海上丝绸之路正是对中国古代海上丝绸之路的历史继承和现实应用。党的十九大报告中明确要求"坚持陆海统筹，加快建设海洋强国"，为建设海洋强国再一次吹响了号角。海洋强国与21世纪海上丝绸之路倡议的提出不仅为中国海洋事业的发展创造了全新的历史机遇，也为中国特色海洋理论的提出提供了重要的时代背景。

海疆理论作为中国特色海洋理论的重要组成部分，在海洋强国建设过程中居于重要地位。"海疆"狭义上可理解为"沿海的疆域"，然而从21世纪时代背景及国家战略理论需求出发，其广义上的内涵可理解为"四海一体"，即"沿海""海域""海路""海外"及"海上命运共同体"。

"沿海"是我国海洋经济发展的主要载体和海洋安全维护的重要依托，是中国海疆的陆域主体部分。截至2018年，我国海洋经济贡献率已达10%，表明海洋经济对国民经济发展具有举足轻重的作用。其中海洋生产总值（GOP）的绝大部分是由沿海区域创造的。近年来，我国海洋经济规模不断扩大，逐渐形成了北部、东部、南部三大海洋经济区，海洋经济稳步发展，产业结构不断优化，空间布局进一步调整，为区域经济社会发展做出了重要贡献。

"海域"是我国海洋维权斗争的重要前沿和海洋经济发展的巨大依托，包括渤海、黄海、东海、南海中我国享有主权、主权权利、管辖权、历史性权利及其他海洋权益的区域。目前，中国周边海洋局势逐渐趋稳，个别域外大国妄图介入中国周边海洋争端，打造"东海-南海争端链"，从战略上围堵中国，导致周边海洋形势复杂多变。因此，发展海洋事业应当充分评估海洋争端的突发性阻碍作用。应当与有关国家通过积极合作，妥善处理分歧，搁置争议，积极谋求双边及多边共同利益，切实降低冲突风险，开创相关海域和平与稳定的良好局面。不断排除干扰，共同防止域外国家介入争端，使相关海域真正成为周边国家的友谊之海。

"海路"是以21世纪海上丝绸之路为突出代表的重要海上航路，是拓展中国经济发展空间，保持中国经济持续稳定发展的重要保障。通过构建这样一条现代海上丝绸之路，可以将中国与"一带一路"共建国家的沿海港口城市串联起来，实现海上互联互通的深度发展。这不仅将深化中国与"一带一路"共建国家的海上合作，而且将辐射带动东南亚、中东、北非、欧洲以及南太平洋地区的经济发展。

"海外"是指我国在管辖海域之外的公海、大洋权益及由此产生的我国与各个海洋国家之间的海洋合作。海洋的连通性和流动性使涉海事务往往具有地区性乃至全球性。诸如海盗、走私、海洋污染、海上恐怖主义等问题的解决，以及极地、公海和国际海底资源的开发利用等，都需要各个海洋国家携手合作。大力发展与全球各个国家之间的海洋合作，有助于中国学习其他国家在海洋科学、技术、管理方面的前沿理念和先进经验，吸引国外资金和技术，不断推动中国海洋产业结构调整升级。与此同时，中国还应与其他海洋国家一起，和平开发、利用海洋，应对来自传统及非传统领域的挑战，共创全球海洋事业的美好未来。

"海上命运共同体"是中国命运共同体观在海洋领域的具体体现，是中国建设海洋强国、构建和谐海疆的重要思想保障和理论支撑。2015年3月28日，国家主席习近平在海南出席博鳌亚洲论坛2015年年会开幕式并发表主旨演讲时，全面系统阐述了中国的命运共同体观，以符合时代潮流的大视野审视世界、亚洲和中国，呼吁各国携手迈向命运共同体、开创亚洲新未来，进而推动建设人类命运共同体。2019年4月23日，习近平在青岛会见应邀出席中国人民解放军海军成立70周年多国海军活动的外方代表团团长时提出海洋命运共同体重要理念。"海上命运共同体"旨在实现互利共赢的目标，在谋求本国发展的同时促进各国共同发展，构筑更加平等均衡的新型海洋伙伴关系，充分调动各方的积极性和主动性，促进共同利益的持续性发展。

秉持"四海一体"海疆构架的理念，就要在海洋强国建设过程中坚持以人为本，充分发挥海疆产业者、海疆建设者、海疆管理者及海疆体验者等海疆人的主体作用，发扬中国"惟精惟一，共生共赢"的传统海疆精神，重点解决以下三方面的问题。

第一，处理好有关海洋争端问题。应在坚决维护国家海洋权益的同时深化与相关国家的海洋合作，通过合作不断累积共识，打造互信，管控分歧，为争议的解决创造有利条件。

第二，大力发展海洋产业。应推动海洋经济向质量效益型转变，把转方式、调结构置于更加重要的位置，逐步将海洋经济增长点由传统产业转向新兴产业，打造国家级海洋公园、海疆体验园等综合海洋产业园区。

第三，深入推进"一带一路"建设。中国同沿线各国共建 21 世纪海上丝绸之路，应该将基础设施建设、海上互联互通、海上公益服务和海洋文化合作作为重点领域，打造专业海疆智库，形成聚才、聚智、聚新效应，不断探索共建路径，共同寻求重点突破，努力促使相关合作更加具有开放性与建设性。

李安宅未刊手稿《十年来
美国的人类学》解读

汪洪亮*

李安宅（1900—1985），字仁斋，笔名任责，河北迁西人，近代社会学家、人类学家，是开中国现代藏学先河的前辈学者，近代中国边疆研究代表人物，在近代学术史上有着重要地位。其代表作有《藏族宗教史之实地研究》《边疆社会工作》《〈仪礼〉与〈〈礼记〉之社会学研究》等。以李安宅为核心的华西坝边疆学者群，因其具有与既往人类学界所指称的南派、北派均有明显差异的学术个性特征，被学界称为中国人类学的"华西学派"①。

笔者十余年来一直关注李安宅的人生与学术，尽力搜求李安宅已刊及未刊论著。《十年来美国的人类学》即为笔者近年所发现的李安宅手稿，未见载于任何李安宅已刊论著，在他本人及后人所整理的李安宅论著目录中，也未列入。据笔者目力所及，也未见学界引用该文。这一20世纪40年代末国人观察海外人类学进展的重要文献，是涉及多位中国人类学家的一则重要学术史料，对于今人了解20世纪30~40年代美国人类学的发展状态及其趋势，也有非常重要的借鉴价值。笔者首次披露手稿全文，并对其写作背景及该文所透露的有关问题略作讨论。

---

① 李绍明在2007年发表的《略论中国人类学的华西学派》（《广西民族研究》2007年第3期）中提出这一学术概念。2000年陈波出版《李安宅与华西学派人类学》（巴蜀书社），介绍了李安宅的人类学思想，但未对"华西学派"人类学的形成与发展做出阐述。2017年李锦以"20世纪20~40年代人类学'华西学派'的学术体系研究"为题申报国家社科基金重大招标项目获准，笔者承担子课题"人类学'华西学派'的形成与发展"研究。

李安宅手稿文首言，"1947年夏间出国"，"到此已一学期"，落款日期为1948年1月14日，到美国约半年时间。《边政公论》曾披露李安宅行前情况。1947年6月30日，中国边政学会召开"还都"以后第一次会员大会，柯象峰、徐益棠、卫惠林、吴文藻、吴泽霖等20人当选理事，黄国璋、顾颉刚、李安宅等9人当选监事。7月7日，学会举行第二届第一次理监事联席会议，推选凌纯声、孔庆宗等8人为常务理事，李惟果、顾颉刚、李芳菎为常务监事。卫惠林和李安宅均未入选"常务"。7月17日下午7时，学会举行第一次常务理事会，欢送柯象峰、李安宅出国，"并欢叙首都各边疆文化团体代表"，学会理事长吴忠信致辞，"略谓柯李二氏在抗战期中对于西南康藏社会文化之研究，颇多贡献，此次出国考察，希广为宣介，以增进英美友邦人士对我边疆之认识"。柯时为金陵大学教授兼社会学系主任，为赴英考察。李则是赴美考察。在会上，柯、李及许公武先后发言，"咸示边疆研究及其联系在当前之重要"。会议通过了聘请编辑委员会人选，周昆田、吴泽霖、凌纯声、徐益棠、张承炽为常务，另有孔庆宗、李安宅、芮逸夫、吴文藻、马长寿、卫惠林等人也入选。[①]

何联奎（1903—1977），字子星，浙江松阳人，曾在法国巴黎、英国伦敦从事社会学、人类学研究，曾任职国民党内及军委会，先后在北平大学、中央大学任教，1949年去台湾。他曾任中央大学社会学系教授，参与筹组中国民族学会。1934年12月16日，中国民族学会在中央大学中山院举行成立大会。该会成立后在国民党内政部备案。初期学会的通讯处由何联奎负责。[②] 学会"以研究中国民族及其文化"为宗旨，会务有搜集民族文化实物，调查、研究中国民族及其文化，编行刊物与丛书等项。[③]

中国民族学会自建立之日起，即计划出版自己的刊物。1935年学会重要事项之一就是筹备民族学报。1936年第二届年会上学会再议出版民族学报事宜，选举徐益棠出任学报编辑，林惠祥、杨成志、陶云逵、芮逸夫、胡鉴民、卫惠林、马长寿等11人为编委，学会对学报内容、字数以及版面设计和印刷费用均做了细致擘画，可惜学会经费主要来源为会费，入不敷

---

① 《中国边政学会开会员大会》，《边政公论》第6卷第3期，第359页。
② 《中国民族学会准予备案——批中国民族学会》，《内政公报》第8卷，1935年第3期，第36页。
③ 《中国民族学会简章草案》，《新社会科学》第1卷，1934年第2期，第276页。

出，学报出版计划一直未能实现。

抗战时期中国高等教育与学术版图发生显著变化，中国民族学会成员星散。何联奎历任国民党军事委员会政治部设计委员会秘书、中央训练委员会指导处处长、《扫荡报》社长、中央训练委员会副主任等职，1946 年才回归学术，担任中央大学法学院教授、院长。不少会员来到华西坝，学会日常工作由徐益棠负责。因会员难以集中，学会许多工作无法开展。抗战结束后，之前内迁的高校均"复员"办学。1947 年 1 月，黄文山与孙本文、凌纯声等商议恢复中国民族学会，决定"春间在京召开年会"，推举黄文山、凌纯声、孙本文、卫惠林、何联奎、徐益棠等负责编纂"民族学名词辞典"，并拟"出刊民族学年报"，"由世界书局印行"。① 1948 年 4 月 12 日，中国民族学会第三届年会在国立边疆文化教育馆召开，黄文山、何联奎、凌纯声、孙本文、徐益棠等出席。会议再次确认计划出版中国民族学会年报，尤其重点系统介绍世界学术研究近况，该项工作由何联奎负责。另外，学会准备与国立编译馆合作编辑民族学名词及民族学辞典，编印会员翻译或编著的民族学丛书。② 李安宅手稿引言所谓"何子星先生来信见催，谓《民族学年报》即将付刊"，即为此事。学会 1947 年即筹划年报之事，年会虽在 1948 年 4 月召开，但是李安宅文稿撰成于当年 1 月，表明在 1947 年末何联奎即在催促收稿了。

综合上述，此文为李安宅在美国讲学期间应卫惠林和何联奎所约而写的一篇关于美国人类学研究现状及趋势的述评。卫惠林也是中国民族学会的发起人和重要成员，向李安宅约稿应该也是代表中国民族学会。李安宅所言"国内刊物的困难"，主要是指民族学类刊物。③ 前文所述中国民族学会向有办刊之计划，竟迄未实现。李安宅在华西大学主持社会学系和边疆研究所，也一直未能办理刊物。"文革"中一份举报材料说，由于边疆研究所经费匮乏，没有办刊物，李安宅到处找刊物发稿子，这个举报稿子中也

① 《社会学界消息：中国民族学会近况》，《社会学讯》1947 年第 4 期，第 4~5 页。
② 《中国民族学会年会提案》，《边疆通讯》第 5 卷，1948 年第 4 期，第 15 页。
③ 实际上 20 世纪 30~40 年代边疆学术刊物较多，官方支持力度较大。因抗战特殊形势下，国民政府比较注重了解边情，但对谈论民族问题较为敏感。相对来说，边疆研究比民族研究更易获得官方认同。王利平、张原、汤芸、李绍明：《20 世纪上半叶的中国边疆和边政研究——李绍明先生访谈录》，《西南民族大学学报》2009 年第 12 期。

说，李安宅曾言："我们所穷，以后调查，只有抓国民党的机枢，我们无经费出专刊，但是有现成的杂志，可以登载。以后有文章就介绍出去。"李安宅所说的现成刊物，就是指的《边政公论》和西康刘文辉系统的《康导月刊》。[①] 或因时局遽变，何联奎负责筹办《民族学年报》未及实施，李安宅应卫惠林、何联奎之约而写的这篇文稿迄未发表。

李安宅 1947 年赴美，在耶鲁大学研究院担任客座教授，开设"藏民文化"课程。民国时期大陆高校的民族学教学一般附设在社会学系内，民族学课程很难占主流位置。以李安宅所在华西大学为例，1941 年在"社会学"下开设藏人历史地理和边疆政策两门课程，在社会行政组必修科目中有中国社会制度史、妇女工作、边疆民族问题、边疆教育和边疆社会工作、边疆行政等课程。[②] 以 1943~1944 学年度为例。李安宅担任的课程有社会制度、社会学原理、经济社会学、宗教社会学、农村社会学；姜蕴刚担任的课程有中国社会学史、政治社会学、西洋社会思想史；冯汉骥担任的课程有人类学、西南民族学、现代社会学原理与方法；任乃强担任的课程有康藏史地等。[③] 李安宅在美讲学期间，华西大学社会学系由蒋旨昂主持，"年来所开课程除社会统计、乡村统计学、心理卫生、儿童教育与教法与他系合开外，计有社会学原理、体质人类学、文化人类学、中国社会史、中国社会思想史、西洋社会思想史、社会学理论与方法、社会调查、社会学英文选读、乡村建设运动、政治社会学、经济社会学、道德社会学、知识社会学、家庭制度、宗教社会学、文化学、西南民族学、藏文初步、康藏史地、边疆社会工作、原始宗教心理、苗民社会组织、刑犯学、人口学、劳工问题、农民问题、社会工作、社会行政、个案工作、社团工作、社区组织、医药社会工作、精神病社会工作、社会救济、儿童福利、儿童心理、儿童保育、儿童卫生、儿童指导、儿童心理测验、儿童与学校、社会工作实习、毕业论文研究。"[④] 可见对社会学理论方法等基础课程相当重视，对

---

① 参见陈某《关于李安宅与蒋匪帮的关系》，未刊稿，1968 年 11 月 10 日。某学院革命委员会政治工作组盖章，11 月 13 日。材料上有批注：陈某"系右派分子，所写材料供参考"。
② 高伦举：《社会学系》，《华大校刊》1949 年 4 月 30 日文学院特刊，第 13 页。
③ 四川大学档案馆藏华西大学档案，编号：C. JX. CJD-312，转引自藏乃措《民国时期华西边疆研究所考述》，硕士论文，陕西师范大学，2013，第 19~21 页。
④ 高伦举：《社会学系》，《华大校刊》1949 年 4 月 30 日文学院特刊，第 14 页。

乡村、儿童、边疆等相关专题也有较多关注，但对民族学类课程开设明显不足。课程中涉藏课程有康藏史地、藏人历史地理、藏文初步等，基本也着眼于边疆史地，并不侧重社会与文化。所以，在美讲学，能够充分讲述自己在藏区社会与文化的研究成果，李安宅的心情是可想而知的。

我们也可以在手稿中体会到李安宅治学之严谨。秉承书要看完、人要见完才能写作的原则，这大概是李安宅常年重视文献和实地研究养成的学术习惯。不过因为在美时间尚短，催稿时限又急，上思不得，只能退而求其次。李安宅只能采取速成之法，乃参阅1938年以来的大英百科全书和美国百科全书的年鉴。能入选年鉴者，当为较为经典之作，而人类学及社会学部分的编写者又为学界的领袖人物，其内容的权威性和学术性当可保证。虽然此取捷径，未必能获悉美国人类学的全部面貌，但若说可以一窥美国人类学的基本面貌或大体情况，应差不离。

李安宅并非首次访美。1934年，他即因吕嘉慈和侯感恩等鼓励和举荐，有了留学计划。得到罗氏基金（洛克菲勒基金）的资助，燕京大学校务长司徒雷登签字，"吴文藻亦以社会学系主任，写了保举信"，李安宅1934～1936年先后在美国加利福尼亚大学和耶鲁大学学习，并利用暑期做祖尼印第安母系社会调查，后又曾在墨西哥考察乡村教育。十余年后，李安宅故地重游，抚今追昔，又有中国人类学和边疆研究的经验作为参考，故该文手稿就有了长时段纵向比较和中美审视横向比较的视野。

笔者不敢强作解人，在此仅将其文中最为核心的几个观点列出，提请读者注意。

一是在李安宅看来，美国的人类学相当发达，社会学相形逊色。笔者揣测，这或许是因为美国之产生，就是英国人类学的研究对象；再或者美国强大以后，很多国家和地方都是该国人类学的研究对象？故而人类学家更有学术话语权？李安宅未明言，笔者不敢自信，或可请教高明。

二是李安宅注意到，美国人类学的特点经历了一个从"全在实地研究"到"对于理论的浓厚兴趣"的过程，对其原因与表现都做了深入分析。一方面，反映了大量的实地研究累积的结果及不同学科、文化区和行业的接触都会增进问题的出现和理论的产生；另一方面则反映了大量的理论思考和实地研究，最终会促进实地工作，这就进一步增强了人类学在美国学科体系和社会应用中的必要性和重要性。李安宅甚至将人类学作为"研究人

与人的关系的科学发展的中心"，认为借此可以推动个人、国家内部及国际
的和谐。李安宅本人在中国的人类学实践似乎也秉承了理论研究、实地研
究与应用研究齐头并进的道路。他翻译或编著了多种人类学理论著作，也
发表了以拉卜楞寺为调查中心的藏族宗教系列论文，同时也在参与边疆教
育和边疆服务的过程中对应用人类学做了系统的思考。他认为在那时中国
的应用人类学就是"边疆社会工作学"，为此他专门写了《边疆社会工作》
一书以阐述其关于以人类学理论和方法处置边疆工作的思路和主张。[①]

　　为使读者能完整阅读李安宅对那时美国人类学的观察，笔者特将其手
稿全文整理出来。需要说明的是，为尊重原文，全篇文字包括人名之翻译
一仍其旧。那时对部分机构和人名的译法于今有所差异，特此说明。

附李安宅手稿：

十年来美国的人类学

　　1947 年夏间出国前，曾答应卫惠林兄，到美后写一篇报导美国最近人
类学的文字。到此已一学期，因为开一门"藏民文化"是在国内若干年未
曾有的机会，要利用图书的便利，参考西人的著述；而且人类学范围又大，
若干年闻名未见面的成绩，总要忙于搜检；所以一直未能下笔，要见的人
还没有见完，要看的书还没有看完，真是何从入手？

　　适接何子星先生来信见催，谓《民族学年报》即将付刊，乃竟两日的
力量，遍阅大英百科全书 1938 年以来历年的年鉴，暨同一阶段的美国百科
全书的年鉴，加以个人的观感，草此以应，挂一漏万，自知不免，然返观
国内刊物的困难，有一点报导，也许聊胜于无吧？

　　说也凑巧，个人是于 1938 年离开北平文化区深入边疆的，个人关心补
充的，自是 1938 以后的事，而大英百科全书年鉴适于那年才起始，到今年
整十年，故以名篇。在个人，则是 1934~1936 两年初次在美国，这次旧地
重游，也有不少比较。本篇内容，先说理论的趋势，次说人物的动态及主
要的书刊。因为国内同工，多在社会学系教书，也附带一点社会学的材料。

　　在入正文以前，应先说一说上诉两项参考书。大英百科全书年鉴起始
于 1938 年，那年报导人类学的是马林橢斯基（B. Malinowski），1939 年至

---

① 参见李安宅《边疆社会工作》，中华书局，1944。

1940 年是玛格丽宓德（M. Mead），1941 年是瓦诺（W. Lloyd. Warner），1942 年至 1943 年是恰普（E. D. Chapple），1944 年至 1946 年是赫慈口畏慈（M. J. Herskovits），1947 年是柯林斯（H. B. Collins）。关于社会学的报道，是 1942 年才起始，这若干年都由贝克尔（H. Becker）负责。美国百科全书年鉴，于 1923 年已起始，关于人类学的报导，一直是魏斯勒（C. Wissler）；关于社会学，1942 年以前未见专章，由 1943 年起都是爱尔乌德（C. Ellwood），社会学的报导，一个在 1942 年才起始，一个在 1943 年才起始，这也代表一种现实；社会学在美国虽较他国特为发达，然在学术界的地位，与人类学相较，仍有逊色。一般的批评是：社会学到今天，还在辩论是否成为科学。在两种年鉴中，人类学与社会学的报告对比，也是前者视为固然的成分多，在国内，我们需要的是物质科学与社会科学的配合建立，用不着采取人家的门户偏见。然此不同，也算报导材料罢了。

一 理论的趋势

上次在美国的时候，感觉到美国人类学的特点，全在实地研究。所有的理论，均隐含在实地报告的材料中，理论的前提，似乎不值得讨论，所以英国的马林檽斯基开口便谈理论者，在美国学者看来似乎是少见多怪。住在美国的拉得克利夫卜朗（A. R. Radeliffe-Brown）也因此觉得闷气。第一流的学者，的确是有理论而不必谈。二三流以下的学者，也的确对于理论毫无认识。所以闹起门户之争来，两面均振振有词。

说也奇怪，不久马林檽斯基来到美国讲学，大受欢迎；卜朗也去牛津任教，得其所哉。个人这次旧地重游，第一个印象，即美国人类学者都大谈起理论来了，更使我受宠若惊的，我在 1937 年发表的一小篇东西（"Zuni: Some Observations and Queries", *American Anthropologist*, Vol. 39, No. 1）也成了论点之一，与许多未曾见面的朋友，作了联合与对立的局面（John W. Bennnett, "The Integration of Puello Cultures: A Question of Values", *Southwestern Journal of Anthropology*, Vol. 2, 1946）。这种新兴的对于理论的浓厚兴趣，不但少壮派如此，即老一辈的也是一样。The Viking Fund 上半年在纽约举行的演讲会，两次都讨论理论。一次是雷顿（Paul Radin）讲"美国人类学的趋势"，一次是克罗伯（A. L. Croeber）讲"文化成因"，都将全领域加以方法论的分析。

这种新变化，应该是自然演变的结果。第一是物极必反，美国人类学是包亚士（F. Boas）于四十年来一手促成的。包亚士专门鼓舞人收集材料，不管历史，不管用途，不管工作员背后的假定，只要有具体的材料，文化自然有自己的路子，用不着甚么演化的分析，综合的比较，然而近水楼台的"印第安"人，总有调查完的时候，完了又怎样？便不能不逼出问题来。同时，调查人的背景不同，假定不同，结果自然也不同。对于同一民族文化的许多互相矛盾的报告，也不能不逼出问题来，问题便是理论。

第二是战时的影响。战时的影响，可以分几方面来说。一方面，战时对于人才的需要增加，对于造就人才的与被造就的都减少，这种打破象牙之塔的变动，给新理论以活动的机会，使旧权威减少其统治力量。

二方面，被战争活动而征用的人才，增加了与行外人接触的机会，与各种不同文化接触的机会。这两种接触，都逼着人类学者（社会学与其他学者也是一样）不能不采取易地而观的态度。这种态度，正是对于旧假定重新估价，对于新需要另打主意的办法，理论的活动，便不期然而然了。战争结束，重返原地或另就新职了，表演旧套呢？还是重打鼓另开张呢？怎样复员呢？对于世界和平与其危机呢？在在无不需要重新估价，重新建立。

三方面，战时工作是要兑现的。在此以前，一切实用的趣益，都不配列在学术之林。到战时，旧有的实用趣益抬头了，新兴的实用要求也不能不过问了。这又是打破旧理论的间架，建立新理论新技术的局面。

所以根据理论的分析，美国人类学的趋势，除理论以外，也有两种具体的表现。

第一是与其他专科联了亲（inter-disciplinary approach），文化与心理分析的桥梁，早由赛皮尔（E. Sapir）在耶鲁的"文化与人格"、"文化心理"等科目建立起来，到了这一阶段便有林坦（R. Linton）等许多著作了。其他方面，社会学与哲学，社会学与心理学，医学与社会科学，社会工作与以上各种，以及其他，不管是单独成派，还是都表现在人类学范围以内，其促成各行联亲，减少过去的各自为政，则是显著的事实。

第二是与世界各文化区结了不解缘。对于原始世界文化区整个的叙述，本为美国人类学必修课程之一。然而美国人类学者实地工作范围，除南北美印第安人外，接触得尚很少。第二次世界战争，将美国人类学者安排到世界各角落，尚感人才不够。美国对于世界的问题，恐怕是第一次打破了孤立主义。不管不孤立了以后是走向永久和平的建立，还是重蹈前辈帝国主义的覆辙，反正对于世界各文化区已经结了不解缘，而且再不限于原始文化。这种要求，本来是任何地方的学术界都应该有的，然在美国的确是这次才有，最少是这次才有相关专科与政府的注意。

表现第一第二两种趋势的，最具体莫过于所谓"区域研究"（area studies）。为了应付战时的需要，许多学术中心，都联合了相当专科，对于某一区域或几个区域，作配合研究与教学。美国对于外国语文的学习，国内在战时已经听见过那种空前未有的规模与速度了。战后虽也低落了一些声势，然公私团体仍在努力提倡，因为那是区域研究必要的工具。1947 年 11 月 28（日）到 30（日）三天，社会科学研究协会（Social Science Research Council）、世界区域研究委员会（Committee on World Area Research）召集第一次全国世界区域研究会议（National Conference of the Study of World Areas）于哥伦比亚大学。到了各校各研究机关代表与政府工作人员一百余名，主要日程即在讨论如何实现各科的合作，执行世界区域的分工研究，与是项人才的训练。其分组会议，有拉丁美洲、欧洲、苏联、近东、远东、东南亚与印度六小组。会议的发言，帝国主义的气味也有，但大体上还是为了世界和平的了解和建立。

第三种表现，是美国人类学部分地承认了"实用人类学"（applied anthropology）。这在英法，是早已宣传了很久的，因为英法是殖民史的先进。美国人类学十几年以前，颇以实用为耻。这一段，实用人类学取得了相当地位，倒不是因为帝国主义，其发展的途径，由于两种主力。

第一种力量来自一个人，即前任印第安事务局局长柯莱尔（John Collier）。美国的印第安人，对于美国的关系，由着隶属于外交部、陆军部，而到内政的范围。这且不管，很早以前即有两种机关，一为司密斯研究院（Smithsonian institution），一为印第安事务局（Bureau of Indian Affairs）。打个比方，后者类似我国的蒙藏委员会，前者类似国立边疆文化教育馆。原来的用意，在使学术研究与行政实施，互相配合。然后结果，司密斯研究院，走上了纯学术的研究，印第安事务局走上了官场行政的途径。各自为政，只有印第安人吃亏。柯莱尔远在作官以前，即奔走呼号，为印第安人福利谋出路。罗斯福总统上台，第一个中央任命的官即以柯氏为印第安事务局的局长。柯氏鉴于学术与行政两不相涉的毛病，起始引用比较年轻的人类学者到事务局，担任实地工作。经这若干年的提倡，实用人类学渐渐被人注意；于 1941 年发动的"印第安教育研究"与"印第安行政研究"初一阶段为政府与支加哥大学合作，以后又与"实用人类学会"合作，颇出了几本重要报告。如海娄外尔（M. Hallowell）主编的"美印第安人人格研究"，亨利（W. E. Henry）著的"文化与人格研究技术"（The Thematic Appreciation Technique in Icu Study of Culture Personality Relations），约瑟（A. Joseph）等"沙漠人"，麦格雷哥（G. Macgregor）的"无武器的战士"，柯夫人（L. Thompson）的"侯皮危机"，"侯皮民风"，"现世中的部落"等，可概其余。两年来，柯氏辞了政府的职务（他算在罗斯福总统去世后辞职较晚一个），便又创办了"人本事业研究所"（Institute of Ethnic Affairs），"以动的研究来解答国内外民族文化等接触问题"。他的"动的研究"在英语为 Action Research，与英国所谓 Operational Research，异词同义，我们在国内提倡"研究服务训练"合而为一，以及实用人类学（边疆社会工作）与实用社会学（一般社会工作），都是不约而同的。英人 H. A. C. Dolls 著"动的研究在英美"（Operational Research and Action Research），1947 年由人文事业研究所出版，是一个简单明了的小册子。

表现"实用人类学"的第二种力量，即 1941 年成立的"实用人类学学会"（The Society for Applied Anthropology）及《实用人类学》季刊。该季刊"以解决商业、政治、心理、社会工作以及任何方面所有人与人的关系的实际问题为宗旨"。它的前提是："研究人与人的关系的科学，必得将理论施诸应用，才有发展。"该刊在发刊词中继续说："预测而不能征验，乃是玄想。我们要将分析的结果用来解决实际问题，我们便作了一次征验，相当于将假定放在实验室。实用人类学季刊的主要任务，即在提倡对于人与人的关系作实验的研究。"

他们认为，二十年来由于人类学、人文地理、商业与政府的行政、心理治疗、社会学、社会工作等学者各方面的努力，已经给一种新科学找到边际，来研究人与人的关系。他们所以管这种科学仍叫人类学的理由，是因为：第一，人类学者历来从事实地工作，与被研究的人与事有直接接触；第二，人类学者历来都是单身独马出去，不能单作一套工作，他要百技备于一身，从各方面来研究整个的人；第三，大部分人类学者都曾有机会，在不同的文化布景当中，体会识见的正确性；由着不同文化得到的远近布景，再回过头来看自己的文化，便有一种客观性。

因为是研究整个的人，所以各方面的人类关系都在考虑范围以内，人类关系，一方面是适应物质环境，另一方面是适应人群，个人适应方法有所不同，即产生所谓人格上的歧异。人群适应方法有所不同，即产生所谓制度，如家庭、经济、政治、宗教、社团之类。制度的歧异，人格的歧异，都被人类学者叫作文化。

因为人类学在这种意义之下研究整个的人，所以人类学可作研究人与人的关系的科学发展的中心。原始人类在物质适应上所感到的问题，如食物、住室、健康、交通、运输之类，今天已大体获得解决了。惟独人与人的失调现象，我们到今天尚少认识，而且已有的一点认识也已少见运用，以求问题的解决。我们必得使人与人的关系的科学能与物质科学并驾齐驱，才能希望铲除个人失调的病根，促成国家以内各种人群的协和，实现更有效更民主的政治组织，以推及国际的美满关系。只有这样的科学，才能解决我们现代文明的基本问题——即如何增加人与人的圆满适应，而同时增加物质技术的问题。所以《实用人类学》季刊，"不但是科学家的园地，更是直接执行计划的人们，行政家、心理治疗家、社会工作家，以及一切在人事关系上有责任的人们，大家的园地。"

近代中国西北"边疆"意象的生成

——基于知识分类和时间结构的分析

袁 剑[*]

一 问题的提出

作为一个具有悠久历史的统一多民族国家，边疆在中国的历史发展中占据着相当重要的地位。对边疆的认知形成过程，也是一个对中国本身认知逐步丰富和完善的过程。从历史上来看，中国历代王朝，尤其是元、明、清三朝，在边疆的巩固和发展过程中扮演了非常重要的角色，奠定了当代中国疆域版图的底色。

随着近代西方殖民力量在全球范围内的扩张，源自欧洲的民族国家秩序也作为一种区域知识向世界各地传播并推开。在帝国主义军事和政治等多方面压力下，亚洲等非西方地区也开始了曲折艰难的近代化国家转型历程，并在这一过程中逐步确立起近代意义上的边界。值得注意的是，这种边界的形成是一个阶段性发展的过程，一方面受到本国历史发展特质的影响，另一方面也受到外部压力的影响，其中列强的压力最大。正如有学者指出的："亚洲的主要政治分界线是欧洲列强分两个阶段确立的。首先，在第一次世界大战以前，它们通过与中国和阿富汗、尼泊尔、泰国等其他未被吞并的亚洲国家进行谈判，开拓了自己的亚洲帝国。其次，在二战以前，英国、法国和苏联建立或确认了其帝国内部的殖民边界。"[①] 作为亚洲的大国，受内外两方面因素的影响，近代中国的边疆也在这一过程中逐渐得以

---

* 袁剑，中央民族大学教授。

① 〔澳〕维克多·普莱斯考特、吉莉安·D. 崔格斯：《国际边疆与边界：法律、政治与地理》，孔令杰、张帆译，社会科学文献出版社，2017，第344~345页。

明晰化。①

在这种背景下，当我们思考和认识边疆及其边界形成这一命题的时候，有必要对边疆本身进行必要的知识梳理，对边疆意象的形成过程及其内在知识构筑方式进行具有针对性的分析与阐释，这样才能更好、更全面地把握近代中国边疆形塑尤其是近代西北边疆形成的历时性与独特性。在这当中，理解和认识边疆知识层面占主导性的中国特质，以及作为外部影响因素的域外因素，是一个基本的前提。

二　知识分类：边疆认知的概念基础

1. 中国王朝本土知识下的边疆

古代与现代具有不同的知识分类，这在世界各地都有不同的体现。知识分类本身并不存在高下之分，它只是一种将外部世界类型化的方式。古代中国同样存在自身的对外和对内知识分类，在边疆认知方面也有所体现。

在中国传统王朝的历史空间中，边疆更多地指涉文化的边缘区域，并在治理层面更多地以化外之地、羁縻区域的形象加以呈现。在这种总体框架下，"天下"实际上成为涵摄整个古代中国的道德与秩序标志，不仅涵盖了地理意义上的中原与边缘区域，而且还塑造了一个具有自身能动性的边疆类型，一种能够经由社会转变、道德提升而实现地位跃迁的文化边疆类型，所谓关乎人文以化成天下。例如，《隋书·地理志中·谯郡》中就有这样的记载："南阳古帝乡，搢绅所出，自三方鼎立，地处边疆，戎马所萃，失其旧俗。"② 在边疆与中心之间，最重要的是文化层面的差异，地理位置反倒是其次的。

这种中国王朝本土知识下的边疆，在漫长的中国历史中，往往作为一种重要的文化类型，在某种程度上成为一种与中原内部治理事务相对应的，附属于古代中国内部治理大框架的治理类型，成为支撑和维系传统中国内部文化认同与权力结构的重要资源。例如，《宋史·杨畏传》中就有这样的表述："迁侍御史，畏言事之未治有四：曰边疆，曰河事，曰役法，曰内外官政。"③

---

① 袁剑：《时局与话语——对近代以来国内关于"边疆"概念研究的分析与解读》，《中央民族大学学报》（哲学社会科学版）2016年第3期。

② 《隋书》卷三〇《志第二五》，中华书局，第843页。

③ 《宋史》卷三五五《列传第一一四》，中华书局，第11184页。

又《宋史·吴昌裔传》曰："将帅方命，女宠私谒，旧党之用，边疆之祸，皆此阴类。"① 在这之后，《明史·李俊列传》中有这样的记述："今或一监而丛一二十人，或一事而参五六七辈；或分布藩郡，享王者之奉；或总领边疆，专大将之权；或依凭左右，援引憸邪；或交通中外，投献奇巧。"② 《明史·袁化中列传》中则曰："天启元年二月疏陈时事可忧者八：曰宫禁渐弛，曰言路渐轻，曰法纪渐替，曰贿赂渐章，曰边疆渐坏，曰职掌渐失，曰宦官渐盛，曰人心渐离。"③ 以上官方正史中的叙述结构，就将"边疆"作为与其他治理内容并行的议题，放到整个治理结构中加以考量，并在某种程度上为"边疆"赋予了某种能动性，使其不再是与土地、地域等相类似的区域性指称，而是跟整体的文化中国框架形成了内在关联。

2. 近代西方地理学知识下的边疆

近代西方地理学知识语境中的边疆，更多地指涉边界线以内的边缘环状区域。尽管如今西方地理学已经成为全球范围内地理学的基本知识框架，但从历史上看，在殖民时代之前，西方地理学依然仅仅是一种地方知识，正是靠着近代殖民与工业化的浪潮才逐渐将其推广到整个非西方地域，并逐步转变为当代地理学的基本架构。这种特征，在边疆认知层面，也同样存在。

在近代西方地理学的视域中，边疆及其相关知识在更为宏大的分类结构下被编织进地理学的大陆观念和民族国家体系当中，成为服务于大陆与民族国家结构的解释路径之一。在这种状态下，边疆所展现的是一种基于权力配置的中心与边缘之间的内在结构性关系，而这种关系又会反过来维系和支撑既有的分层与分区结构。从时间轴上来看，虽然 1648 年《威斯特伐利亚和约》的达成，标志着协调欧洲国家内部秩序的威斯特伐利亚体系正式建立，欧洲国家内部确立起近代国际关系体系，各国的边界也逐渐明晰，但由于各国对于自身边疆仍然存在具有自身主体性的认识，各国形成了自身基于历史认同的独特疆域观与边疆观，并逐渐延续为一种"边疆认知"传统。拿破仑战争在某种程度上打破了威斯特伐利亚体系，在实践层

---

① 《宋史》卷四〇八，列传第一六七，中华书局，第 12302 页。
② 《明史》卷一八〇，列传第六八，中华书局，第 4780 页。
③ 《明史》卷二四四，列传第一三二，中华书局，第 6340 页。

面上确立了国家主权原则，而在击败拿破仑帝国后重构欧洲内部关系的维也纳会议上，欧洲列强形成了关于国家边界划分的总原则及其相关规定，对后来的国家间边疆问题处理产生巨大影响。① 这种影响，一直延续到二战结束之后，以联合国为中心的国际秩序成型为止。它不仅直接决定了近代殖民帝国在海外殖民地的疆界划分，而且还间接影响了近代亚非拉半殖民地或非殖民地国家的边疆认知及其具体实践。

3. 中国本土"边疆"知识与西方"边疆"知识的冲撞

尽管世界史中的近代与中国史中的近代时限存在近两百年的时间，但知识的碰撞不会因断限的不同而消隐不见。早在马嘎尔尼使团来华之际，双方在对世界与中国周边的认知方面就已经有了观念上的碰撞。在马嘎尔尼的回忆录中，就记载了他与和珅的一番谈话："正事之谈判毕，相国又与吾闲谈若干时。先问余路上情形如何？次问余一路航海曾在何处停泊？停泊时，所为何事？余一一约举告之。述至交趾支那多伦海湾时，相国言：彼处乃我们中国的藩属。余曰：贵国声威四布，远方臣服，敝使殊为欣喜。彼人问曰：俄罗斯与英吉利相去多远？目下两国要好否？意大利与葡萄牙两国与英吉利国相近否？臣服于英吉利国否？余乃用中国里数说明英、俄两国相距之远近。又言：目前英吉利国与世界各国都甚要好，与俄国女皇亦很和睦。但吾英国皇帝陛下居心仁正，以保障和平、扶助弱国为心。曾有一次，俄罗斯女皇欲发兵与土耳其国打仗，侵夺其地面，吾英国皇帝出面干涉，使俄国不逞志于东方，以致两国不免稍有芥蒂，然现在仍很和睦，并无战事。至于意大利、葡萄牙两国则与英国相去甚远，且并非英国之属国。然吾英国皇帝乃西方盟主，对于各国均用友谊联络之、用正义保护之，对于意葡两国亦然，两国之于英国在实际上亦甚有关系也。"② 这段记述所体现的中国与西方之间在外部认知上的差异，实际上恰恰是双方对于自身中心—边疆—域外整体性观念的系统差别。当时的清朝统治层对于外围世界的认识实际上是内部观念秩序的对外延伸，以对内部认知的逻辑和框架来思考和认识正在发生巨大变化的外部世界，自然就会形成知识层面上的冲突。

---

① 袁剑：《近代西方"边疆"概念及其阐释路径——拉策尔、寇松为例》，《北方民族大学学报》（哲学社会科学版）2015 年第 2 期。

② 〔英〕马嘎尔尼：《乾隆英使觐见记》，刘半农译，天津人民出版社，2006，第 96 页。

正如葛兆光所指出的:"传统中国知识系统与西洋相当不同,它是以经学为中心,以理解和揣摩圣贤与经典的真理为途径,培养自觉的道德修养为目的的,所以它的起点是语言文字学。这种传统的知识有它的一整套自我解释的理由,它把建构社会秩序的和谐,把维护君主和国家的权威,把培养士人和民众的道德看成是至高无上的,因此知识是围绕着这一重心建立起来的,知识的价值等级也是以此为中心的,而以天地宇宙的传统理解为中心的一整套互相系连的知识,又建立起来一个庞大的系统,它的解释、分类、表达都与近代知识很不同,属于另一种自给自足的世界。但是,西洋的知识却不同,当西洋进入近代以来,知识渐渐学科制度化并已经有了清楚的门类种属,那是一个界限清楚的近代学科分类表规定的知识世界。"①在这种背景之下,中国与西方之间关于国家、核心区域与边疆区域的认知,除了现实层面的政治、军事冲突之外,在观念层面也形成了十分明显的差异。在这过程中,近代中国的边疆危机及其相关的边界条约,从某种意义上说,成为这种"边疆"知识冲撞及其后续互动的具体表征。

三 中国近代西北"边疆"意象生成的时间结构

知识塑造分类,中国历史上关于边疆的本土知识与外域知识之间的漫长互动,形成了中国一整套独有的边疆认知与实践类型,并在漫长的历史进程中渐次得以呈现。总体而言,中国的边疆认知框架并不是一蹴而就的,而是经历了一个漫长复杂的过程。由于边疆认知本身在很大程度上受制于内外部语境,并在很大程度上折射着整体世界从古代迈向近代,从长期的分区发展转向交织着文化与文明互动的整体转变,体现在中国近代语境中,呈现出经由传统"西域"话语,向内外边疆话语竞争,最终转向国内整体性认同的总体变迁过程。

值得注意的是,在这种近代认知转变的过程中,西方知识界也在逐步形成自身对于东方世界的认知,并确立了"西方"高于"东方"的分类倾向。马克思本人就将"东方问题"放到一个世界革命的整体语境中加以考量,并指出:"每当革命风暴暂时平息的时候,一个老是反复出现的问题必

---

① 葛兆光:《中国思想史》第二卷《七世纪至十九世纪中国的知识、思想与信仰》,复旦大学出版社,2001,第473页。

定要冒出来，这就是永远解决不了的'东方问题'。"① 他将土耳其问题视作"东方问题"的关键。而晚年的恩格斯则根据世界时局的变化，进一步将"东方问题"的认知重心从巴尔干转向了俄国，并认为"俄国沙皇政府要采取最后的重大步骤，要真正占领君士坦丁堡，就不能不进行胜负机会大致相等的世界战争，而这次战争的结局大概并不取决于开战的双方，而取决于英国"②。值得注意的是，在"东方问题"的这一转变中，既被用以指称欧洲内部的巴尔干问题，也被用于指称更处于东方的俄国问题。由于俄国在整个近代都被看成与欧洲不同的"他者"，因此在连带的亚洲殖民地争夺中，随着英俄"中亚"大博弈的展开以及逐步控制中亚大部分区域，中亚本身的定位也随之发生改变，从一个历史意义上的"东方"转变为一个欧洲"他者"的边缘性组成部分。③ 与此同时，由于中国历史上与中亚存在的历史性关联，因此近代中亚在世界秩序内的形成过程，相应地与中国对"西部"的认知形成事实上的竞合关系。这种关系反映了近代中国域外列强自身的某种内在紧张，它打破了外围列强身份的整体性与单一性，从而形成了一种与传统的西班牙帝国、葡萄牙帝国、大英帝国、法兰西帝国所不同的俄国认知，这种认知将当时的俄属中亚区域作为一个具有强烈异质性的部分与俄国本土加以区分，并在具体的对外政策方面又将俄属中亚区域作为整个俄国对远东政策和对华战略的重要着力点，以此为基点来构筑俄国在西北方向对近代中国的优势地位。在这种态势之下，俄国在某种程度上成为近代中国西北"边疆"意象构筑中的竞争性对象，其在俄属中亚地区以及之后苏联中亚的政策取向，也在某些方面影响了近代中国在西北边疆的治理，近代独特的"西部问题"开始凸显。

从时间结构上看，从古代一直到 19 世纪初，这是一个从"西域"到"西北"的过程，这既是一个关键词语及其涵摄范围变迁的过程，同时也是一个中国内外部秩序变迁的折射过程。④《汉书·西域传》作为正史系统中首个真正意义上的"西域传"，对西域做了这样的概括性叙述："西域以孝

---

① 《马克思恩格斯全集》第 12 卷，人民出版社，1998，第 5 页。
② 《马克思恩格斯文集》第 4 卷，人民出版社，2009，第 386 页。
③ 袁剑：《从"西域"到"中亚"：中国的中亚认知及其历史变迁》，《文化纵横》2018 年第 2 期。
④ 关于古代中国"西域"认知及其话语的演变过程，笔者将另有专文叙述。

武时始通，本三十六国，其后稍分至五十余，皆在匈奴之西、乌孙之南。南北有大山，中央有河，东西六千余里，南北千余里。东则接汉。"这一叙述成为之后历代王朝正史西域叙述的基本框架，并定义了西域的基本空间范围。值得注意的是，"西域"认知的范围大体而言存在广义和狭义两种，广义的"西域"指称玉门、阳关以西的广大地区，而狭义的"西域"则主要指塔里木盆地及其周边地区。① 这两种指称下的"西域"空间成为中国古代各朝认识和治理的基本范围，到了19世纪中叶，随着中国传统对外认知视野和世界秩序的逐步瓦解，对"西域"的认知也逐渐被更为清晰的"西北"边疆地区和"中亚"认知所取代，② 这个转变过程可以看成一种从王朝结构向近代民族国家结构逐渐成型之后以政治边界为基础的认知框架的嬗变。

从19世纪初到19世纪60年代，中国历史经历从古代到近代的巨大转折，在对本国疆域与外部世界的认知层面同样出现巨大的变迁，形成了对于域外空间与本国控制地域的区分性认知，在西北的意象方面，也相应地出现了一个从边疆指向较为模糊的"西北"向有边疆的"西北"的转变过程。这一方面在于清朝在西北地区统治秩序的逐步稳固以及边疆治理的逐步深化，这是最主要的因素，同时也是确保中国历史与疆域连贯性的重要基础；另一方面，由于当时俄国势力开始大规模进入中亚并逐步确立统治秩序，近代中国在西北边疆层面的治理也逐步在传统"以夷制夷""因俗而治"的框架下形成新的安全与治理需求。

从19世纪60年代到20世纪初，随着中俄之间一系列不平等条约（如1860年的《中俄北京条约》、1864年的《中俄勘分西北界约记》等）的签订，西北边疆地区在外力压迫下形成更为明确的空间范围，并随着1878年左宗棠收复新疆，1884年新疆正式建省，由巡抚统管全疆各项军政事务，在当地实行与内地相同的行政制度。关于"有界"的西北边疆地区的观念逐渐在精英层成为共识。从20世纪初一直到20世纪30~40年代，随着近代报刊等传媒工具的发展，以及民国取代清朝这一民族国家取代传统王朝

---

① 袁剑：《连续性与断裂性——近代中国知识视野下的"中亚"范畴流变》，《青海民族研究》2016年第4期。

② 袁剑：《"中亚"在哪里？——近代中国人笔端下的"中亚"范畴变化》，《文化纵横》2017年第1期。

的政权更迭，一般的公众开始逐渐对西北边疆有了初步的认知。尤其是1927~1935 年的中瑞西北科考团，通过媒介的广泛宣传，形成了国内公众界对于西北边疆地区及其相关情况的基本认知。而这种认知，为抗战之后对全国整体性认知的塑造提供了坚实的区域性基础。顾颉刚在《西北考察日记》自序中曾这样自况："不久，九一八变起，北平密迩松辽，唇揭而齿寒，知祸之不旋踵。又目睹日韩浪人横行市中，毒及乡里，为之切齿腐心，故编印通俗读物，广为抗日宣传。及热河失而北平陷大包围中，亟思识边疆之事，是以频年游于平绥线上，且越阴山而达百灵庙，饮酪卧毡，与蒙古之主张自治者谈，因晓然于边疆问题之严重性。会是时予在北京大学、燕京大学两校讲授《中国古代地理沿革史》，与谭季龙君其骧同创禹贡学会，印行《半月刊》，乃扩大地理沿革之范围而及于民族史、边疆史。《半月刊》中屡出专号，讨论东北、西北、蒙藏、南洋诸方面之事故，又集燕京师生立边疆研究会，以假期从事旅行调查，平日则一星期开一讲演会，选延一二边疆人士之游于北平者及内地人之为边疆学者，分主讲座，以是因缘，得广与远宾交，而诸同人之边疆知识亦日趋于系统化。"[1]

20 世纪 40 年代，随着全民族抗战的展开和国内对于边疆地区重要性的进一步认识，为了避免东北沦陷的悲剧重演，当时的中国各界发出了"到西北去"的呼声，这种潮流进一步强化了公众对于西北边疆的认知。"我们不到西北，不知西北的伟大，也就不见中国的伟大。没有到过西北的，有些人常有两种不正确的观念，第一以为西北是我们的边疆，第二以为西北是一片荒凉的地方，这是大错特错的……我们的国家到处都是锦绣河山，西北特不是例外，而且如果我们的国家缺少了他，便不行的。我们要知道西北是人文荟萃之地，沃野膏腴，呈现在我们的眼前，讲到中国民族发达的历史，西北更是最有价值的了……我们要开发西北，就要实行到西北去。这样不仅尽了国民的责任，个人的事业和个人的生活问题，也都可迎刃而解。那里各种事业的机会很多，生活程度也较低，容易立身立业。以上所说的，都是我这次到西北去考察后所得的感想，希望同胞们风起云涌，赶快到西北去工作！"[2] 这些呼声与行动，不管其具体实践的广度与深度如何，

---

① 顾颉刚：《西北考察日记》，甘肃人民出版社，2002，第 167 页。
② 朱家骅：《到西北去》，《学生月刊》1941 年第 2 卷第 11 期，第 56~57 页。

都已经调动起大众对于西北边疆的关注之情，由西北而全国，开启了一个认知区域进而认知整个国家的进程。

四 由"边疆"而"整体"：理解中国的西北路径

中国历史上的南北互动与当代的东西部结构，及其围绕生产方式形成的历史上农耕-游牧关系结构以及当代技术-资源互动关系，在某种程度上塑造了中国认知自身、周边与域外世界的行为传统与实践方式。正如当年左宗棠所言，重新疆者，所以保蒙古，保蒙古者，所以卫京师。西北在整个中国陆地边疆地带具有连接性位置，这一区域的治理与开发，孙中山在其《建国大纲》中即已专门指出，并认为有必要在交通运输系统方面有所改进："现以交通运输机关之故，丰富地域，委为荒壤，而沿海沿江烟户稠密省份，麋聚之贫民无所操作，其弃自然之惠泽而耗人力于无为者，果何如乎？倘有铁路与此等地方相通，则稠密省区无业之游民，可资以开发此等富足之地。此不仅有利于中国，且有以利于商业于无穷也。故中国西北部之铁路系统，由政治上经济上言之，皆于中国今日为必要而刻不容缓者也。"[1] 他的这种认知，实际上已经揭示了认知西北在理解中国与建设中国过程中的重要性。从"边疆"而至"整体"，从西北而至中国，我们方能理解历史与当代中国之间的内在逻辑关联性。

"一带一路"倡议的提出，不仅体现了中国在认知外部世界和构筑人类命运共同体方面的新思考，而且也从现实和历史的层面将边疆视角带入国家发展、区域协作和全球互通的宏大结构当中。在这种背景下，作为"一带一路"陆路的重要构成部分，中国西北也就超越既有的区域定位，开始从结构性的角度参与到新的国际交流与合作网络当中，并成为沟通中国东部区域与中亚、西亚乃至欧洲的重要桥梁。在这个过程中，我们对西北的认知也正在逐渐展现出新的图景，这种图景超越了既有的近代"边疆"意象，不仅将凸显西北在中国发展格局中的重要性，而且也将经由这种整体格局的新突破而展现出西北边疆的自身动力及其对中国整体发展的内在驱动，实现我们对于中国、周边与外域新结构的重新认知。

---

① 孙中山：《建国方略》，华夏出版社，2002，第 135~136 页。

边疆研究及其学科化：以民国边政学为中心[*]

朱金春[**]

一　学科化诉求与学科建构的逻辑

马大正梳理并总结了近代以来的边疆研究，认为"自 19 世纪中叶至今出现过三次研究高潮。19 世纪中叶至 19 世纪末，西北边疆史地学兴起是中国边疆研究第一次高潮的标志。20 世纪 20 年代至 40 年代边政学的提出与展开，是中国边疆研究第二次高潮的突出成就。20 世纪 80 年代以来，中国边疆研究的第三次高潮渐趋形成且发展迅猛"[①]，马大正此论将民国时期的边政学作为边疆研究历程中的一个重要阶段。事实上，民国时期边疆研究不仅发展到了一个新的高度，还在学科建构上建立起了边政学。民国时期的边疆研究受到官方的大力支持，设置了边疆研究院系，成立了众多边疆研究机构，并涌现了大量的边疆研究刊物，形成了背景多元且志趣相同的学术共同体，在学科理论与研究框架上有着积极的探索，最终推动了边政学的建立。民国时期边政学的建立，可以看作近代以来传统学术向近代学科转型的重要尝试。但是，边政学迅速兴起又急剧衰落，除了时局的影响之外，还暴露了其学科建构中存在的一些问题。理解这些问题，不仅要从边疆研究本身着眼，而且还要审视学科建构的基本要求与建构规律。只有遵循学科建构的规律，学科建构才能顺利进行。这就需要对学科的含义、

---

　*　本文系国家社会科学基金项目"西部次边疆带和谐民族关系研究"（14CMZ037）的阶段性成果。

**　朱金春，四川大学社会发展与西部开发研究院助理研究员。

①　马大正：《深化边疆理论研究与推动中国边疆学的构筑》，《中国边疆史地研究》2007 年第 1 期。

性质、内在要求与建构逻辑进行研究。

学科是人们对对象化世界的分类体系，这一分类的主要目的在于更好地认识世界。从这一意义上说，学科实际上是人们建构起来的认知分类，是人们对整体世界不同部分聚焦而形成的特定视角下的知识体系。这一类型化的知识生产不断专门化与规范化，成为学科产生与发展的内在动力。从发生学的角度来看，学科的发展与演化经历了一个从人类整体知识中不断分解、分类与分化的过程，从原初作为人类总体知识形态的哲学，逐渐分化出数学和天文学、力学等自然学科，再分化出社会学、政治学、历史学、经济学等学科，知识的生产越来越专业化、精细化，知识之间的边界也越来越清晰。学科的分立体现了"具体学科对象的差别和'术业有专攻'的社会分工规律"。① 但是，知识不是凭空生产的，知识的传播与积累还需要外在建制与平台的支持，以及伴随着学科建构而形成的学术共同体。因此，对于学科的理解也不能仅局限于知识层面，而是要与更为广泛的社会与建制联系在一起。从词源上说，"学科"（discipline）有规范的含义，从而体现出"规训"的意义。"学科不但包含知识的分类，而且还包括知识分类的制度与规范"②，而后者在知识的生产过程中具有重要意义，特别体现了权力在知识生产过程中的重要作用。学科是"话语生产的一个控制体系"，"在某种程度上许可使规训成为可能，而规训通过知识而发挥作用，因此知识的发展也就意味着对行为控制的实践的同步发展"③，这意味着，在知识生产上，"学科规训"实际上进行的是学科间分门划界的工作，④ "以学科标准对知识的有效性、合法性进行评判，对知识的门类界限、地位等级进行规范协调。"⑤ 事实上，学科本身体现着知识与权力之间的关系，揭示了知识生产既有内部机制也存在外部条件，因此对于学科的理解，要从

① 常鹏翱：《从学科分立到知识融合——我国法学学科 30 年之回顾与展望》，《法学》2008 年第 12 期。
② 李爱民：《从学科规训的视角看我国高等教育管理学科的建设与发展》，《现代教育科学》2005 年第 3 期。
③ M. Fault, *The Archaeology of Knowledge and Discourse on Language*, A. M. Sheridan, trans, New York：Pantheon，1972，p.224.
④ 刘亚敏：《被"规训"的学科规训理论：误读与重释》，《江苏高教》2012 年第 4 期。
⑤ 鲍嵘：《意象与旨趣——关于学科制度若干理论问题的探讨》，载《2003 年高等教育国际论坛文集》，第 304 页。

知识层面和制度建制两个方面进行全面考察。

学科作为知识生产的规范范式与专门体制，在规范知识生产的同时，还保障着知识生产的外部条件。缺少学科的规范与建制，不仅在知识生产上面临着混乱与边界不清的状况，而且也难以获得外界的制度性支持并得到社会的承认。近代以来科学的发展都是在学科架构的规制与支持下进行知识生产的，因此，在那些还未获得学科建制的知识领域，就产生了学科化的诉求。从学科的两种内涵出发，学科化诉求主要体现在两个方面：其一，形成特定领域的理论范式与方法论，以此规范该领域知识的生产，并与其他学科之间划定边界；其二，在专业设置、人才培养、学术出版、机构建设等方面得到制度性支持，并得到社会特别是其他学科的承认。学科化不仅意味着知识生产的规范化与体系化，而且也标志着该领域的知识生产者获得了话语权与安身立命的依托。如果缺乏学科的建制，知识生产的合理性、合法性就会受到质疑，而外在建制与支持的缺失，则使得这一领域的知识群体面临着生存性与制度性危机。这些将会给这一领域的知识生产者带来重重焦虑，而这种焦虑，又在一定程度上成为学科建构的动力。

学科化的诉求与焦虑，催生了学科建构的努力。很多研究领域希望建构自身成为一门学科。但是学科建构有其自身的规律，由知识生产规范与社会承认焦虑而产生的学科化冲动，需要接受知识生产规律与学科发展逻辑的制约与驯服。因此，推进相关研究领域的学科化，就需要对学科建构的基本要求、逻辑与规律进行讨论，以此来确定学科化的路径。学科的"规训"意义，决定了学科的双重属性，那就是基于知识生产的自然属性和基于社会建制的社会属性。学科的建构，实际上就是这两种属性的实现及其相互作用。关于学科的双重属性，学者们有着不同的指称与阐释。方文指出："学科发展史是学科理智史和学科制度史的双重动态史。"[1] 吴国盛指出："一个学科之成为一个学科，就在于它有自己独特的范式。范式有观念层面的，也有社会建制和社会运作层面上的。学科建设就是在这两个层面上进行范式的建构和巩固。"[2] 龚怡祖指出："学科的建构过程交织着内在逻辑与外在逻辑两种力量——首先是遵从知识发展的内在演化逻辑（体现学

① 方文：《社会心理学的演化：一种学科制度视角》，《中国社会科学》2001 年第 6 期。
② 吴国盛：《学科制度的内在建设》，《中国社会科学》2002 年第 3 期。

科的自然属性，完成知识的系统化使命），其次才是形诸于外在的社会建制（体现学科的社会属性，完成知识的制度化使命）。"① 学者们在讨论学科建构上，虽然使用了学科理智与学科制度，观念层面上的范式建构与社会建制和社会运作层面上的范式建构，知识发展的内在演化逻辑与外在的社会建制等不同的概念界定，但是实际上指向了学科建构的两个基本方面：内在的知识建构与外在的社会建构。一个学科最终建立起来，并且得到普遍的社会承认，需要这两个方面的相互支持与配合，两者之间存在内在的关联，前者决定着后者。其中，内在的知识建构，着眼于知识生产的规范化与体系化，旨在形成一定的理论范式，"目的在于形成一种知识传统或思想传统，或者具体地说是一种研究纲领"②。外在的社会建构，是支撑学科研究的物质基础，它至少包括四类基本范畴：职业化和专业化的研究者及他们赖以栖身的研究机构和学术交流网络；规范的学科培养计划；学术成果的公开流通和社会评价；稳定的基金资助来源，③ "目的在于形成一个学术共同体"④。这种内外两种建构，实际上表明了知识与权力之间的密切关系，而学科建构正是知识与权力两者之间互动的结果。学科的内外建构，是学科成立的基本要求，同时也是评判学科化程度的标准。

边疆研究的进展及其学科化，也要遵循学科建构的基本要求与一般规律，而最基本的是要在学科的内在与外在建制上都取得均衡发展，并且相互促进。后文将从学科内外建构的视角对民国时期的边政学进行讨论，旨在总结其成就、发现其问题，并为当前的边疆研究的学科化与学科建构提供有益的借鉴与指引。

二 边疆研究的学科化及边政学的建构

民国时期边疆研究的学科化与边政学的兴起，面临着两个重要的时代背景：其一，近代以来，特别是日本侵华引发的边疆危机与国家危局，使得政府、民众与学者们关注到边疆，并进一步就边疆问题进行研究，形成了广泛高涨的边疆研究热潮；其二，民国时期是中国传统学术向近代学科体系转型

① 方文：《社会心理学的演化：一种学科制度视角》，《中国社会科学》2001年第6期。
② 吴国盛：《学科制度的内在建设》，《中国社会科学》2002年第3期。
③ 方文：《社会心理学的演化：一种学科制度视角》，《中国社会科学》2001年第6期。
④ 吴国盛：《学科制度的内在建设》，《中国社会科学》2002年第3期。

与过渡的阶段，近代人类学、社会学、政治学等学科取代传统史地学成为边疆研究的主要学科依托，而这些学科的研究方法成为边疆研究的主流方法。

这两个背景，不仅决定了民国边疆研究以边疆现实问题为主，注重对边疆的实地调查以提出边疆改造与建设的政策建议，而且使得学者们重视借用近代社会科学的理论与方法推动研究的科学性与规范性，并随着研究进展提出建构边政学、边疆学学科的设想，推进边疆研究的学科化。学科化诉求的实现是以遵循学科建构逻辑与规律为前提的，学科建构包含着内在的知识建构与外在的社会建构两个方面，两者缺一不可。关于民国时期边政学，学术界近些年已经有了翔实的史实还原与理论梳理，这里不做赘述，仅从学科化的角度对学科建构的两个方面进行讨论。民国边政学的建构，事实上也是这两个方面建构的过程与结果。

从学科内外建构的角度考察，可以发现民国时期边疆研究的学科化与边政学的建构，在内外建构上都有了长足的发展，其中外在的社会建构更加完备。民国时期的边疆研究得到国民政府的支持，因此研究的外部条件发展比较完善，主要表现在边疆研究机构团体的成立、边疆研究刊物的发行、边疆院系的增设与课程设置等，形成了边政学创设与发展的物质基础与社会建制。

在边疆研究机构与团体上，成立了多个官方、半官方和民间团体。由国民政府主办或者资助支持的边疆研究机构主要有中国边政学会、中国边疆学会、中国边疆问题研究会、边事研究社、中国边疆文化促进会、中国边疆学术讨论研究会、中国边疆建设协会等。① 一些民间团体或者大学还主办了一些边疆研究机构，如清华大学边疆研究会、中山大学西南研究会、边疆史地学会、西北史地学会、东北大学东北问题研究社等。这些研究团体的关注重点随着局势的变化从特定边疆区域转到整体的边疆，并从地方性团体发展到全国性团体。它们积极开展各项活动，组织边疆实地考察，编辑出版学术期刊，进行人才培养，加强边疆宣传，形成了边疆研究的学术网络，推动着边疆研究的发展。但从总体上看，这些边疆研究团体面临着经费支持、力量分散等问题，只有具有官方背景或者受到官方资助的团体才形成较大的影响，其中以亚细亚协会与边政学会最为典型。

这些研究团体开展边疆研究的一项重要活动就是编辑出版刊物。这一

---

① 林恩显：《边政通论》，华泰书局，1989，第 17~18 页。

时期涌现了大量的边疆研究刊物，诸如《边疆公论》《边疆研究论丛》《边事研究》《边疆研究》《益世报》《"边疆"副刊》《边政月刊》《边疆服务》《边疆通讯》《边声》等，① 几乎每一个边疆研究团体都编辑出版了刊物。这些刊物刊发了大量关于边疆的社会调查、对策建议、边疆理论的文章。而且，随着边疆研究从政府推动、民众呼吁到专业学者的进入，所载文章的学术性、专业性与理论性都有较大提升，其中最为专业的则是边政学会的《边政公论》，对边疆研究的相关理论、研究方法、学科建构等都进行了深入讨论。学术团体与期刊是近代科学发展的产物，在推动科学研究发展与学术交流上起着十分重要的作用，促进学者们对边疆相关问题的交流与讨论，深化对边疆的认识与研究。同时，围绕学术团体与期刊这些重要平台，形成了边疆研究的学术网络，并进而推动边疆研究学术共同体的形成，以此推进边疆研究的学科化进程。有学者就认为，中国边政学会的成立和《边政公论》的创刊，是边政学作为学科存在的重要载体。②

为了推动边疆研究，特别是培养边疆人才，边疆相关课程与边政院系的设置也提上日程。在初期主要是在一些学校开设边疆研究课程或者讲座。1934年由国民政府教育部拨款，在金陵大学、西北大学、云南大学、大夏大学等学校设立边疆史地讲座。后来，清华大学、东北大学、云南大学等学校成立了边疆研究室。③ 但是这些课程、讲座以及研究机构并不能满足培养专业边疆人才的需求，于是就有了增设边政院系乃至边疆大学的提议。杨成志曾设想建立边疆大学，但是面临着重重困难，而后又提出在中山大学建立边疆学系，并将边疆研究的主要问题、"节目"、课程等形成计划纲要提交国民政府教育部。④ 虽然中山大学的边疆学系最终也没有建立起来，但是其他院校，如私立朝阳大学在1931年设置了边政学系，东北大学在1933年也增设了边政系，主要培养蒙、日、俄语言与研究的相关人才。1944年，国民政府教育部在中央大学和西北大学设立边政学系，形成了课程设置相对完备的边疆研究机构。这两个边政研究院系，教师队伍非常优秀，课程设置

① 林恩显：《边政通论》，华泰书局，1989，第252页。
② 汪洪亮：《民国时期的边政与边政学：1931-1948》，人民出版社，2014，第121页。
③ 朱慈恩：《"九·一八"事变后中国边疆研究学术团体的兴起及其意义》，《黔南民族师范学院学报》2008年第1期。
④ 杨成志：《西南边疆文化建设之三个建议》，《青年中国》1939年第1期。

也较成体系，理论研究与社会实践兼顾。其中，中央大学边政学系偏重民族社会调查与少数民族文史研究，因此在课程设置上，主要有民族学、人类学、社会学、边疆民族调查法以及边疆语文等；① 西北大学边政学系更加偏重边政理论与现实问题，旨在推进边政事业，在课程设置上，社会科学、自然科学以及边疆研究专业课程比较齐全，以人类学、民族学、社会学为主，以政治学、边疆史地、边疆语文为辅，还专门要求学生到边疆地区进行实地考察。② 这些边政院系的设置以及课程的开设，虽然具有十分鲜明的探索特征，但是已经形成了比较完备的体系，能够培养专门的、复合型的边疆专业人才。这些边疆人才，虽然大部分从事了边疆改造与建设的实务工作，但人才培养的过程同时也是学术研究和知识生产规范化与体系化过程，推动着边疆研究的学科化，是边政学建构的重要组成部分。

学科建构是内在知识建构与外在社会建构的结合，其中内在的知识生产与理论建构具有决定性作用。边政学之所以能够在民国时期产生并得到认可与承认，其关键不在于学术团体与研究刊物、院系课程设置等外在支持，而在于民国学人关于边疆的知识生产与理论探讨。汪洪亮也指出："界定边政学的学科独立地位，须从两条进路展开，一是从期刊杂志、学术机构、学科设置等知识生产和发布载体来界定；二是从边政研究的研究对象、指导思想及相关理论与方法等内在规定性界定。后者是区分边政学与其他社会科学的主要标准。"③ 边政学的内在知识建构，则是要对边政学的研究对象、研究方法、理论等进行系统性的研究，形成边政学的研究框架与理论体系。事实上，在这方面民国边政学人进行了深入的探索。杨成志与吴文藻先后刊发两篇导论性质的文章，对边政学的理论、方法进行了较为系统的阐述，被称为"边政学的学科宣言"。④

杨成志的《边政研究导论》被视为第一篇对边政研究进行讨论的导论性文章。⑤ 该文以"名词解释"的形式，对边疆定义、边疆问题、边疆民

---

① 杜肇敏：《中央大学的边政学系》，《西北通讯》1948 年第 3 期。
② 梁严冰：《西北联大与边政学研究》，《西北大学学报》（哲学社会科学版）2016 年第 2 期。
③ 汪洪亮：《民国时期的边政与边政学：1931－1948》，人民出版社，2014，第 179 页。
④ 汪洪亮：《民国时期的边政与边政学：1931－1948》，人民出版社，2014，第 145 页。
⑤ 汪洪亮：《民国时期的边政研究与民族学——从杨成志的一篇旧文说起》，《民族研究》2011 年第 4 期。

族、边疆文化、边疆教育、边疆调查、边疆干部、边疆文献、边民博物馆、边疆政治等十个名词进行了阐释，并进一步地讨论了在这些方面展开边政工作的主要任务、方法与路径，可以说这十个名词基本囊括了边政实务与边政研究的主要内容。其中，杨成志对边政进行了综合性的界定，认为"所谓边疆政治者，就是管理边疆一切边民的事"①，亦即"十个名词""三大问题""九个题目"，边政学事实上就是立足边疆建设、发展和稳定而对边疆各项问题的综合研究。② 虽然该文并没有直接提出边政学的概念，但该文所讨论的内容基本上呈现了边政学的对象、范围、方法等，从而勾勒出边政研究的框架，从学科建构的角度来看，这无异于边政研究体系化的一个宣言。由于多种原因，杨成志的这篇文章在当时并没有产生广泛的影响，但确实是迈出了边疆研究学科化的重要一步。

吴文藻的《边政学发凡》，事实上可以看作边政学会对边政研究的基本主张，旨在"先给边政学划出一个轮廓"。该文主要论述了"边政学的目的、重要及观点""边政学的性质""边政学的内容大纲""与边政学有关的学科提要"等内容。③ 从这些内容来看，可以说吴文藻试图系统勾勒出边政学的学科框架。学者们对《边政学发凡》进行了很多的论述与分析，并讨论了其多方面的意义。这里不再赘述其主要内容，而是从学科化特别是知识内在建构的角度对该文进行分析。在概念上，吴文藻强调了边疆的政治与文化含义，并对边政及其相关概念进行了辨析，认为边政有广狭两种含义，狭义为边疆行政，广义为边疆政治，指关于边疆的一切事务；在研究范围与主要内容上，吴文藻指出，边政学是专门研究边疆政治的学问，研究关于边疆民族的政治思想、事实、制度与行政，这事实上也就确定了边政学的性质；在研究方法与学科依托上，吴文藻认为，应该以政治学和人类学的观点研究边政学，并指出由于边疆民族的特殊性，"人类学是研究边疆民族及其文化的中心科学"，人类学、社会学及政治学与边政学关系最深，经济学、法学及教育学次之，史学、地理学以及其他有关国防的科学"又其次"，④ 这事实上是指出了边政学的研究方法与学科依托。

---

① 杨成志：《边政研究导论——十个应先认识的基本名词与意义》，《广东政治》1941年第1期。
② 汪洪亮：《民国时期的边政与边政学：1931–1948》，人民出版社，2014，第154页。
③ 吴文藻：《边政学发凡》，《边政公论》1942年第5~6期合刊。
④ 吴文藻：《边政学发凡》，《边政公论》1942年第5~6期合刊。

从边政学内外建构来看，可以说边政学内在的知识理论建构与外在的社会建构都获得了长足的发展，并产生了广泛的社会影响。边政学的建立，不仅意味着传统学术向近代学科的转型，而且还扩展了边疆的研究范围，更新了边疆研究的方法，吸引了更专业的研究人员，发展了新的多元的研究载体。汪洪亮指出，民国时期的边政学已经发展得比较成熟，并具备了一定的"学科性"，"中国边政学会的成立和《边政公论》的创刊，是其作为学科存在的重要载体，杨成志和吴文藻关于边政学的导论性阐述是其作为学科建立的理论宣言，中央大学和西北大学创设边政学系则是其学科地位受到承认的重要标志。"① 这一总结十分精练且准确地总结了边政学作为学科的基本特质，以及民国时期边疆研究学科化的成效。

三　边政学学科内在建构的缺失及其衰落

学科本身的二重属性决定了学科内在知识建构与外在社会建构的必要性，学科建构需要二者兼备且相辅相成，如果仅有内在建构，是不能成为学科的。或者只是在外在建构上具备，而内在建构缺失，也是难以建立起来，即使建立起来也将面临迅速衰落的命运。民国时期的边政学，则正是如此，在边疆危机的情形下迅速兴起，而在抗战结束之后的很短时间内迅速衰落，实际上也是由于在学科化过程中的结构性缺失，主要是内在知识建构的缺失。

关于边政学的迅速衰落，学者们普遍注意到了时局变化对学科的影响。随着抗战的结束，国共内战取代边疆危机成为国内政治的主要矛盾，国民政府对于边疆的认识也发生了明显变化，对于边政研究的支持也就相应地减少。学者们也纷纷回到内地，并回到自己原来的学科领域。如李绍明所述，"抗战胜利以后，大家就不提边政了，那时各个学科就都各归各位了，就是人类学就归人类学了，民族学就归民族学了"，② 事实上，与时局变化相对应的还有话语的变迁。针对一些边疆民族的独立与分裂行为，国民政府意识到如果突出民族概念可能会更加强化边疆民族的民族意识，而边疆

---

① 汪洪亮：《抗战时期边政学的兴起及其"学科性"》，《西南民族大学学报》（人文社科版）2014年第6期。
② 王利平等：《20世纪上半叶的中国边疆和边政研究——李绍明先生访谈录》，《西南民族大学学报》（人文社科版）2009年第12期。

这一概念强调区域而淡化民族，则是可以形成对边疆民族的整合。蒋介石提出"中华宗族论"，认为各个族群是原本一体的宗族。学界也意识到强化整体国族建构的重要性，顾颉刚就提出"中华民族是一个"的论断，这将抵制边疆民族的离心倾向而强化其对中华民族的认同。但是随着时局的变化，原来国民政府刻意回避的民族概念逐渐凸显，"中华民族是一个"也逐渐被中华民族的多元一体所取代。这其后实际上隐含着话语与时局的相互影响。中国共产党作为一个革命性政党，对抗的是具有守成性质的国民政府，因此需要寻求新的动员力量，因此"用'国内民族'的'多元'来批评国民党不承认'少数民族'为'民族'，并以此获取少数民族的支持"。①在政治动员上，民族是要比边疆更为有效、更具感染力的话语。这一话语的变迁，实际上也对学术界的研究取向进行着议题引导，并在一定程度上造成了边政学的衰落。

除了时局变化与话语变迁之外，边政学的衰落实际上有其自身的深刻原因，主要就在于学科建构上的结构性缺失。"学科是观念组织与社会组织的结合体，是内在建制与外在建制的统一体"，②也就是学科的内在知识建构与外在社会建构。如果分析民国时期边疆研究的学科化与边政学建构，就会发现，边政学建构的外在社会建构比较完善，而内在知识建构则相对不足。

从上文对民国时期边疆研究学科化与边政学建构的分析，可以看出边政学学科建构在很大程度上强调外在的社会建构，诸如政府资金支持、创设学术团体、期刊出版、院校课程设置、人才培养等。而这些方面，由于政府的大力支持，可以在很短的时间内得以成形并发挥积极作用。但是仅强调外在的社会建构，是难以直接对知识生产的理论化与体系化产生作用的，学科建构最为根本的依然是要遵循知识本身的生产、发展、积累规律，并以此为基础推进知识的体系化与理论化。可以说，在这一方面，民国时期的边疆学者有一些值得注意的珍贵探索。吴文藻的《边政学发凡》、杨成志的《边政研究引论》这两篇关于边疆研究的导论性阐述被视为边政学学

---

① 文明超：《政治斗争中的民族话语——兼淡"族群"与"民族"概念之争》，《开放时代》2010年第6期。

② 刘小强：《高等教育学学科分析：学科学的视角》，《高等教育研究》2007年第7期。

科建立的理论宣言，实际上就是对边疆研究学科化与学科建构内在知识建构的积极探索，具有鲜明的学科建构意义。其中，两者都对边政学的研究对象、研究内容、理论与方法、所涉及学科进行了概述，基本上搭建起边政学的研究框架。有学者指出，两篇文章都是针对边政研究学科建构所作，具有很强的系统性，奠定了边政学的理论基础。[①] 但是知识的内在建构有其自身的规律，主要表现为一个从概念到原理到命题再到规律的发展过程，在这一过程中，知识的逻辑逐渐成型并且逐渐理论化与体系化。也有学者指出，"学科的内在建构路径是问题研究形态→研究领域形态→基本研究范畴形态→学科形态"。[②] 这些实际上说明了，学科的内在建构实际上是一个逻辑递进展开的过程，有其自身的规律。而如果以此重新观察这两篇学科宣言，就会发现，对研究对象、研究领域、理论方法、内容框架等进行的系统阐述，实际上依然是在对知识生产的外围"作业"，是方向性的指引与框架性的勾勒，并没有体现知识生产的体系化与理论化的逻辑。也就是说，虽然对于边疆、边政研究有着丰富的理论思考，但是对边疆本身的概念、原理、命题、规律却少有深入的探讨，这在民国时期其他边疆研究上也是如此。这样实际上就是意味着，边政学在基础性的知识建构上存在不足，也就是在学科内在建构的核心内容上存在缺失。这也是在抗战之后边政学迅速衰落的主要原因。

那么，为什么在民国时期，边政学的学科建构没有能够有效地推进学科的内在建制呢？事实上，这一方面取决于当时的时代背景与危机局势，而且还与传统学术向近代学科的转型密切相关。在边疆危机、民族存亡的时代背景下，学术研究为现实服务成为学者们的自觉追求，边政学本身就有着服务边疆、挽救国家的学科使命。因此，学者们在视野上主要关注的就是中国的边疆，特别是中国边疆的现实，虽然也关注国际形势以及其他国家的疆域情形，但集中讨论的还是如何解决中国的边疆问题。因此，民国时期的边政学实际上是研究中国边疆的中国边政学。这样，学者们关注的边疆实际上是具有地理、历史特殊性与现实紧迫性的中国边疆，而对于

---

① 汪洪亮：《抗战时期边政学的兴起及其"学科性"》，《西南民族大学学报》（人文社科版）2014年第6期。

② 龚怡祖：《学科的内在建构路径与知识运行机制》，《教育研究》2013年第9期。

世界上存在的其他形式的边疆，以及边疆具有的一般性特征就相对忽视了。在特定国别、特殊形态的边疆基础上的知识生产，特别是着眼于应对边疆现实问题的边疆研究，也就难以对边疆这一具有相对普遍性的概念进行一般性的抽象，也就难以形成具有普遍性的边疆知识，更难以形成边疆的基础理论。而这一缺失则意味着边政学的学科建构缺乏坚实的理论基础。

另一方面，由于民国时期是中国传统学术向近代学科的转型阶段，这一转型在很大程度上是以国外近代学科在中国的本土化来完成的。人类学、社会学、民族学、政治学等在对中国的研究中推动着学科的本土化。但是国外并没有边疆学这一学科，边疆研究主要是在其他学科的视野内进行的。因此，民国时期的学人在进行边疆研究并致力于学科化时，不得不借助其他学科的视野、方法并在其本土化的基础上展开。而关注边疆的学者，大部分是从海外留学归来并接受过人类学、社会学等学科的系统训练，因此在进行边疆研究的同时，就是在进行这些学科的本土化改造。但是要建立起一个以边疆为专门对象，具有坚实理论基础并有清晰边界的学科，仅仅依靠本土化是难以进行的。虽然边疆研究具有学科交叉性质，但是对学科建构来说，依然需要有其自身的理论体系，基于边疆自身的概念、原理、命题、规律的逻辑化的理论知识体系。

可见，民国时期的边政学，兴盛一时却迅速衰落，除了时局变化使边政学得以建立的外在建构迅速消失，更为重要的是，并没有对内在建构进行充分的理论探讨，这样实际上就是学科的理论根基没有得以牢固地建立。而且，在当时局势下，以实际效用和现实目的为导向的边疆研究，集中于中国的边疆及其现实问题，强调学术的学以致用，而不注重对于一般边疆的基础理论、原理、规律进行讨论，没有建立基于边疆的本质与特征而形成的理论基础，没有基于边疆而提炼出来的原理性总结，也没有形成具有自洽逻辑与边界清晰的知识体系，这样事实上就使边政学学科建构的理论核心并未成型。另外，在民国时期近代学科本土化的情形下，西方没有对应的边疆学科，因此只能以其他学科的本土化理论与方法研究边疆，而这也回避了对边疆基础理论的探讨。这也成为民国时期边政学虽然兴盛一时却迅速衰落的最重要原因。

四　边政学兴衰对当前边疆研究学科化的启示

民国时期的边政学虽然很快衰落，但是对边疆研究产生了极为深远的影响，一方面，使其后的边疆研究具备了一种学科意识，激发着学者们在深入推进边疆研究的同时，也进行着学科化的尝试以建立边疆学；另一方面，边政学的建构过程及其指向也深刻地影响后来边疆学建构的路径选择。20 世纪 80 年代以来兴起的边疆研究高潮，在推动着边疆研究向更深更广领域发展的同时，也重新激发了学者们建构边疆学学科的热情，直至今天，建立一门边疆学依然是边疆学人孜孜以求的愿望。近代以来，边疆研究有高潮有低潮，但是总体上在学术发展上具有延续性，发展路径上具有依赖性。因此，回顾民国时期边疆研究的进展，讨论边政学的学科建构路径、成就与不足，对于当前的边疆研究的学科化与学科建构有着十分重要的启示意义。

随着 20 世纪 80 年代边疆研究的再次兴起，不少学者又提出了建构边疆学特别是中国边疆学的设想，并就中国边疆学的学科定位、学科特点、学科构成、学科功能、研究内容、研究方法等进行较为充分的讨论，可以说是较为全面地圈定了中国边疆学的的学科框架。诸如，马大正指出，"中国边疆学的定位与功能，即中国边疆学是一门研究中国边疆形成和发展规律的多学科交叉的边缘学科，其研究领域包含基础研究与应用研究"；[1] 邢玉林认为，"中国边疆学是运用马克思主义的世界观和方法论揭示中国边疆及其硬系统和软系统及其形成、演变和发展规律以及中国边疆及其各系统相互关系的科学……中国边疆学是一门综合的、交叉的、边缘的学科"；[2] 方铁指出，"中国边疆学以中国边疆地区的历史与现状为研究对象"，具有"基础研究与应用研究并重、边疆理论与治边实践并重、边疆历史与边疆现实并重、人文社会科学与自然科学结合、研究成果既有学术意义也有应用价值等特点"，并指出学科相互交叉、相互渗透、相互交融是边疆研究的突出特点；[3] 此外，周伟洲、李国强、郑汕等也对中国边疆学学科建构

---

[1]　马大正：《关于中国边疆学构筑的几个问题》，《东北史地》2011 年第 6 期。

[2]　邢玉林：《中国边疆学及其研究的若干问题》，《中国边疆史地研究》1992 年第 1 期。

[3]　方铁：《试论中国边疆学的研究方法》，《云南师范大学学报》（哲学社会科学版）2008 年第 5 期。

提出了自己的看法。在这些学者看来，建构中国边疆学，不仅仅是学科发展的需要，更是中国边疆现实研究的需要。这些呼吁引发了学界对边疆问题和学科建构的进一步研究。从学科建构的角度来看，这些论文对中国边疆学的内在知识建构进行讨论，旨在阐发边疆知识生产与理论建构的相关问题。

在边疆学的外在社会建构方面，20世纪80年代以来可以说是发展十分迅速，逐渐形成了较为完备的学术交流网络与发展平台。在研究机构与学术团体方面，除了原来的中国社会科学院中国边疆史地研究中心改名为中国边疆研究所，国内一些高校纷纷成立专门的边疆研究院系中心，诸如云南大学民族政治与边疆治理研究院、陕西师范大学中国西部边疆研究院、武汉大学中国边界与海洋研究院、南京大学民族与边疆研究中心、中央民族大学中国边疆学研究中心、四川大学中国西部边疆安全与发展协同创新中心等。中国人类学民族学研究会边疆学专业委员会的成立则意味着边疆研究学术团体的建立。在人才培养上，中国社会科学院中国边疆研究所、云南大学、南京大学、四川大学建立了边疆学专业并招收培养学生，课程体系也在探索中逐渐完善。在刊物发行与学术出版上，除了《中国边疆史地研究》等边疆研究专门刊物之外，《云南师范大学学报》专门开辟了"中国边疆学"学术专栏，形成了广泛影响。以集刊形式出现的边疆研究刊物近些年也纷纷创办，《中国边疆学》《西南边疆民族研究》《边疆考古研究》《华西边疆评论》《西北民族论丛》《中国边疆安全研究》等，都旨在刊发边疆研究相关论文。此外，以"中国边疆研究文库"为代表的边疆研究系列丛书也纷纷出版。在会议论坛等学术交流网络上，"中国边疆学论坛""中国边疆研究青年学者论坛""边疆中国论坛""中国边疆学理论创新与发展论坛"等，都汇集了众多国内边疆学人，推动着边疆研究的进展。

从学科的内在建构与外在建构来看，当前学者们所推动的中国边疆学学科建构，在内在建构上进行了积极的探索，而在外在建构上则发展迅速，比较完备。但是如果与民国时期的边政学建构进行整体性的比较，就会发现，当前学者们致力建构的中国边疆学，在学科建构上面临着相似的情境与问题，那就是外在社会建制相对完善，而内在知识建制相对欠缺。特别是，如果将杨成志的《边政研究导论》和吴文藻的《边政学发凡》与当前学者们论述建构中国边疆学的论文相比较，就会发现，这些论文论述的都是学科定位、学科特点、学科构成、学科功能、研究内容、研究方法等，都认为边政学/边疆学是一个多学科交叉的综合性学科，可以说在内容和逻辑上有着许多相似之处，对边疆研究学科化的设想和推进路径也大同小异。那么，当前中国边疆学的建构就可能面临着与民国时期边政学同样的问题与困境。有学者指出："从 20 世纪 30 年代以后'边政'理论的发展脉络看，它反而越来越偏离边疆政治，朝边疆民族、边疆历史、边疆地理、民族语言、边疆文化'分头'发展。"如果从学科发展的角度来看，事实上出现了学科的分化与离散。"出现这种'学科离散'的情况，就'边政'学科本身来说，在边政学科发端初始就没有把建立统一的边疆政治理论作为学科建设的基础。"① 当前的中国边疆学可以说也没有致力于建立统一的边疆理论作为学科建构的基础。那么，是否也会出现民国时期边政学一样的结局呢？而要理解这一问题，依然要从学科的性质和类型出发，从学科建构的要求和规律入手，确定中国边疆学的学科定位。

马大正在界定中国边疆学的学科性质时，对学科进行了区分，认为："人们一般将学术的分类称为学科，指一定的科学领域或一门科学的分支……在现代学术研究领域还可常见另一种学术分类与发展的情况，这就是在特定的学术领域将相关部门的知识结合起来而形成的学科。例如人们所熟悉的满学、蒙古学、阿尔泰学、藏学、傣学、敦煌学、吐鲁番学等就是这一类型的学术分类。"并指出："在研究对象方面，前者针对的是抽象的领域，而后者有具体的范围；在研究方法方面，前者有独特的学科方法体系，而后者则多利用多种前一类学科方法组合而成；在科学价值方面，前者在其特定的及其相关领域具有普通的价值，而后者则在明确的范围内具有特殊的价值。"② 可以说，马大正对学科的分类实际上就是经典学科与现代学科的区分，经典学科意味着具有独特的研究对象、独特的研究方法论、独特的概念和范畴系统以及独特的理论体系，其理论体系的建构是以特定要素为理论演绎的起点，然后通过概念、范畴、命题、理论的层层演绎和推进，形成一个严密的逻辑体系。"与经典学科完全不同，现代学科的学科发展逻辑不是由学科知识的自然演化逻辑而是由社会需要逻

---

① 段金生：《试论中国边政学的研究内容及其学科建设》，《楚雄师范学院学报》2009 年第 5 期。
② 马大正：《中国边疆研究论稿》，黑龙江教育出版社，2002，第 276~277 页。

辑主导的"，① 现代学科表现出高度的开放性，研究内容、研究方法都是开放性的，而学科知识的结构则表现出松散性，从某种意义上说，现代学科类似于特定的研究领域。马大正将中国边疆学界定为后一种学科类型，认为中国边疆是一个特定的研究领域，有着具体的范围、多种研究方法、具有特殊的价值。笔者认为，这种区分与界定是没有问题的。

但是，对于中国边疆学研究范围的学科定位，依然与民国时期的边政学类似，并没有形成坚实的理论基础，可能会随着时代变化而分崩离析甚至消亡。有学者对于中国边疆学的未来前景保持谨慎的怀疑，认为中国边疆学实际上是学科的"分门划界活动"，企图确定中国边疆学的学科领域和学科边界，但是，中国边疆学实际上没有范围唯有方向。"中国边疆学也许将来不可能得到学术界普遍认同"，"目前建构中国边疆学的最重大意义在于重新绘制中国学术的地图"，旨在以其边缘立场提供中心、主流对自身的反思。并认为，"一旦将来边疆与内地的一体化真正变为现实，则中国边疆学亦必皮之不存毛将焉附"。② 这些论断，可谓指出了中国边疆学的悲观前景，而其主要缘由在于缺乏坚实的理论基础。

学科类型的分类及其建构指向，特别是学科建构的内在与外在要求，事实上为我们进行边疆研究的学科化指引了可以探索的路径。随着边疆研究的进展，有学者提出了建构一般边疆学的设想。③ 其理由在于，边疆并不是一个仅仅存在于中国的现象，世界上许多国家都存在边疆，因此可以对边疆这一普遍现象进行抽象化与理论化，寻求边疆存在与发展的一般规律。边疆的这一特性决定了在边疆研究上，有着国别区域边疆研究与一般边疆研究的区别，在学科化上则存在一般边疆学与中国边疆学的区分。这样，在学科建构上，就面临着构建边疆学还是中国边疆学的问题，是建立一个经典学科还是研究领域式的现代学科的问题，以及边疆学与中国边疆学的关系问题。④ 事实上，这就意味着学科建构的不同路径。中国边疆学可以说

① 张应强：《高等教育学的学科范式冲突与超越之路——兼谈高等教育学的再学科化问题》，《教育研究》2014 年第 12 期。
② 张世明：《法律、资源与时空建构》第二卷，广东人民出版社，2012，第 823~843 页。
③ 孙勇等：《边疆学学科构建的困境及其指向》，《云南师范大学学报》（哲学社会科学版）2016 年第 2 期。
④ 朱金春：《"学科殖民"与构建中国边疆学的困境》，载孙勇主编《华西边疆评论》第 3 辑，民族出版社，2016，第 60~67 页。

具有现代学科的特征，但事实上是一个研究领域，其学科建构主要是一个经验梳理与知识框架构建的过程，其主要的目标是探索中国边疆形成和发展的规律，在理论上是对中国边疆历史与现实的特殊性理论总结，这一研究领域具有高度的开放性，许多学科可以在此进行作业并生产知识，但是难以形成系统性的知识与理论体系。而一般边疆学，则是从边疆属性出发，通过逻辑演绎，形成一个有着核心概念、基本假设、主要命题、合理外延的学科，"问题研究形态→研究领域形态→基本研究范畴形态→学科形态"的演进是其学科化的基本路径。[①] 这样才能完成对边疆这一现象最大限度地抽象，形成基础性并具有普遍解释力的边疆理论，完成边疆学的内在知识建构，并可能为认识中国边疆提供理论指引。

学科建构上的一般与特殊的关系体现了矛盾的普遍性与特殊性之间的关系，在方法论上要求我们掌握从特殊性到普遍性再到特殊性认识的方法。在这个意义上，无论是致力于建构中国边疆学还是一般边疆学，实际上都有其重要意义。中国边疆学的建构，着眼于中国边疆的特殊历史与复杂形态，旨在讨论中国边疆发展与演变的特殊规律，这一特殊规律中也蕴含着边疆发展的一般规律，可以从特殊性中提炼出一般性，并为世界上普遍存在的边疆现象提供丰富的经验事实。而一般边疆学的建构，直接从边疆的概念出发，综合丰富的边疆现象，旨在对边疆的性质、属性，边疆自身蕴含的原理与命题，以及边疆发展的规律进行演绎逻辑式的讨论，这样实际上就形成了认识世界上所有区域与各种形态边疆的元理论，因而也为边疆学的建构提供了理论基础，完成了边疆学学科的内在知识建构。一般边疆学的建立，是以中国边疆等多种边疆的特殊现象、特殊规律为经验事实基础的，但是同时又可以指引中国边疆的研究，从而推动中国边疆学的建构与深化。

但是，无论是建构中国边疆学还是一般边疆学，实际上都面临着各自的困难与挑战。中国边疆学的建构，所面临的最重要的问题是理论基础的缺失，仅关注中国边疆的经验现实是难以提炼出具有普遍解释力的理论的，也是难以从根本上认识中国边疆发展规律的；而一般边疆学的建构直接从边疆现象与概念出发，进行逻辑上的演绎，则面临着经验现实的缺乏，以

---

① 龚怡祖：《学科的内在建构路径与知识运行机制》，《教育研究》2013 年第 9 期。

及理论展开深度与广度的限制。总体上来说，中国边疆学与一般边疆学的建构代表了边疆研究学科化的不同路径，但这两条路径不是截然无关的，而是呈现了对边疆认识的不同视角与方式，都将推进对边疆的深入认识，因此需要相互借鉴。只有这样，才能形成既有丰富经验事实，又有普遍理论解释力的边疆科学。但"路漫漫其修远兮"，需要边疆学人持续的探索与努力。

从"边疆政治原理"到"边疆学原理"

宋培军[*]

吴楚克在《中国边疆政治学》中认为边疆史地研究的《禹贡》式路子根本无法产生出边疆学,[①] 表达出对原理、理论产生路径的某种深刻体悟,而"原理忧虑"溢于言表。基于此,他认为在中国边疆政治学学科(2000年确立)的基础上才能建立中国边疆学,而中国边疆学原理课题的申报正是在民国时期"边政学原理""边疆政治原理"等命题的基础上提出的。从学科、学术、话语体系三大体系的角度,对民国以降中国边疆学的建构进行梳理,有助于不断检视、反思中国边疆学的建构路径问题。

一 民国时期"边疆政治原理"命题的提出及其意义

已有边政学的著作,比如民族学者杨成志在《边政研究导论》中提出"科学原理""民族学原理"的概念,[②] 指出对边疆民族的认识"应本中国民族学研究为出发点",强调血统、文化、语言"三种因素去分析和综合才较为科学"[③],对边疆教育中出现的雇读、毕业生返乡后恢复原有装束重操巫师旧业,甚至"读完了汉书反增加了反汉人的智识行为"等问题,提出"惟求适应边地的需要为目的,然后始能建立起边民自动向行与向化的教育功能"[④] 的建议。

---

[*] 宋培军,历史学博士,中国社会科学院中国边疆研究所编审。

① 吴楚克:《中国边疆政治学》,中央民族大学出版社,2006,第140页。

② 段金生编《中国近代边疆民族研究的方法与理论》,云南人民出版社,2016,第162页。

③ 段金生编《中国近代边疆民族研究的方法与理论》,云南人民出版社,2016,第167页。

④ 杨成志:《边政研究导论——十个应先认识的基本名词与意义》,《广东政治》1941年第1期;转引自段金生编《中国近代边疆民族研究的方法与理论》,云南人民出版社,2016,第169~170页。

　　稍后，人类学者吴文藻《边政学发凡》提出"边政学原理""边疆政治原理"的概念，指出，"边政学原理的阐发，可使移植科学迅速发达，专门知识日益增进，举凡人口移动、民族接触、文化交流、社会变迁皆可能追本寻源，探求法则。这是边政学在理论上的功用。"① "边疆政策，是根据边疆政治原理推演出来的"，"凡普通研究政治学的原理原则……可以应用到研究边疆政府上去"②，边政学内容大纲的思想部分"是就哲学眼光来讨论有关民族的政治思想与理想。举凡一切原理原则，主义学说，以及种种基本概念皆属之"③。"迅速促使边疆民族的现代化，将为推行边政的工作重心；而所谓现代化，骨子里就是工业化都市化；所以经济学，法学，及教育学上一般所通行的原理原则，还是可以应用到边疆政治及文化的研究上去，以补人类学，社会学，及政治学观点之不足。并且经济学与法学尤为考察边疆政治的关键，犹如人类学与社会学之为考察边疆民族及文化关键。"④ 这里"边疆政治原理"即"政治学的原理"的边疆应用，等同于边疆政策的本源，依据他首推人类学、社会学和政治学作为与边政学关系最深的"理论社会科学"这一学科依托思想来看，他所说的本源就是人类学、民族学、社会学学科的基本理论，是有别于内地乡政的边政原理，但是并未说明他所说原理的具体内容。十分引人注意的是，他不仅区分"有形的边疆"（边胞所在之地，国防的最前线）与"无形的边疆"（侨胞所在之地，国防的最外围）⑤，而且把边政学、边疆教育视为"应用人类学在中国的发展"，把华侨社会的研究作为实际知识，纳入"应用社会科学"范畴，指出"对于边政学的益处，实在是无可限量的"⑥，这就与北京临时参议院

① 吴文藻：《边政学发凡》，《边政公论》1942 年第 5~6 期合刊；转引自段金生编《中国近代边疆民族研究的方法与理论》，云南人民出版社，2016，第 144 页。
② 吴文藻：《边政学发凡》，《边政公论》1942 年第 5~6 期合刊；转引自段金生编《中国近代边疆民族研究的方法与理论》，云南人民出版社，2016，第 147 页。
③ 吴文藻：《边政学发凡》，《边政公论》1942 年第 5~6 期合刊；转引自段金生编《中国近代边疆民族研究的方法与理论》，云南人民出版社，2016，第 152 页。
④ 吴文藻：《边政学发凡》，《边政公论》1942 年第 5~6 期合刊；转引自段金生编《中国近代边疆民族研究的方法与理论》，云南人民出版社，2016，第 159 页。
⑤ 吴文藻：《边政学发凡》，《边政公论》1942 年第 5~6 期合刊；转引自段金生编《中国近代边疆民族研究的方法与理论》，云南人民出版社，2016，第 152 页。
⑥ 吴文藻：《边政学发凡》，《边政公论》1942 年第 5~6 期合刊；转引自段金生编《中国近代边疆民族研究的方法与理论》，云南人民出版社，2016，第 161 页。

议决土司、华侨参议员这样的国体问题具有了某种未被证明的潜在历史联系。问题在于他的边疆教育认知，他说："凡属因地制宜性质的事物，则当然留由西藏自行处理，例如教育，宗教，及文化等。"①

不难发现，基于科学原理、民族学原理、政治学原理以及经济学、法学、教育学原理，建构边政学原理，是基本思路。至于边疆政治原理的内容有哪些，并未明言。杨成志的《边政研究导论》比吴文藻的边政学学科范畴要宽广，包含了边疆教育，措施也更为积极。吴文藻边政学的对象范畴包含"有形的边疆"与"无形的边疆"，是一个重要观点。

二　中国边疆学原理的初步建构成果

张博泉在《中华一体论与中国地方史学》中提出"中华一体论"的理论基础是"马克思主义哲学中的对立统一规律，即矛盾律"②，可见他是归结到辩证法的规律上去了，走的显然是斯大林确定的哲学原理思路，而不是恩格斯所说的唯物史观原理。与张博泉的哲学思路不同，就中国边疆学学科体系建构来说，吴楚克认为在中国边疆政治学学科（2000 年确立）的基础上才能建立中国边疆学。

第一步，吴楚克从哲学角度提出明清边疆主客体易位论。他在《中国边疆政治学》中首先指出，"边政"这个概念产生的时间是比较早的，"系指封建王朝镇守边疆的军政官员所执掌的事务，明代嘉靖时期陕西监察御史张雨就曾撰写过《边政考》"③，随后他在《试论中国边疆政治学与边政学、民族学的关系》中进一步指出，清代"边政"的执行对象变成了执行者，也就是"边政"的客体变成了主体，使从中原汉族为主体角度研究周边地区和民族的"边政"变得不可能。相反，如何封闭边疆少数民族地区与内地的往来关系，以利于对少数民族地区的统治，成为清朝统治者开始考虑的主要问题。④

① 吴文藻：《边政学发凡》，《边政公论》1942 年第 5、6 期合刊；转引自段金生编《中国近代边疆民族研究的方法与理论》，云南人民出版社，2016，第 156 页。
② 张博泉：《中华一体论与中国地方史学》，《史学集刊》1993 年第 4 期。
③ 吴楚克：《中国边疆政治学》，中央民族大学出版社，2006，第 56 页。
④ 吴楚克：《试论中国边疆政治学与边政学、民族学的关系》，《云南师范大学学报》2008 年第 4 期，第 54 页。

第二步，与张博泉从哲学原理出发的思路不同，吴楚克从分工而不是生产力出发论证"中国边疆学原理"在本质上依从社会物质生产的基本规律。就边疆经济学科建设而言，与边界和内涵都无法确定的民族经济概念相比，吴楚克的《现代社会分工背景下的边疆经济与边疆社会治理》更认同马大正的说法，即"边疆"作为能够涵盖特定区域内政治、经济、文化等实体内容的综合范畴，可以与经济这一概念结合，演变成界限清晰、含义明确的学科范畴，合理反映该学科范畴与实然存在之间的关系①，进而指出"中国边疆学原理"在本质上依从社会物质生产的基本规律，就是要把经济发展放在决定性的位置上，然后才是政治和文化生活。边疆经济学思考边疆经济社会发展的困境及其成因，有助于边疆的稳定与长治久安，是中国边疆学发展的突破点。② 吴楚克、徐姗姗在《现时代理性认识的特点与中国边疆学建构》中把民族国家之后的国家类型界定为民主国家，指出："当一个社会的分工达到从民族国家向民主国家推进时，民族间的矛盾就会因分工差距而凸显。"③ 这就把民主排除在民族国家的内涵之外了，其实两者未见得是两种国家类型，民族国家之后按照中国可称为人民国家。就学科建设来说，吴楚克、徐姗姗认为"不能把中国边疆学与中国边疆史的关系混淆，就像不可能把民族学与民族史混淆一样"④，还认为马大正《关于中国边疆学构筑的几个问题》⑤ 把"中国边疆形成和发展规律"作为研究重点指出了中国边疆学的社会科学性质，但功能阐释是人文学科的，"中国边疆+名词，就依然是概念问题，而不是范畴问题"⑥，还认为周伟洲的《关于构建中国边疆学的几点思考》把"中国历史及现实中国边疆"⑦ 作为研究

---

① 马大正：《略论中国边疆学的构筑》，《新疆师范大学学报》2013年第5期，第1~12页。
② 吴楚克：《现代社会分工背景下的边疆经济与边疆社会治理》，《北华大学学报》2018年第3期，第49、53页。
③ 吴楚克、徐姗姗：《现时代理性认识的特点与中国边疆学建构》，《中央民族大学学报》2018年第4期，第65页。
④ 吴楚克、徐姗姗：《现时代理性认识的特点与中国边疆学建构》，《中央民族大学学报》2018年第4期，第63页。
⑤ 马大正：《关于中国边疆学构筑的几个问题》，载吴楚克主编《中国当代边疆理论创新与发展研究》，学苑出版社，2013，第3~20页。
⑥ 吴楚克、徐姗姗：《现时代理性认识的特点与中国边疆学建构》，《中央民族大学学报》2018年第4期，第63页。
⑦ 周伟洲：《关于构建中国边疆学的几点思考》，载周平、李大龙主编《中国的边疆治理：挑战与创新》，中央编译出版社，2014。

对象，是人文学科角度的宽泛定义，"从范畴角度看，边疆就是一个客观存在对象，正是边疆的客观存在为中国边疆学的建构提供了对象性关系"，不能走"把边疆作为一个概念与边疆存在的各类客观事实相联系"①的旧的研究路子。该文主张在总体思路上从国家与政权、国家与领土、国家与社会、国家制度与地方政权、民族国家与国际秩序等方面建构中国边疆学理论，研究视角主要是从中国地缘政治和地缘战略需求展开，研究中国边疆学的理论路径：一是从学科建设的逻辑思路出发，阐明中国边疆学的范畴体系；二是从内在对象即中国边疆区域和人口构成出发；三是从外在对象即周边地缘安全与跨界民族出发。② 这就提供了一个基于现实的"中国边疆学原理"框架，属于把边疆学与国家安全学、公安学等一级学科并列纳入法学而非历史学门类的思路。③

既有关于中国边疆政治学的论述，无论是基于民族学的学科背景④，是基于政治学的学科背景⑤，还是基于历史学的学科背景⑥，沿用的都是"中国边疆+"的学科建构模式，三者把中国边疆政治学这门二级学科（中国边疆学把它与中国边疆历史学都作为二级学科，其内容就是边疆治理的议题）都大致设置为 10 个方面，包括地缘政治（战略地位）、边疆社会、边疆政治、边疆开发、边疆民族宗教、边疆稳定、边境边防、边疆治理、边疆经贸、跨界民族，这样的拼盘式设置仍然不免没有内在的逻辑关系，比如边疆稳定应该是其他方面的一个效果概念，似乎并列不太合适。又比如前两者都谈到土司问题，并且把它都归结为政治制度，但是谈的大多是经济问题，对它的东方农业公社性质没有揭示，其实这样的土司尽管被称为国民党都没有渗入，也不是政治型土司的典型，后者的典型是清代四川土司、民国初年云南土司。对行政型土司与政治型土司没有基本的分类，或者只

① 吴楚克、徐姗姗：《现时代理性认识的特点与中国边疆学建构》，《中央民族大学学报》2018 年第 4 期，第 63 页。
② 吴楚克、徐姗姗：《现时代理性认识的特点与中国边疆学建构》，《中央民族大学学报》2018 年第 4 期，第 65 页。
③ 崔明德：《关于中国边疆学学科建设的几点看法》，《中国边疆史地研究》2018 年第 3 期，第 39 页。
④ 吴楚克：《中国边疆政治学》，中央民族大学出版社，2005，第 38 页。
⑤ 周平：《中国边疆政治学》，中央编译出版社，2015，第 29~30 页。
⑥ 马大正：《中国边疆学构筑札记》，中央广播电视大学出版社，2016，第 252~255 页。

研究前者，就会遗漏所谓"中国边疆政治学"的真正主体对象。马大正在《中国边疆学构筑札记》中指出，中国边疆的战略地位及其基础研究、应用研究是"中国边疆学这门学科具有强大生命力的原动力，而强大生命力的客观存在又将为中国边疆学的构筑和可持续发展提供物质和精神的基础"，中国边疆学的话语体系与中国边疆本身的话语体系明显出现了混搭现象，两者共享包括战略地位、客观存在、基础、原动力、物质、精神等一系列基本概念，恐怕对研究后者有话语干扰，没有边疆学原理的诞生也就难以有边疆学本身的诞生。

中国边疆学原理的初步建构与发表显示，其最大亮点在于把边疆作为一个范畴而不是像民族一样的概念看待，坚决不走"把边疆作为一个概念与边疆存在的各类客观事实相联系"的旧的研究路子。发现中国边疆学原理，而不仅仅是发明——应用唯物史观原理于中国边疆范畴。后续成果的陆续发表，自然在学人的期待之中。

表1　几种中国边疆学建构路径的异同比较

	建构对象 逻辑起点	一般原理	原理应用	建构路径 建构目标
吴楚克中国边疆学原理	边疆作为一个客观现实范畴	中国边疆学原理（2017）：劳动分工、国家＋、明清边疆主客体易位论	中国边疆政治学（2000）、中国边疆经济学	学科体系（法学门类：地缘政治和地缘战略需求，关注族际、人地、跨界）
孙勇中国边疆学	元理论	一般边疆学（美国边疆学会的研究对象：边界）	中国边疆学	学科体系
李鸿宾中国边疆学	边疆作为一个客观历史范畴	中国边疆学（农耕游牧两主体论）	王朝国家边疆学、民族国家边疆学（剔除前者内含的边疆"辅助的要素"）	学术体系（历史学科：关注族际、人地）
马大正中国边疆学	中国边疆形成和发展规律	中国边疆学（内边、外边）	中国边疆＋学科	学科体系（基石：中国边疆史地）

续表

	建构对象 逻辑起点	一般原理	原理应用	建构路径 建构目标
周伟洲中国边疆学	中国历史及现实 中国边疆	中国边疆学	三次高潮	学术体系（基石： 民族史）
李大龙藩属地区 边疆疆域理论	藩属地区	中国边疆学	疆域理论： 游牧农耕两大藩 属体系	话语体系（基石： 民族史，针对民 族国家理论）
宋培军主辅线现 代化范式	唯物史观原理： 生产力制约论、 生产方式制约 论、社会存在决 定论	主辅线现代化范 式：农耕为主体 主线、游牧为辅 线或主导、主辅 线结合实现现 代化	双边疆范式： 内边疆动力论、 外边疆动力论； 双边界框架；天 下宗、天可汗、 国体民族与政体 民族 T 型构造	边疆问题国家化： 有教无国、投诚 献地、放牧巡 边、主权外溢

三　中国边疆学学术、话语体系的原理关注

就中国边疆学学术体系建构来说，王欣的《关于中国边疆学学科话语理论体系建构的几点思考》把王朝国家（历史上的中国）、近代民族国家、当代中国纳入中国边疆学的范围，中国疆域形态、边疆形态具有动态（相对模糊）、静态（大致稳定）双重属性。[1] 李鸿宾的《对"中国边疆研究"概念的认识与界定——兼谈"中国边疆学"学术体系之建构》服膺沃勒斯坦"学者的使命就在于明辨其所研究对象的真实性，从研究中推导出一般原理，并将这些原理最终加以特别的应用"[2] 的论说，把中国边疆学归入"历史学科"[3]，主张"以王朝至民国阶段中国边缘地带的人群之间的活动、人群与地理环境的关系及相邻问题为研讨的内容"[4]，进而把中国边疆学分

[1] 王欣：《关于中国边疆学学科话语理论体系建构的几点思考》，《中国边疆史地研究》2018年第3期，第42页。
[2] 〔美〕沃勒斯坦：《现代世界体系》第一卷，罗荣渠等译，高等教育出版社，1998，第9页。
[3] 李鸿宾：《对"中国边疆研究"概念的认识与界定——兼谈"中国边疆学"学术体系之建构》，《中国边疆史地研究》2018年第3期，第35页。
[4] 李鸿宾：《对"中国边疆研究"概念的认识与界定——兼谈"中国边疆学"学术体系之建构》，《中国边疆史地研究》2018年第3期，第33页。

为王朝国家边疆学（重人群控制轻疆土资源，"统辖权既明确又模糊"）、民族国家边疆学（重疆土资源轻人群控制，"剔除了王朝时期内含的边缘、外层辅助的要素"）两个阶段，其间有一个"渐变的转化过程"，"包裹在中国的国体与政体的转型中"①，这就把 1949 年后的中国边疆排除出中国边疆历史研究之外了。在笔者看来，中国内地的明确、稳定与边疆的模糊、变动，是一种内外结构性存在，中国边疆学的构建是基于当代中国的边疆提出的，回顾历史中国的边疆形态尤其是边疆民族形态，必不可少。

就中国边疆学话语体系来说，李大龙的《汉唐藩属体制研究》认为古代疆域多是由"直接管辖"和"藩属"② 两大区域构成，基于此，《唐代两大藩属体系碰撞中的西南边疆》一文认为"藩属区域的不断内地化""是不同藩属体系碰撞和重组的发展趋势，也是导致中国疆域形成的主要因素"③，"唐代西南边疆政治格局的变化主要受到了以唐王朝和吐蕃为核心两大藩属体系扩张和南诏自身发展三个因素的多重影响，而依靠中原王朝的支持才能求得自身发展或许是南诏乃至西南边疆'内向化'的重要原因，最终成为中国疆域不可分割的组成部分"④。这里，边疆"内向化"与藩属区域"内地化"是同义语，也就是说，藩属区域（边疆）与内地直辖区域（包括羁縻府州）二元并存。如果藩属不是直接管辖，又说羁縻府州是直接管辖，那就意味着，什么标准才是直接管辖，尚需明确。王义康在《唐代中央派员出任蕃州官员吏员考》中指出，唐代令式虽然规定以内属部族所置羁縻府州，其首领任都督刺史，皆得世袭，但是在实际管理过程中一些羁縻府州往往是由中央派官员担任羁縻府州都督、刺史、县令。⑤ 部族渠帅担任刺史、都督的羁縻府州，似乎不能算作直接管辖，而驻藏大臣、库伦大臣的设置则是直接管辖，就此而言，清代比唐代更进一步。拉铁摩尔在直接统

---

① 李鸿宾：《对"中国边疆研究"概念的认识与界定——兼谈"中国边疆学"学术体系之建构》，《中国边疆史地研究》2018 年第 3 期，第 34、35、36 页。

② 李大龙在《汉唐藩属体制研究》（中国社会科学出版社，2006）的第 63 页认为藩属体制指的是"边疆民族政权"，在"绪论"第 7、88 页认为"藩臣包括外臣"。

③ 李大龙：《唐代两大藩属体系碰撞中的西南边疆》，《青海民族研究》2018 年第 1 期，第 100 页。

④ 李大龙：《唐代两大藩属体系碰撞中的西南边疆》，《青海民族研究》2018 年第 1 期，第 105 页。

⑤ 王义康：《唐代中央派员出任蕃州官员吏员考》，《史学集刊》2015 年第 6 期，第 52 页。

治与否的标准下区分康熙年间的内蒙古、外蒙古为内边疆、外边疆，与此标准一致，李大龙在《"中国边疆"的内涵及其特征》中引用康熙十一年"谕吏部、兵部，陕西幅员辽阔，边疆重点，防御宜周"①、康熙四十九年"云贵四川等处，俱系边疆，殊为紧要"②、乾隆三年"边疆之地民夷杂处"③、光绪二十四年"热河、察哈尔均属边疆要地"④、光绪三十四年"巩边疆而固藩服"⑤ 等说法，指出"民夷杂处"并不是清朝界定"边疆"的唯一标准，陕西之所以在康熙年间被界定为"边疆"，其原因在于这一时期陕西"并非是清朝直接或尚未巩固统治的区域"⑥。这里需要进一步揭示的是，何以陕西、贵州、四川与云南一样被视为边疆？在笔者看来，边疆并非仅仅靠近边界的行省，今天所谓边疆省的内圈省份、非直接统治的行省地区、民夷杂处地区在清代都被视为"边疆"，双边疆范式⑦可以更好地说明这一边疆现象。

---

① 《清圣祖实录》卷38，康熙十一年四月癸巳。
② 《清圣祖实录》卷241，康熙四十九年二月丁亥。
③ 《清高宗实录》卷83，乾隆三年十二月甲午。
④ 《清德宗实录》卷432，光绪二十四年十月丁西。
⑤ 《清德宗实录》卷592，光绪三十四年五月丁未。
⑥ 李大龙：《"中国边疆"的内涵及其特征》，《中国边疆史地研究》2018年第3期，第14页。
⑦ 宋培军：《中国边疆治理的"主辅线现代化范式"思考》，社会科学文献出版社，2015，第403页；宋培军：《拉铁摩尔"双边疆"范式的内涵及其理论和现实意义》，《云南师范大学学报》2013年第2期；宋培军：《马克思的游牧民族思想及其对中国边疆学建构的意义》，《中国边疆史地研究》2017年第4期；宋培军：《马克思"农业公社"思想放弃论之我见》，《史学理论研究》2018年第4期。

清代内迁恰喀拉人的民族认同与国家认同

聂有财*

清代东北黑龙江流域、乌苏里江流域及其迤东滨海地区诸土著居民，多经历不断内迁过程，而这一过程又往往具有阶段性特征。简言之，清太祖、太宗时期，采取招掠并用的手段，对内迁人口进行编旗与编户；清顺治、康熙、雍正年间，复采用招抚或强制迁徙政策，将内迁人口陆续编为新满洲佐领、库雅喇佐领等，驻防于三姓、宁古塔和珲春等地。[1] 目前，海内外学界对上述两时段内的人口内迁问题已多有著述。相对而言，关于清咸丰同治年间，乌苏里江上游及锡霍特山南部恰喀拉人的内迁问题仍少有问津。[2] 本文拟以清代《珲春副都统衙门档》《清代三姓副都统衙门满汉文档案选编》为基本史料，从民族与国家认同角度，对清咸丰同治年间恰喀拉人内迁问题作进一步探讨，以就教于方家。

一 内迁恰喀拉人的源流

乌苏里江流域及迤东滨海地区历来就是民族成分复杂多样之地。近代以来，俄国学者及探险家在该地做了深入细致的调查，并有大量调查报告和研究成果面世。日本学者对该地民族问题也有关注[3]。我国在 20 世纪 80

---

* 聂有财，博士，吉林师范大学历史文化学院副教授，研究方向为清史、满族史、东北地方史。

[1] 参见刘小萌《清前期东北边疆"徙民编旗"考察》，《满族的社会与生活》，北京图书馆出版社，1998，第 225 页。

[2] 关于清咸丰至同治朝恰喀拉人内迁的研究成果较少，董万崙的《关于东海恰喀拉人历史的探讨》(《历史档案》1984 年第 2 期)，首次探讨恰喀拉人内迁问题，但由于档案利用及分析角度等问题，仍然为本文留下了深入研究的空间。杨茂盛的《清代恰喀拉族源流考》(《社会科学集刊》1990 年第 4 期)，对恰喀拉人的历史源流进行梳理，但未能利用档案对其内迁背景及过程加以说明。孙运来等学者则多从民族学、人类学角度对恰喀拉人进行过描述。

[3] 日本学者松浦茂、柳泽明、增井宽也、佐佐木史郎等人均撰文关注过此问题。

年代前后，曾组织翻译了一批俄国（苏联）时期的调查及研究成果。

我国关于恰喀拉人的历史记载，主要集中在以下几部清代文献中。成书于康熙年间的《柳边纪略》记载："其人黥面，……无五谷，夏食鱼，冬食兽，以其皮为衣。"① 而修于乾隆初期的《皇清职贡图》则说："男女俱于鼻傍穿环，缀寸许银铜人为饰，男以鹿皮为冠，布衣跣足，妇女则披发不笄，而襟祍间多刺绣纹，其屋庐舟船俱用桦皮，俗不知网罟，以叉鱼射猎为生，性游惰，无蓄积。"② 对当地进行过实地调查的曹廷杰在《东北边防辑要》中也说："居尼满河源者曰'奇雅喀喇'，其人黥面，地产貂，无五谷，夏食鱼，冬食兽，以其皮为衣。"③ 此三种文献描述了清代恰喀拉人的体貌特征与生活习性，但对其"究为何项人等""原籍处于何地"等问题没有明确说明。

关于恰喀拉人的历史源流，杨茂盛已有专文论述④，但当时尚不具备利用清代满文档案的便利条件。同治八年，三姓副都统衙门致吉林将军衙门移文内，明确载有内迁恰喀拉人源流。内称："恰喀尔一项人等，原于雍正六年五月二十九日经宁古塔将军哈（达）奏准，当将外夷赫哲、费雅喀各项人等拨归本城，就近交纳贡皮。又，乾隆十六、四十四等年，经将军衙门奏明定章，将赫哲、费雅喀人等二千三百九十八户永远作为定额，按年颁赏纳贡，等因在案。详查原案内，有恰喀喇一项人等计四十五户，俱系长发，男妇不分，均在东海岸老岭以南任便游居，迄今百数余年。因该夷距（三）姓二千余里，间隔崇山峻岭，进城维艰，是以原案例定隔年由（三）姓派员颁赏该夷一次，而该夷等于乌苏里以内呢瞒地方集齐候赏。本衙门差员到彼赏给布帛，照额收贡，该夷径行返回原籍，历经办理在案。现在年远，该恰喀喇一项人户孳生若干，本城从未经查。"⑤

基于上述档案记载，可知恰喀拉人原隶属宁古塔副都统衙门。雍正六年（1728年）五月，经吉林将军奏准，将其划归三姓副都统衙门管辖，以

---

① 杨宾：《柳边纪略》卷3，载王云五主编《丛书集成初集》，商务印书馆，1936，第46页。
② （清）傅恒等编著《皇清职贡图》卷3，辽沈书社，1991，第250页。
③ 曹廷杰：《东北边防辑要》，辽沈书社，1985，第2298页。
④ 杨茂盛：《清代恰喀拉族源流考》，《社会科学集刊》1990年第4期；杨茂盛：《恰喀拉族分布与源流考》，载张志立、王宏刚主编《东北亚历史与文化》，辽沈书社，1991。
⑤ 辽宁省档案馆：《清代三姓副都统衙门满汉文档案选编》，辽宁古籍出版社，1995，第408页。

便就近缴纳贡貂及颁赏。乾隆十六年（1751 年）和四十四年（1779 年），规定此等有别于赫哲和费雅喀的 45 户恰喀拉人，隔年在乌苏里江上游呢瞒（尼满）地方集齐，缴纳贡貂并候赏，再返回吉林东部沿海、锡霍特山以南的栖息地。在此后 100 多年里，这些恰喀拉人因不断孳生，应比当初 45 户有所增益。此即咸丰同治年间内迁恰喀拉人的源流。

二 咸丰同治年间恰喀拉人内迁缘由

据清代档案记载，咸丰同治年间，曾有数量不等的恰喀拉人内迁至珲春附近。董万嵛认为，恰喀拉人分别于咸丰九年（1859 年）和同治八年（1869 年）两次内迁。① 笔者则认为，咸丰同治年间恰喀拉人的内迁，存在前后相继的内在联系，不应简单地按年份将其内迁过程彼此孤立看待。而问题的关键还在于：这样一个"任便游居"于偏远之地的土著人群，为何会在咸丰年间突然开始内迁过程？究其原因，主要有以下两点。

第一，水灾导致的生计困难。

咸丰九年（1859 年），珲春骁骑校永祥、讷穆锦及委（笔）贴式阔普通武等禀称："曾有本处搜查海岛各道去之员弁，旋回报称：'并无俄夷入境，现在左近绥芬二、三里不等，有由他处迁来打牲之恰喀尔人五、六百名口，在彼游牧。'询其因何来此，俱称'原在苏城以东（缺文）猎为生，因本年河口涨泛，无以为生，是以欲奔珲春左近谋生'等语。"②

由此来看，这群五六百口的恰喀拉人系因咸丰九年雨水充沛，引发先前所居河口洪水泛滥，致使渔猎困难而无以为生，才被迫由锡霍特山南部地区内迁至毗邻珲春的绥芬河一带谋生。针对这一情况，珲春协领拟派遣骁骑校伯兴、笔帖式阔普通武等带领官兵前往绥芬一带，访查内迁恰喀尔（拉）人的数量，以便考虑接济与安置之道。此建议经宁古塔副都统批准，并先行垫拨接济盐粮等项银 210 两、火药 50 斤、铅 50 斤、烘药 8 两，以资访查所需。③

---

① 董万嵛在《关于东海恰喀拉人历史的探讨》（《历史档案》1984 年第 2 期）一文中认为恰喀拉人分为两次内迁。
② 李澍田、潘景隆主编《珲春副都统衙门档案选编》上册，吉林文史出版社，1991，第 247 页。
③ 参见李澍田、潘景隆主编《珲春副都统衙门档案选编》上册，吉林文史出版社，1991，第 247 页。

第二，沙俄入侵者的欺压骚扰。

自然灾害固然是恰喀拉人内迁的直接诱因，但问题是：在此前 100 多年间，当地虽屡有灾害，却何以未见其内迁记载？故内迁的第二个原因也是主要原因，还要归结为当时内外形势的大变化，即沙俄对中国乌苏里江流域及迤东滨海地区的侵略与蚕食，已严重压缩恰喀拉人的活动空间，故而才有咸丰九年水灾之后，被迫向珲春地方内迁谋生之举。咸丰九年（1859年），吉林将军景淳奏折引珲春骁骑校永祥等报告称："'该处（绥芬）有东海岸居住之恰喀拉夷人六、七百人，因被俄夷骚扰，来投珲春，恳求接济'等语。"① 此时正值沙俄借助新签《瑷珲条约》，不断派人侵扰中国乌苏里江流域及迤东沿海地区之际，说明恰喀拉人所言"被俄夷骚扰"确属实情。

咸丰十年（1860 年）年底，沙俄又威逼利诱清政府签订《中俄北京条约》（又称《中俄续增条约》），割占了乌苏里江以东广大区域。窃取该地后，沙俄视世居于此的中国人为"心腹之患"，并对其采取极端的"武力手段"。② 同治七年（1868 年）七月，珲春骁骑校博（伯）兴奉命带领兵役进抵大山、大五获、小五获、大作树、岭南一带，密查彼处旧居刨采渔猎谋生人夫数量。博（伯）兴返回禀称，遇见恰喀尔（拉）"男妇子女尽皆号涕失声，诉其被辱各情，直不欲生之状，尽皆愿随来城"。③ 可见彼等所受沙俄欺压甚重，以至"号涕失声"，向清军愤怒控诉被辱情节。九月，宁古塔骁骑校庆禄奉命捕打贡物，在万鹿沟地方发现四十余名恰喀尔（拉）人在此居住，盘询来由，彼等俱称："现被俄人欺辱，苦虐难堪，我等俱是天朝之人，近来俄人都把我们当作奴才使用，是以我们伙同进边暂住几日，仍欲进城，恳求大人容留我们在边里居住，或令种地、或准打围、均能赴苦，再也不能同回去复被凌虐欺辱。"④ 上述记载足以说明，沙俄侵略者的入侵

① 故宫博物院明清档案部编《清代中俄关系档案史料选编》第 3 编，下册，中华书局，1979，第 884 页。
② 关于沙俄对乌苏里江流域恰喀拉人的压迫，以往学者多有阐述。如复旦大学历史系《沙俄侵华史》编写组的《沙俄侵华史》（上海人民出版社，1975）；傅孙铭编的《沙俄侵华史简编》（吉林人民出版社，1976）；董万嵩的《关于东海恰喀拉人历史的探讨》（《历史档案》1984 年第 2 期）；杨茂盛的《清代恰喀拉族源流考》（《社会科学集刊》1990 年第 4 期）；等等。
③ 辽宁省档案馆：《清代三姓副都统衙门满汉文档案选编》，辽宁古籍出版社，1995，第 407 页。
④ 辽宁省档案馆：《清代三姓副都统衙门满汉文档案选编》，辽宁古籍出版社，1995，第 406 页。

与恣意凌虐，已使恰喀尔（拉）人陷入无法苟活的艰窘处境，也是他们背井离乡，被迫逃迁边内的主要原因。

三 内迁恰喀拉人的安置

咸丰九年（1859 年），面对突然内迁的恰喀拉人，清朝各级政府起初持谨慎态度，待查明缘由之后，决定予以招抚安置。十二月，吉林将军景淳奏请称："今被俄夷扰害来投，固未便拒绝，第是否诚心，应先派员查明，再行招抚。"① 军机大臣在寄景淳信中引上谕称："此项人众被扰来投，自应妥为抚恤，免为俄夷所用。即着景淳等督饬委员，详加察访，不得稍存大意。"② 在当时内外交困的环境下，清政府对内迁恰喀拉人不无防范之心，也自有其道理。毕竟在康熙年间，就发生过黑龙江流域索伦部首领根特木尔在沙俄策动下外逃叛乱的事件。③

待派遣官员访查清楚，吉林将军景淳得知内迁恰喀拉人"甚属真诚"，且颇晓枪法，如严以纪律，"其人足资御侮"。随即饬令珲春协领将该项人等妥为抚恤，并晓以大义，仍安插沿海一带地方，暂自谋生。④ 翌年（1860年）三月，珲春骁骑校博（伯）兴等奉命前往抚恤，携带米、酒、面、靴喇、布匹等物，由罕奇乘船启程，运至苏城等处，传集恰喀拉人等，计其户口，按名如数散给。不久，由笔帖式阔布通武带领有枪的恰喀拉人保玉等 20 人，入绥芬河口，行抵霍勒吞洪阔地方，会见该处驻扎佐领松恒。博兴、诚安亦带领有枪的恰喀拉人 20 名，到该处汇合。佐领松恒即令博（伯）兴等带领恰喀拉人各扎一营，每日自该处起至半拉碰子地方，以捕猎为名，上下逡巡。而骁骑校博（伯）兴等人前后带来有枪的恰喀拉人保玉等共 40名，内有携带家眷者大半，因不便合营驻扎，转驻乱木桥子地方。七月，恰喀拉人保玉等恳请暂往绥芬岔沟等处山场挖参，获利以为过冬之需。经骁骑

---

① 故宫博物院明清档案部编《清代中俄关系档案史料选编》第 3 编，下册，中华书局，1979，第 884 页。
② 故宫博物院明清档案部编《清代中俄关系档案史料选编》第 3 编，下册，中华书局，1979，第 885 页。
③ 参见刘民声、孟宪章、步平编著《十七世纪沙俄侵略黑龙江流域史资料》，黑龙江教育出版社，1998，第 209~225 页。
④ 故宫博物院明清档案部编《清代中俄关系档案史料选编》第 3 编，下册，中华书局，1979，第 925 页。

校博（伯）兴等人准许，恰喀拉人离营入山。但不久之后，官员就意识到"任其各去入山"做法似有不妥，佐领德玉札饬博（伯）兴等星夜赶赴岔沟等处，收集入山的恰喀拉人，以会同佐领松恒防御富勒杭阿等地。①

至同治七年（1868年）九月，负责带兵捕打贡物的宁古塔骁骑校庆禄，在万鹿沟地方②，遇见旧在东山（锡霍特山）一带居住的恰喀尔（拉）男妇子女40余人。③不久，珲春骁骑校博（伯）兴也称有30余户恰喀尔人追随其先后来至珲春。骁骑校博（伯）兴将其头目全有、吴金才、全升、德庆、德奇五人带至宁古塔，交副都统查看，全有等人苦苦哀求允许其留下。于是，副都统决定暂由宁古塔筹办粮食米20石运往珲春，饬交协领按户接济，勿令失所。同时，咨请吉林将军，允许此来投50余户恰喀尔（拉）人，留在珲春及万鹿沟两处安置。④

同治八年（1869年），为查明珲春地方恰喀拉人口的准确数量，查界官喜昌等带领恰喀拉人全盛按户清查。报告称："除在图拉木散居之平保等六户，并出痘亡故德福等五户不计外，现在各屯散居之恰喀拉十四户内，男妇子女六十八口，确切查明，并无遗漏。"⑤同时查得珲春骁骑校博（伯）兴由东山苏城沟招来恰喀拉人全盛等男妇子女25口，由乌棘密招来恰喀拉人全有等男妇子女48口，其中部分人口因痘疫亡故。此外，还查得部分恰喀拉人因惧怕痘疫并未进边，而是留在《中俄北京条约》划定的俄国境内，包括图拉穆（木）地方居住之平保等男妇子女38口，岭后地方居住之德喜等男妇子女300余口。⑥这些留在俄国境内的恰喀拉人，是今称"乌德盖人"或"乌德赫人"的先民。⑦

---

① 中国第一历史档案馆、中国边疆史地研究中心合编《珲春副都统衙门档》第73册，广西师范大学出版社，2006，第71~72页。
② 今黑龙江省牡丹江市东宁县有万鹿沟村。
③ 辽宁省档案馆：《清代三姓副都统衙门满汉文档案选编》，辽宁古籍出版社，1995，第406页。
④ 辽宁省档案馆：《清代三姓副都统衙门满汉文档案选编》，辽宁古籍出版社，1995，第407~408页。
⑤ 中国第一历史档案馆、中国边疆史地研究中心合编《珲春副都统衙门档》第76册，广西师范大学出版社，2006，第389页。
⑥ 中国第一历史档案馆、中国边疆史地研究中心合编《珲春副都统衙门档》第76册，广西师范大学出版社，2006，第389页。
⑦ 参见中国社会科学院民族研究所世界民族研究室资料组《世界民族词目集录》（内部资料），1981，第49页；侯育成编著《西伯利亚民族简史》，黑龙江省社会科学院西伯利亚研究所，1987，第152~160页。

四 恰喀拉人的民族认同与国家认同

民族认同的内涵是个人对其所属族群的认同，具体包括民族归属、自我心理认知及自我划界等方面。而国家认同则是个体或群体确认自己属于某个国家以及对这个国家的自我感受和自我界定。[①] 民族认同与国家认同之间存在一种既相互制约又协调发展的辩证关系。[②] 清咸丰同治年间恰喀拉人内迁，从外部原因讲是沙俄侵逼和自然灾害，从其主观因素考察则是基于自身的民族认同与国家认同。

早在清康熙年间，乌苏里江流域土著居民对满洲共同体的民族认同已大体形成。康熙十五年（1676年），瓦尔喀部新满洲佐领扎努喀（januka）等40余人入京觐见，与早在清太祖、太宗时编旗并已迁至北京的满洲仍以"niyaman hūncihin"（亲戚）相称，而京城"亲戚"们则赠送奴仆给他们使用。[③] 可见，此时的新满洲在自我心理认知和划界上，对满洲共同体已有认同。

同治七年（1868年），宁古塔骁骑校庆禄于万鹿沟地方捕打进贡用风干肉，遇见40余名恰喀尔（拉）人，盘问俱称："我等俱是天朝之人，近来俄人都把我们当作奴才使用，是以我们伙同进边暂住几日，仍欲进城。"[④] 同年，赴东山密查彼处旧有刨采渔猎谋生人口数量的珲春骁骑校博（伯）兴禀称："其渔采人夫共有七百余名之多，惟恰喀尔一项见面甚属亲敬……尽皆愿随来城，恨不一时脱离牲畜之群。"[⑤] 从档案记载看，恰喀拉人自称"俱是天朝之人"，这是对清政府国家认同的一种表述。而其对前来密查的

[①] 参见娄义鹏、吕超《国家治理现代化背景下民族认同与国家认同的整合》，《湖北民族学院学报》（哲学社会科学版）2017年第3期；杨鸥飞《国家认同与民族认同：少数民族身份认同变迁的实证研究》，《广西民族研究》2015年第4期。

[②] 参见李玉娟《论民族认同与国家认同关系的失谐及矫正》，《青海民族研究》2016年第1期。

[③] 参见中国第一历史档案馆藏《宁古塔副都统衙门档案》（缩微胶片）第1册，第71页。原文：warkai aiman i ice banjibuha januka i jergi nirui janggin sede aha udabure baitai jalin. suweni jurgan ci unggihe bithede, esebe ice niru banjibufi, tuktan dele tuwabume gajiha be dahame, ere mudan teile jihe nirui janggin de, niyaman hūncihin i buhe niyalma ocibe, udafi gamaki sere niyalma ocibe, ilan juru ci dulemburakū obuki, sula dahame jihe niyalma de oci, juwe juru be dulemburaka obuki seme wesimbuhede. 相似记载另见同册第73~74页。以上满文档案为吉林师范大学满文读书会翻译成果。

[④] 辽宁省档案馆：《清代三姓副都统衙门满汉文档案选编》，辽宁古籍出版社，1995，第406页。

[⑤] 辽宁省档案馆：《清代三姓副都统衙门满汉文档案选编》，辽宁古籍出版社，1995，第407页。

清政府官员"甚属亲敬"，且"尽皆愿随来城"，则是基于民族认同、国家认同的真实心理表露。

面对恰喀拉人真诚来投的情况，清政府采取了积极招抚及安置措施，并对失职官员加以惩处。咸丰十年（1860年）十一月，吉林将军衙门致珲春协领札文称："招抚恰喀拉，原期助我兵力，保卫山场，所有赏项一切，无不官为筹备，乃差员骁骑校伯兴等往返数月之久，竟复毫无成效，实属任意颟预。拟将该人等各记大过一年。"[①]

同治八年（1869年）正月，三姓副都统衙门致吉林将军衙门移文也称："恰喀喇人等，原在东山游居渔猎之人，即由宁古塔奏拨本处，因路远，山径崎岖，跋涉维艰，隔年颁赏一次。彼时奏拨案内计四十五户，定为纳贡之额，现在孳生若干户，委因年远遥隔，无案稽考。该夷等均属条约所载中国旧居渔猎、俄国不得驱逐之人。"[②] 由此可见，清政府在《北京条约》签订后，仍认定恰喀拉人是《条约》中所指"中国旧居渔猎、俄国不得驱逐之人"中的一部分，[③] 从而在政府和国家立场上对恰喀拉人国籍给予应有的认同。

结　语

恰喀拉人是乌苏里江上游及锡霍特山南部地区世居居民，长期以渔猎为生。又因其身为边民，故与清政府保持着定期贡貂赏乌林关系。近代以来，因受沙俄势力不断侵扰和压迫，生存空间急剧缩小，部分恰喀拉人被迫内迁至珲春等处谋生。关于恰喀拉人的生存状况，俄国人的调查报告中多有提及，但基本是突出强调汉族人对恰喀拉人的欺压，而对俄国人施加的暴行闭口不言或轻描淡写。诚如俄国学者 B. 阿尔先尼耶夫在《林中人——乌德赫》一书中所说："我们的移民也不愿意承认鞑子跟俄国移民一样享有在乌苏里边区居住的权利，更不用说享有别的权利了。俄国移民完

---

① 中国第一历史档案馆、中国边疆史地研究中心合编《珲春副都统衙门档》第72册，广西师范大学出版社，2006，第318~319页。

② 辽宁省档案馆：《清代三姓副都统衙门满汉文档案选编》，辽宁古籍出版社，1995，第408~409页。

③ 《中俄北京条约》（《中俄国续增条约》），第一条："……上所言者乃空旷之地，遇有中国人住之处及中国人所占渔猎之地，俄国均不得占，仍准由中国人照常渔猎。"

全没有跟土著人相处的准备，因此，一开始他们之间就处于敌对关系。由于俄罗斯人和汉人的排挤，乌德赫人开始离开亲人的坟墓和世代居住的地方，退到深山老林中去了。南乌苏里的鞑子更陷于困境，他们命定不幸，变成了定居者，而因为连一块可耕土地都没有，他们现在已经无法生活下去了。"① 这里所谓"鞑子"，即当时俄国征服者对包括恰喀拉人在内的乌苏里江土著居民的蔑称。

事实是，在俄国人踏足乌苏里江流域等地之前，包括汉人在内的各色人等就早已在此地生活。② 而导致恰喀拉人等土著居民自清咸丰年间开始大规模内迁的原因，归根结底，还是沙俄政府的大规模侵略，以及对当地土著民族变本加厉的压迫。但换个角度看，此种侵略活动在严重压缩土著各民族生存空间的同时，也促使了后者民族意识和国家意识的觉醒，并成为他们抛离故土，决然内迁的重要动力。

---

① 〔俄〕B. 阿尔先尼耶夫：《林中人——乌德赫》，蒋秀松译，载郭燕顺、孙运来编《民族译文集（第一辑）》，吉林省社会科学院苏联研究室，1983，第 279 页。
② 参见聂有财《清代珲春巡查南海问题初探》，《清史研究》2015 年第 4 期；聂有财《〈中俄北京条约〉签订前清政府对珲春南海岛屿的管理》，《云南师范大学学报》（哲学社会科学版）2018 年第 3 期。

命运共同体：广西边疆和谐村寨平而村治理实践研究

黄小芬[*]

　　长期以来，跨国犯罪、贩卖毒品、非法务工、贫困等一直是中国边疆村寨治理的难题。在"一带一路"建设背景下，随着中国边疆与周边国家基础设施的改善，边疆村寨因其特殊的地理位置迎来了发展机遇，边疆经济发展将由边缘逐渐走向中心，边境贸易将成为中国经济新的增长点。交通的便利、贸易的发展、人口流动的频繁也给中国边疆村寨治理带来挑战。如何保持中国边疆村寨的和谐稳定，让边疆乡村积极参与到"一带一路"建设中，成为当前亟须解决的问题。

　　地处中越边境的平而村因中越界河——平而河而得名，壮语意为"富饶之地"，历史上归属龙州县下冻乡，1966年以后归属凭祥市友谊镇。该村下辖6个自然屯、1条街，共306户、1288人，其中壮族占97.8%。[①] 从清朝开始平而村是中国重要的水路口岸，是南方丝绸之路的节点。随着边贸日益繁荣，流动人口不断增多，平而村依然安享太平。从1989年以来，连续28年无刑事案件，也无群体性事件发生，全村不仅无人吸毒，吸烟的人也在逐渐减少。是怎样的治理方式，使一个拥有边民互市点的村落保持28年路不拾遗、夜不闭户的淳朴民风。本文在调查的基础上，对其治理经验和内在机制进行研究，发现该村在治理过程中，村民自治发挥了重要作用。为营造良好的生活环境，村民各尽其责，结成命运共同体。

---

　　* 黄小芬，广西民族师范学院副教授。
　　① 数据由平而村村委会提供。

一 命运共同体的来源其内涵

（一）命运共同体的来源

国内学者关于命运共同体来源的研究，主要有以下说法。第一，来源于马克思主义共同体思想。马克思主义认为，人是一切社会关系的总和，人类常常以人群、组织、社团、社会及共同体存在。人类命运共同体与马克思倡导的"自由人联合体"有相通之处，[①] 二者的价值意蕴高度契合。[②]

第二，来源于中华优秀传统文化。中华民族以和为贵，仁和文化贯穿中华文化几千年。从孔子的"泛爱众，而亲仁"到孟子的"老吾老以及人之老，幼吾幼以及人之幼"，从范仲淹的"先天下之忧而忧，后天下之乐而乐"到费孝通的"美美与共，和而不同"[③]，表达了中华民族对仁爱与和平的渴望。人类命运共同体是"和而不同"的传统智慧在现代外交的运用。[④]

第三，来源于人类交往的普遍性理念。人类普遍交往的固有逻辑是从"自然共同体"不断向"人的自由全面发展的共同体"演进和过渡的历史进程。"人类命运共同体"是对中西方自古以来追求世界大同和永久和平的思想在 21 世纪的展望。[⑤]

第四，来源于中国化的马克思主义和中国外交实践。人类命运共同体理论与毛泽东思想、邓小平理论、"三个代表"和科学发展观一脉相承，[⑥]也是我国永不称霸，和平共处五项原则外交实践的深化和发展。

（二）命运共同体的内涵

命运共同体的内涵包括多个层次，从纵向来看，人类经历了氏族部落、奴隶制、封建制、资本主义、社会主义共同体。从横向来看，命运共

---

① 卢德友：《"人类命运共同体"：马克思主义时代性观照下理想社会的现实探索》，《求实》2014 年第 8 期。

② 李海平：《习近平关于"人类命运共同体"论述的理论旨趣与现实观照》，《西安政治学院学报》2016 年第 4 期。

③ 费孝通：《百年中国社会变迁与全球化过程中的"文化自觉"》，《厦门大学学报》2000 年第 4 期。

④ 陈来：《传统文化与核心价值》，《人民日报》2015 年 4 月 29 日。

⑤ 丛占修：《人类命运共同体：历史、现实与意蕴》，《理论与改革》2016 年第 3 期。

⑥ 石云霞：《马克思社会共同体思想及其发展》，《中国特色社会主义研究》2016 年第 1 期。

同体是基于血缘、地缘、业缘、文化等方面所形成的共同体,小到个人家庭大到整个人类社会,涵盖各个阶层和领域。可从三个层次去理解:第一,区域命运共同体。在一个国家内部的行政区域或者利益共同体,包含家庭、村落、省份等。第二,民族国家命运共同体。金应忠认为"人类命运共同体是民族国家命运共同体之间在共生关系利益交融发展并赋予体系结构性过程中建构起来的,有自己发展变化的逻辑前提和逻辑演绎的条件和依据"①。第三,人类命运共同体。刘传春认为,人类命运共同体是中国基于人类共同利益而作出的推动世界各国合作共赢的新理念,应当从世界因相互依存而形成的发展、合作、共赢的属性来科学认识人类命运共同体的内涵,推动人类命运共同体的理论研究。② 从内容来看,包括幸福命运共同体和悲惨命运共同体。幸福命运共同体是人类追求的目标。

前人丰硕的研究成果向人们展现了命运共同体的历史渊源和丰富的内涵,为本研究奠定了基础,然而也有一些不足之处:第一,前人的研究主要侧重于人类命运共同体的研究,而较少研究国内的命运共同体。国内各民族的命运共同体的结成是实现人类命运共同体的重要根基,只有国内各层次、各领域结成命运共同体,不断增强我国经济、文化、科技等实力,才有助于人类命运共同体的实现。第二,前人的研究成果主要集中在命运共同体意识的培育,而较少谈到责任共同体意识的树立,仅有命运共同体意识是不够的,还需要共同体内部的成员树立责任意识和大局意识,每个人为了建立、维护有序和谐的生存环境身体力行地承担责任,对自己、对他人负责。命运共同体是责任共同体形成的前提和基础,责任共同体是命运共同体实现的重要支撑和保障,两者相互促进,构成了责任-命运共同体。第三,前人的研究成果主要是从理论上宏观阐述,而较少从案例分析的角度进行微观研究。基于此,本文将以微观的视角对中越边境和谐村寨的乡村治理进行研究,探索其在治理过程中利益共同体、责任共同体和命运共同体的培育。

地处边疆的平而村的村民在内部结成村寨命运共同体,与国内各地区、

---

① 金应忠:《试论人类命运共同体意识——兼论国际社会共生性》,《国际观察》2014 年第 1 期。
② 刘传春:《人类命运共同体内涵的质疑、争鸣与科学认识》,《毛泽东邓小平理论研究》2015 年第 11 期。

各民族结成民族国家命运共同体，与周边各国结成了人类命运共同体关系。边疆乡村既是"一带一路"的具体建设者，也是村寨命运共同体、民族国家命运共同体和人类命运共同体的具体实践者。

二 命运共同体理念下的和谐村寨治理实践经验

与你笑过的人不一定记住，陪你哭过的人，会记住一辈子。经历过生死离别、患难与共的平而村村民结成了休戚与共的命运共同体。今天，为了大家的生存发展，共同建设和谐富裕的平而村，无论是在安保防卫，还是在经济发展方面，村民们各尽其责，结成了命运共同体。

（一）村寨命运共同体构建

1. "兵"民结合的安保防卫

历史上的平而村曾经是毒品泛滥、抢劫、盗窃频发之地。19世纪80年代，法国入侵越南，越南成为鸦片倾销地。1885年，中法战争爆发，战后清政府与法国签订不平等条约，广西龙州、云南蒙自被迫开通通商口岸，鸦片随着商船进入平而关。民国期间，由于禁毒不力，龙州毒品泛滥，豪绅财主吸食鸦片屡见不鲜，处在平而关的平而村也未能幸免。当时的平而关不仅毒品泛滥，而且盗窃、抢劫也频频发生。"三盗头"陶立波等盗匪集团时常在平而村一带的龙（州）凭（祥）交界处打家劫舍。1946年至1948年，龙凭一带17名妇女和90头牛被盗匪集团劫走，他们为非作歹，劫走无数钱财，连龙州专署官员也感到畏惧，地处龙（州）凭（祥）交界处的平而村人心惶惶。

新中国成立后，各级政府积极开展禁烟和打击盗窃、抢劫等犯罪活动，发动群众揭发、举报贩毒集团，采取强制措施，禁止鸦片输入，同时对吸毒者进行登记，没收毒品、烟具，责令其戒烟。经过禁烟，吸毒、贩毒得到有效遏制，维护了社会安定。

1966年，平而村由龙州县下东乡划归凭祥市友谊镇。近年来，国际贩毒分子借道越南，在中越边境贩卖毒品，凭祥成为毒品的重灾区。随着新型毒品的增多，一些外出务工的年轻人也加入毒品研制和贩卖、吸毒的行列，他们隐藏在边境乡村的山洞、田地间，凭祥市区、夏石、隘口等地吸毒、贩毒形势依然严峻，这给平而村社会治理带来了压力。

除了毒品，跨国非法务工、流动人口管理也给平而村的治安带来挑战。

随着边贸的迅速发展，流动人口逐渐增多。一方面，越来越多的内地商人到平而村经商。另一方面，越南务工人员通过口岸、边境山村小道进入边民互市点经商或者到中国内地其他省份务工。在人员复杂的情况下，村民们时刻保持警惕状态。长期的战争使人们深知未雨绸缪、团结协作的道理。因此，平而村为了维护社会稳定，按照就近居住原则，组织村民建立了"路长制""十户联防""群防群治"的安保防卫机制，每个小组、每一位成员对所管辖区域的治安负责，联防小组负责收集危害社会安全的信息，一旦发现可疑人员，立即反馈给当地派出所。

随着信息化技术的发展，平而村实行网格化管理，网格员及时掌握全村治安信息，排查安全隐患。一方面，网格化管理通过网络技术以图片、图表等形式展现全村的治安信息，极大地提升了边疆乡村管理的效率，有效解决边疆警力不足的问题。另一方面，网格化管理可以给每一位村民深度参与乡村治理的机会，借助现代通信工具，人们可以随时随地向网格员发送可疑人员的图片、视频等信息，网格员对信息进行分析，采取应对措施。

随着社会的快速发展，边疆乡村不再是与世隔绝的"世外桃源"，各种先进的社会管理技术方法将延伸到边疆的各个村落，这将推动边疆乡村治理朝着科学化发展。然而，管理技术日新月异，在时代发展过程中不断变化和更新，但不变的是边民的命运共同体意识和责任意识。相同的管理技术，有些村寨取得了良好的效果，有些村寨收效甚微，其主要原因是使用者的责任意识不同，所以取得的效果各异。不可否认先进的管理技术对边疆乡村治理的促进作用，然而，技术是由人操作的，数据信息依靠人进行分析，嫌犯的可疑行为、作案动机需要人们去逻辑推理和调查取证，这方面的技术无论多么先进，均很难代替人类。因此，平而村良好的治安除了采用先进的管理技术，更重要的是每一位村民的责任意识。诚如平而村治安委员会主任吕某海所言："陌生人进村，村民会第一时间知晓，平而村的每户家庭就是一个哨所，每个边民就是永不退伍的战士，每一双眼睛就是一个摄像头。"

历史上，平而村曾发生著名的平而关战役，经过战争洗礼的平而村村民深知保家卫国的重要性。战争发生时，他们为了保卫家园积极支援前线，甚至流血牺牲。和平时期，他们不是军人，却有着军人般的责任和品质，时刻保护自己的村寨。边疆治理有硬治理和软治理之分，培养边疆乡村居民的责任意识是边疆软治理的重要组成部分，① 是边疆得以安宁的长久之计。而责任心的培育是在生产生活实践中养成，或者是在战争洗礼中造就，抑或是乡村精英的带领和家庭教育的代代传承。平而村村民的责任意识是在战争洗礼和家庭教育中代代养成的。

2. 情法结合的民事调解

平而村保持 28 年无刑事案件、无群众上访、无群体性事件的记录，但并不排除矛盾的存在。按照马克思主义观点，矛盾是永远存在的。功能理论强调社会内部的和谐，社会冲突理论则认为，社会是由平衡到冲突再到平衡的过程，和谐的社会不是说没有矛盾，而是如何及时有效地化解矛盾，防止矛盾纠纷向刑事案件转化，需要的是责任与智慧。矛盾的解决方式不同，其效果各异。

历史上的平而村在解决矛盾纠纷的过程中，经历了神判、乡规民约等历程。远古时期，人们通过神判的方式解决纠纷。随着社会的发展，在生产生活实践中，人们为了维护社会秩序约定俗成一系列规约，称为习惯法。在农耕社会里，粮食的丰歉与耕作技术密切相关，稻作生产需要精耕细作，年轻人需要向老年人学习生产生活经验。那些经验丰富、熟悉本民族风俗习惯、办事公道、为人正派的老年人受到人们的敬仰而常常被推举为寨老，他们负责召开村民会议，依照习惯法，调解村里的矛盾和纠纷，带有原始的民主色彩。

壮族习惯法的许多规定在日常生活中约定俗成，虽然多数未以文字的形式呈现，但在一定范围内成为大家所共知的地方性知识。习惯法随着时代的变迁，其内容有所变化，但是，作为其文化内核的伦理道德一直延续至今，在平而村，习惯法在解决各类纠纷时依然发挥着作用。

在熟人社会里②，村民之间往往沾亲带故，平时抬头不见低头见，因此为了人情和面子，婆媳矛盾、妯娌相争等小矛盾通常在邻居的调解下得以化解，涉及数额较大或者难以解决的经济纠纷，通常由村里矛盾调解工作站解决。平而村结合乡规民约和国家法律，按照情法结合的方式进行调解，

---

① 方盛举、吕朝辉：《中国陆地边疆的软治理与硬治理》，《晋阳学刊》2013 年第 5 期。
② 费孝通：《乡土中国》，北京大学出版社，2012，第 32 页。

做到"小事不出屯，中事不出村，大事不出国"。随着边疆的发展和城镇化进程加快，土地征收在所难免，因征地补偿金产生的矛盾也随之出现。

平而村两兄弟因为老宅征地补偿金分配问题产生了矛盾和纠纷。祖辈给兄弟俩留下一处老宅，之后兄长搬出老宅另去他处建新房，老宅留给弟弟一家居住。因扩大边民互市点建设，老宅被征地拆迁，弟弟得到 10 多万元的征地补偿金。哥哥得知后认为老宅是上一辈留下来的，即使自己已经搬出，但是仍有继承权，理应得到部分补偿金。但是弟弟认为，哥哥已经搬出，老宅由自己一家人居住，补偿金应归自己所有，所以执意不肯分一部分给哥哥，矛盾纠纷由此产生。村里矛盾调解工作站得知此事后，立即组织人员进行调解，工作人员结合当地的习惯法和国家现行法律，从维护亲情的角度出发，以乡邻为第三方，听取他们关于老宅归属和赔偿金的意见，经过耐心解说，晓之以理，动之以情，弟弟封了个 3 万元的红包给哥哥，双方达成一致意见，签订协议，不再就此事发生纠纷，兄弟双方重归于好。

在此案例中，我们看到了习惯法与现代法律的融合。上一辈给两兄弟留下了房子，之后哥哥搬出去另建，房子由弟弟一家人居住。按照壮族习惯法，长兄如父，长姐如母，兄长有照顾弟弟的责任和义务，在财产继承方面有照顾幼子的原则。从国家现行法律来看，不论哥哥是否居住，作为继承人，他享有老宅的继承权。如果调解不好，容易激化矛盾，兄弟对簿公堂，影响亲情。工作站把邻里评议作为第三方意见进行调解，沿袭了过去寨老制民主议事的形式，也体现了现代法治的民主。经过调解，弟弟在 10 多万元的征地补偿金里给哥哥 3 万元红包，贯彻了现行法律精神，承认了哥哥拥有老宅的继承权。同时哥哥在 10 多万元的补偿金里只要了 3 万元，体现了壮族习惯法中照顾幼子的原则。

壮族习惯法是人们在长期的生产生活实践中形成的，尽管不以文字的形式表现出来，但根植于本民族的伦理道德和宗教信仰的习惯法，具有较强的生命力，人们在情感上易于接受，成为农村解决矛盾纠纷的重要依据。[1] 另外，随着普法教育的深入以及人口流动的频繁，各种现代理念的融入，平而村村民的法律意识逐渐增强。外来人口的流入使"乡民社会"受

---

① 陈建新：《试论壮族传统习惯法的社会功能》，《桂海论丛》2003 年第 3 期。

到一定程度的冲击，然而，在"市民社会"尚未建立之时，矛盾纠纷调解是否成功，就要看是否应用国家法律与习惯法相结合。习惯法根植于少数民族土壤，涉及特定民族的伦理道德、宗教信仰，以及生产生活细节的方方面面，这些内容国家法律不可能事无巨细地包含其中，因此，在国家法律的框架下，结合习惯法进行调解，人们从情感上更加容易接受，从而使调解顺利进行。如果完全按照国家法律，而不顾及习惯法中涉及的宗教信仰和伦理道德，则被村民视为无情的调解，从情感上难以接受，容易激化矛盾。

工作站主任吕某海谈到，村里房前屋后、林地、征地补偿的纠纷比较多，但是一发生矛盾，工作站人员会及时赶到现场，把矛盾双方隔开，耐心倾听他们诉说，安抚情绪。随后，工作站人员走访乡邻，核实相关证据，然后由乡邻组成的第三方对事情原委进行补充，听取他们的意见，工作站在短时间内调解纠纷，化解矛盾。工作站人员及时、民主、情法结合的调解方式使矛盾双方自愿达成和解协议，矛盾得以迅速化解，防止纠纷扩大化。村民为了维护人情和村寨形象，在矛盾发生时控制情绪，防止民事纠纷向刑事案件转化，因此，平而村和谐的社会环境与村里矛盾调解工作站情法结合的调解方式密切相连，更与工作人员的责任意识和村民的责任意识、大局意识密切相关。平而村沿街的墙上写着温馨的标语"帮人一把，情长一寸，容人一回，德宽一尺"便是村民的责任意识、大局意识的真实写照。

边疆乡村治理有硬治理和软治理之分，相对于法律法规这些外在强制力量的硬治理，通过改善心态，发挥文化、教育的功能等措施来达到预期社会效果的软治理是边疆乡村和谐发展的内驱动力。

3. 宽严相济的生命教育

求生欲是人的基本欲求，只有珍惜自己的生命才能乐观积极地面对社会，只有珍爱他人的生命才能理解和包容他人。20 世纪 80 年代，澳大利亚通过生命教育预防青少年吸毒、暴力和艾滋病取得了较为显著的成效。[1] 汶川地震后，生命教育在我国逐渐受到重视。

周边国家复杂的社会环境使边疆地区的乡村更易受到毒品、暴力、艾

---

① 冯军：《走向道德的生命教育》，《教育研究》2014 年第 6 期。

滋病的困扰，不仅严重影响人们的健康，还威胁到边疆地区的和谐发展。长期以来，边疆地区的矛盾冲突常常由心态失衡所致，空虚、孤独、缺乏关爱、无所事事、疾病折磨等成为边疆地区青少年吸毒、自残、寻衅滋事等犯罪的主因。归根结底是人们对生命的放纵和漠视。加强边疆地区青少年的生命教育是边疆得以安宁的重要举措，平而村长久的和谐发展与当地持之以恒的生命教育密切相关。

从文化三元论划分，生命可分为物质生命、社会生命和精神生命。生命教育的目的是珍爱自己的生命和尊重他人的生命，因此，生命教育包含了四个维度，即人与己、人与人、人与社会、人与自然的关系。人与己的关系，包含三个层次，即人对生命的认知、生命的生存发展、生命的终极目标。

人与己的关系是生命教育的核心。在远古时期，人们对生命缺乏科学认知，壮族先民认为人的生命像花一样开落轮回，循环往复。主管花朵的生命之神称为花婆神，每一个来到人间的婴儿均是花婆神赐予父母的花朵。刚刚来到人间的花朵灵魂未定，所以需要父母精心呵护。平而村家家户户均在孩子的床头安放花婆神香炉，每遇农历初一、十五或孩子身体不适，父母均要祭拜花婆神，祈求保佑。孩子体弱多病要举行培花仪式，祈求花婆神给予孩子更多的关爱。每当祭拜花婆神，父母会告知孩子生命的来历，在一次次祭拜中强化孩子生命的脆弱和成长的不易，因此，教育孩子热爱生命，培养孩子自信、乐观的品格。平日里，禁止孩子唉声叹气、手托腮帮、愁眉苦脸。父母悉心照顾孩子的饮食起居，耐心倾听孩子的诉求，与孩子交心，用山歌、民间故事、谚语教育孩子为人处世的道理，让孩子真切感受到父母的关爱。同时，地处南方的平而村，蔬菜水果丰富多样，父母常常变着花样制作各种美食，讲述村里发生的趣事，让孩子真切感受到生命的美好。即便是在经济困难时期，人们也会把田螺做成美食给孩子吃。当遇到困难与挫折时，人们相信只要身体健康、辛勤劳动，定能渡过难关。在耳濡目染和言传身教中，培养孩子乐观、自信的品格。因此，孩子不因消沉而产生厌世情绪，不因悲观而堕落沉沦走向犯罪道路或者精神空虚而寻求毒品的安慰。

人们不仅要教育孩子热爱生命，而且更要教育孩子珍惜生命。古人云"不知生，焉知死"，等到孩子八九岁时，平而村村民将对孩子进行生死观教育。当地人认为，人生如花，花开花落。人死后，魂归花山。36 岁以后正常死亡者可入祖坟，享受子孙香火。36 岁以前死亡或者非正常死亡，不能进入祖坟，将成为孤魂野鬼。因此，教育孩子不能打架斗殴、吸毒、自杀等摧残自己的生命，导致非正常死亡，成为日后的孤魂。地处中越交界的平而村，人们十分重视毒品的防范教育，村民教育孩子，无论是吸毒还是贩毒结果只有死。对于吸毒者，毒品会慢慢吞噬人的身心健康，摧残人的生命，有的为了筹集毒资走上抢劫、盗窃甚至伤害亲人的犯罪道路，给自己、家人带来无限痛苦。贩毒者在当前先进的网格化管理和严厉打击之下，将受到法律严惩，锒铛入狱。即便侥幸暂时未被发现、未受法律惩罚，贩毒者最终被黑社会控制，生命掌握在他人手中，随时有生命危险。若是悔改自新，不再贩毒，也会受到黑社会的威胁，生活惶恐不安。因此，正是这样严厉的死亡教育，让孩子在幼小的心灵中对毒品产生恐惧。除了家庭教育，学校教育也发挥着作用，学校开展预防毒品教育，采用图文并茂的方式教育孩子认识各种新型毒品及其危害，并带领学生到戒毒所观看吸毒人员。邀请戒毒人员现身说法，以故事的形式讲述毒品对生命的残害，社会通过山歌的形式宣传毒品的危害。正是培养孩子认识生命、热爱生命和珍惜生命，平而村保持了 28 年无吸毒、贩毒的记录。随着社会的发展，人们对生命健康有了进一步的认知，如今村里的年轻人不仅无吸毒者，吸烟者也在减少。为了防止孩子成人后无所事事，惹是生非，人们教授孩子劳动技能和如何理财，培养勤俭节约的品格。勤劳节俭是平而村村民最大的特点，大人们从早晨五六点钟起就在边民互市点忙碌。在父母的言传身教下，逐步培养孩子勤俭节约的品格，防止孩子因游手好闲或者贪图享乐而走上犯罪之路。

人与人之间的关系，在壮族的生命观中，不仅要珍惜自己的生命，也要爱护他人的生命。平而村村民认为，孩子是花婆神赐予的，父母有责任、有义务悉心呵护孩子成长，不能打骂。若是哪家打骂孩子，村里其他人便前来劝阻。在人们的观念中，孩子来到人间灵魂未定。经常被打骂的孩子灵魂受到惊吓，轻者患病，重者夭折。因此，家庭要建立起和谐的亲子关系。他们教育孩子不仅要珍惜自己的生命，也要尊重、爱护他人的生命，学会关心他人。"老吾老以及人之老，幼吾幼以及人之幼"，父母不仅关心自己孩子的成长和教育，也关心留守儿童的成长和教育。留守儿童即便父母在异地他乡，也能感受到祖父母、邻里的关爱，因而，避免了留守儿童因缺乏关爱而走上犯罪的道路。

4. 个体经济与集体经济并存的经济发展方式

世间之难莫过于生活之难，贫穷是引发各种矛盾的诱因，居住在边疆的边民因特殊的地理位置，有的村民因生活所迫铤而走险，利用乡间小道运送毒品或者进行走私等违法犯罪行为。有的村子因为经济萧条，年轻人外出务工或者村民陆续搬出，出现"空心化"现象，边疆村寨面临无人值守的危险，不利于边疆的安全稳定。因此，发展经济成为边疆治理的重要内容之一。历史上的边疆因为政权的更迭或者战争处在不断变化之中，边疆处于不同政权的主要交锋地带，因此人们赋予它更多的政治内涵，对经济发展的关注较少。因此，导致边疆地区经济发展所需的基础设施的投入比较小，交通不便成为边疆地区经济发展的一大障碍。边民的思想观念也成为经济发展滞后的一大主因。早在1885年，平而口岸已经开始通商，作为水路口岸，全国各地的商船来往于此，其中以广东、南宁的商人居多，这些商人多数是汉族。当地壮族主要从事运输和货物装卸。直至今天，当地村民依然主要从事运输和装卸工作。吴楚克从分工的视角分析民族问题，给我们提供了研究边疆经济发展的新视角。长期以来，以农耕稻作为主要生产方式的平而村村民处在自给自足的自然经济状态下，由于土地稀少，一年只剩余少量的农产品。因此，没有动力驱使人们去为剩余的农产品开拓市场，而是在村民中物物交换。需求是生产的动力，在自给自足的自然经济下，边疆地区市场规模小，商品需求不足，地处山区的边疆村寨与集市距离较远，村民翻山越岭，人挑马驮地把农产品运往集市，常常因销量不佳而把农产品免费送给亲友或者是挑回家中，严重挫伤人们的生产积极性。另外，由于田地稀少，土地贫瘠，以农耕为主的边疆壮族需要常年在田地间精耕细作才能维持一家人的生活，农耕稻作把人们牢牢拴在土地上。同时，长期的物物交换使人们羞于经商，在熟人社会里，人与人之间常常沾亲带故，淳朴的村民认为赚取亲朋好友的钱财是不道德的行为。经商不仅需要具备资金和商业知识，也需要学会与不同人交往，在激烈的市场竞争中经商需要胆识和谋略。长期以来，由于各种原因，广西边疆壮族地区教育水平比较低，他们难以掌握复杂的国际贸易规则。在土地稀少、自给自足的自然经济情况下，他们未能积攒足够的资金作为资本，长期生活在大山深处的人们面对陌生人时性格腼腆而不善言辞，难以拉下面子与不同的商人讨价还价。同时，在市场竞争中，人们采用的谋略和计策在他们看来是偷奸耍滑的行为。因此，认为无商不奸。在注重人情的熟人社会里，人们重农轻商。作为商人，淳朴善良的他们在赚取他人钱财的同时也感到内心忏愧与不安，而薄弱的家底难以抵抗经商的风险，因此，注重情谊、追求安稳的边民，稳定、少与他人交往的装卸、搬运工便成为他们的首要选择。直至今天，固化的社会分工尚未打破，当地村民依然主要从事装卸和搬运工作。这就造成虽然边疆贸易呈现繁荣景象，但边疆乡村依然存在贫困现象，边疆地区的经济发展并没有随着边境贸易的发展而逐渐缩小与内地发展的差距。

随着"一带一路"建设的推进，广西与周边国家的交通将越来越便利，广西与东南亚国家无论是在红木、水果、干果还是在旅游等领域的合作将进一步深化，边境贸易将成为国家未来新的经济增长点，这给边疆村寨发展带来了新机遇。同时，贸易的深入、跨境电商的发展，需要人们熟悉各国语言和国际贸易规则，及时了解国内外的市场需求。而从事边境贸易需要掌握越来越丰富的知识，单靠村民个人的力量，多数人只能从事运输、装卸工等工作。他们将在时代的洪流中逐渐被边缘化。随着贫富差距的拉大，村民心里将会出现被剥夺感，心理失衡，从而给边疆的社会稳定发展带来不稳定因素。随着人们思想观念的改变，许多村民希望参与边境贸易，因此，当地村民抱团取暖，形成了利益共同体。壮族谚语云："一人吃饭饭不香，众人吃饭香满园。"因此，在村委会的推动下，村民以资金入股的形式成立了边贸合作社，由专人对边贸业务进行指导，消除村民外出进货上当受骗的顾虑。合作社的成立解决了村民个体资金不足的问题，提高了抗击风险的能力。村民根据自己的特长各司其职，各自做好本职工作，各自对自己及合作社负责，使合作社顺利展开，越来越多的村民加入边贸行列。平而村还成立养蛇合作社，由专业技术人员负责饲养，其他村民以资金入股，从而降低了分散养殖的风险。除了发展集体经济，也注重发展个体经济，平而村家家户户种上了经济价值较高的沉香。在一个家庭里，部分成员加入合作社，另一部分成员依然从事传统的运输或者装卸工，这降低了家庭经济发展的风险。通过个体经济与集体经济发展相结合的方式，平而村经济朝着良性的方向发展。他们每个人对自己家庭负责，对合作社负责，在经济发展过程中，平而村村民结成利益-命运共同体。村民根据自己的专长，不断学习国际贸易知识，掌握内地的市场信息。每个村民尽好自己的责任。合作社负责人以带领大家共同致富为目标，不断改变村民的意识，更新观念，以适应国际贸易发展的需要。

与其他乡村不同的是，作为边民互市点所在地的边疆乡村不仅涉及国内的纠纷，还涉及国外的矛盾纠纷。随着边境贸易的不断扩大，加入边贸行列的村民逐渐增多，经济纠纷等问题在所难免，国内乡土社会解决矛盾纠纷的方式将不再适应国际纠纷解决的需要，国际纠纷问题的解决需要国际法律来解决。在"一带一路"建设的背景下，随着边境贸易的发展，越来越多的东南亚国家与平而村建立贸易关系，村民们需要掌握的国际法则逐渐增多，凭祥市承担起为村民提供国际法律援助的责任，成立了中越法律协会、国际律师协会等组织，为村民服务。

（二）民族国家共同体构建

平而村村民对民族、国家有深厚的情感，关心民族和国家的命运，注重民族文化的传承和爱国主义教育。

1. 民族情感培育

龙州、凭祥在历史上被法国入侵过，无论在饮食文化还是在建筑文化上，龙州和凭祥均有法国的烙印，当年驻龙州、凭祥的法国领事馆仍作为历史的印记保存至今。新中国成立后，龙州、凭祥一带的民居保持着壮族的干栏式建筑风格。近年来，随着社会的发展，人们逐步改变住房条件，广西边疆乡村逐渐盖起了三四层的小楼房。由于越南建筑工人的劳务费比较低，所以广西边民大多请越南建筑工人建房和装修。因此，广西凭祥、龙州一带的部分乡村民居带有法国、越南及壮族的建筑特色，形成了广西边疆自成一体的建筑特色。平而村的建筑与周边其他村寨不同，他们的建筑无论是老建筑还是新建筑，依然保持着壮族建筑风格。当地村民对自身的民族文化有着深厚的情感。改革开放以来，边疆地区的对外贸易得到快速发展，凭祥红木、水果贸易的兴起，令来自全国各地和世界各地的商人聚集于此，地处边贸点的乡村的文化受到的冲击比其他地方更为深刻。平而村村民深感文化流失的危机，在吸收其他先进文化的同时，自觉坚守自身的民族文化。这源自他们对自身民族文化的认同。民族文化认同是一个民族对自身文化的归属和认可，从心理上表现出对民族文化的自豪和喜爱。[①] 文化认同是精神层面的，通过物质、行为、制度等方面表达出来。对自己民族的热爱，由此产生对自身文化的责任感，树立民族文化自信，形成民族文化自觉，并具体落实到自身的行动中。在时代浪潮中，平而村村民依然传承壮族的建筑文化、饮食文化、节日文化和宗教文化。壮族的伦理道德、四月十六的歌圩节、花婆崇拜、天琴文化、鸡肉粉等具有当地壮族特色的文化依然传承至今。他们在时代发展浪潮中不断摒弃自身文化的糟粕，传承民族文化的精华。对自身文化的认同和传承，使他们依然保持着壮族淳朴、勤劳、乐观、幽默和包容的民风，形成积极向上的良好心态，从而营造了良好的村风。

2. 爱国主义教育

壮族作为中华民族共同体的一员，他们不仅关心民族的命运，还关心国家的命运，注重孩子的爱国主义教育。地处边疆的边民，虽然远离国家权力中心，但由于边界线、界碑、国旗等符号的存在，国家在他们的心中更加清晰。增强边民的爱国主义教育，加强边民对国家的认同是边疆乡村软治理的重要内容。地处边疆的边民只有认同自己的国家，意识到自己的命运与其他民族命运休戚与共，才能自觉保卫自己的乡村，维护乡村的形象，才会自觉贯彻落实国家的各项方针政策。一个人对自己的国家产生自豪感，才会向其他国家积极传播自己国家的良好形象。

凭祥素有险要的地理环境，成为兵家必争之地，向来有"南疆重镇"之称。平而关作为著名的桂三关，历史上经历过多次战争。

长期战争使人们经受家破人亡、妻离子散、居无定所之苦，当地村民对和平表现出强烈的渴望，对国家产生浓厚的情感。他们认为只有强大的国家作为后盾，村民才能享受太平。个人的命运与国家的命运紧紧联系在一起，形成了家-国命运共同体。地处边疆的平而村与越南只有一河之隔，每天人们在边民互市点上与不同国家的人们交往，不断重复"中国"二字，因此，无论是在视野上还是在语言上均不断强化他们对国家的认同。地处边疆的边民对国家的感受比内地人更为具体而深刻。今天，战争的硝烟已经逝去，然而战士的忠骨还埋在村后的大山，他们的英魂尚存。平岗岭地

[①] 詹小美：《民族文化认同论》，人民出版社，2014，第58页。

下长城便是他们现实的爱国主义教育基地。村民常以生动有趣的故事教育青年一代，培养他们对国家的认同感。认同是精神范畴，同时也是物质世界的反映，边民对国家的认同具体而实在。他们通过与周边国家进行对比，认为中国的工作机会比较多、工资比较高、道路比较宽、生活条件比较好等，他们从与自身密切相关的工作机会到公共基础设施，从国家首都到两国文化进行对比，从物质层面到精神层面进行对比，在与邻国对比中产生自豪感，由此，发自内心地热爱自己的国家，从而对国家产生深刻的认同。认同是精神范畴，但如果没有物质的支撑和文化的吸引，人们对国家的认同是虚无缥缈、变幻不定的。沿边公路的修建、边民互市点的扩建、民族特色村寨的建设、民族传统文化的扶持，让村民有着实实在在的获得感，从而发自内心地热爱自己的国家。

增强边民对国家的认同是边疆软治理的重要内容，边疆村民对国家的认同是人们产生积极心态的基础，也是国家各项方针政策得以贯彻落实的重要保障，更是人们自觉保卫边疆、保护村寨的内在动力。因此，平而村的爱国主义教育和人们的爱国情感是它得以长久和谐的重要原因。如果一个村寨、一个民族对国家的概念是模糊的，对国家的感情是冷淡的，对国家的认同感不强，将会影响到国家各项方针政策的实施，甚至遭到抵制，容易引发群体性事件，从而影响到边疆治理的成效。地处边疆的平而村村民深感个人命运与国家的命运紧密相连，个人承担起保卫国家安全和维护国家形象的责任，形成了责任命运共同体意识，对国家产生深厚的情感，国家各项方针政策得以顺利贯彻落实，有效防止群体事件的发生，维护了村寨的和谐发展。

三　和谐村寨治理实践经验启示

从平而村长久和谐的乡村治理经验中，可以得到以下启示。

启示之一：边疆乡村治理应注重村民的终身教育，充分发挥村民自治作用。提升村民素质是边疆软治理的重要内容，是边疆乡村得以和谐发展的基础。无论采取何种治理方式，实施何种国家政策，最终都要依靠村民落实，内化为人们的行动。村民素质的高低会影响到治理的效果，教育是人们素质提升的有效途径。以往人们对教育的关注主要是学校教育，而忽视了从幼儿时期的家庭教育和脱离学校后的职业技能教育、法律教育等。

学校教育偏重于孩子的知识技能，家庭教育通过父母的言传身教，侧重于孩子的品质培育、性格塑造和行为养成。学校教育和家庭教育各自发挥作用，相互补充，缺一不可。无论是学校教育还是家庭教育，生命教育都是边疆乡村教育的重要内容。与其他地区不同，由于复杂的周边环境，边疆乡村面临更为严峻的毒品、艾滋病、暴力等侵害人们生命健康的威胁。所以，生命教育显得尤为重要，只有热爱自己的生命，才能乐观、自信；只有热爱他人的生命，才能学会尊重和包容；只有热爱自己的民族，关心国家命运，有牢固清晰的民族认同和国家认同，才能积极看待社会，抵制各种不良思想的入侵。由于师资等原因，边疆乡村教育总体比较落后。村民多为初中水平，他们自学能力有限。国家制定的各项法律法规、经济发展所需的各项技能、边贸发展所需的国际贸易知识和管理知识随着时代的发展，不断更新，这些知识的掌握需通过继续教育来实现。边疆乡村的终身教育成为缩小地区教育差距和提升边民素质的有效途径。通过提高边民的素质，树立村民责任意识、大局意识，结成命运共同体，充分发挥村民自治作用是边疆乡村地区和谐发展的根本。

启示之二：边疆乡村治理不仅关注和谐，也应注重村民个人发展。个体是构成命运共同体的细胞，在边疆乡村治理过程中，既要注重边疆区域的共同体发展，也要注重村民个人的发展，才能长久和谐。长期以来，人们对边疆主要关注其和谐，而较少关注其发展。留守儿童、乡村空心化、贩卖毒品、群体性事件等问题的深层原因主要是经济发展问题。在"一带一路"背景下，边疆经济将由边缘走向中心，成为中国经济新的增长点，这给边疆乡村的发展带来了契机。然而，我们不能仅看到边疆经济的总体发展，也应考虑边民是否能够真正参与到边疆经济发展当中，以及边民固有的社会分工是否被打破，让更多的边疆村民有上升的空间，参与到边贸的经营与管理当中，这是"一带一路"建设过程中边疆乡村治理需要解决的问题。平而村在乡村精英、乡贤人士的带领下，通过集体经济与个体经济发展相结合的方式，打破了固有的社会分工，让越来越多的村民参与到边贸的经营管理中，从而促进了乡村的发展。

启示之三：边疆乡村治理应注重边民的责任-命运共体意识培育。无论是"十户联防"还是"路长制"，无论是网格化管理还是"群防群治"，其他村寨也采用了同样的治理方式，但是为什么在平而村取得了良好的效果？

究其原因是村民责任意识和大局意识的培育。在外人看来，平而村长久和谐发展是因为其良好的村风，然而，其良好的社会环境不是自然形成的。在面对生存和发展的压力下，平而村村民自觉承担起该承担的责任，对自己负责，自觉约束自己的行为，教育好自己的子女，维护村寨、国家的安全和民族形象，在这一过程中结成了命运共同体关系。人不能改造整个社会，却能发挥其主观能动性，参与到社会的改造当中，当乡村部分有识之士参与到乡村治理当中，带动越来越多的人加入，村民齐心协力维护自己村寨的形象时，便竖起一道铜墙铁壁，防范各种犯罪活动。村寨和谐使居住于内的村民为之自豪，自觉维护村寨的形象并不断规范自己的行为，由此形成良性循环，这是边疆村寨得以长久和谐的重要原因。

试论杨增新之治疆理念

曹　鹏*

一　前言

新疆自西汉设置西域都护府（公元前 60 年）始，就已成为中国政治版图不可分割的一部分，其"巨型口袋"式的地缘特点，使"新疆自古以来在政治、经济、文化上与中原内地连成一体"①。"中国军事测量之父"黄慕松在谈及新疆地缘时说它"连蒙跨藏，不特为我国西北之屏障，且为亚洲之中原，而又系欧亚交通之要道也"。②

杨增新（1859~1928 年）的人生轨迹主要分为两部分：主政新疆前和主政新疆后。主政新疆前，杨增新在清光绪十五年（1889 年）考取进士后曾担任甘肃天水县知事、河州知州、武备学堂总办等职，在河州创办书院，而且运用羁縻之策使当地的民族关系相处十分和睦，同时使当地的经济收入也有了大幅度增加，在河州被誉为"杨青天"。③ 日后杨增新在阿克苏、迪化等地任道尹、提法使等职，在此期间的任职经历对他日后治疆理念的完成产生了较大影响。辛亥革命后，由时任新疆巡抚袁大化推荐，杨增新于 1912 年 5 月 18 日由镇迪道尹转任新疆都督兼民政长，开启了其长达 17

---

* 曹鹏，硕士，战略支援部队信息工程大学讲师，主要从事新疆历史文化研究。

① 潘志平在《新疆的地缘政治与国家安全——历史与现状的考察》（《中国边疆史地研究》2003 年第 9 期）中对"巨型口袋"的解释是：新疆地貌大致可概括为"三山夹两盆"，其中天山和昆仑山巍峨高耸，这两座大山都是东西走向的，天山由东向西南倾斜，昆仑山由东向西北延伸，两山交汇于帕米尔高原，这好比一个巨型口袋，袋底在帕米尔，而袋的开口朝东，通过河西走廊与中原内地相接，交通相对方便得多，这就是新疆自古以来在政治、经济、文化上与中原内地连成一体的重要原因之一。

② 黄慕松：《我国边政问题》，南京西北导报社印，1936，第 15~16 页。

③ 张大军：《新疆风暴》第四卷，兰溪出版社，1980，第 2670 页。

年的主政新疆生涯。

作为"临危受命"的封疆大吏，杨增新所面临的是新疆的内外交困、中央内阁的频繁更迭和俄、英、日、德等列强的虎视环伺，但他以强烈的爱国之心、独到的治疆理念和切实有效的行动维护了新疆的统一与稳定。

二　民国初年新疆的内外形势

作为一名经验丰富的政治军阀，杨增新有着敏锐的形势预判能力，他在就任新疆督军后的一次演讲中说："新疆孤悬塞外，从汉唐以来，时叛时附，多半因中原多事，兼顾不暇……如今情势，却已大不相同，自清朝开辟西域，以迄改建行省，历次大军西征的军费和承平时期协饷之所耗，中原金钱花在新疆的，早已不可胜数。中原对新疆的负担如此其重，倘若一旦掌握不住，那么，外有强邻之虎视，内有外蒙古的狼贪，只怕此一大好河山即将沦于异族之手。"[1]

（一）疆内形势

1912 年的新疆形势非常复杂。东疆地区诸如哈密、吐鲁番等地的农民起义军依然存在，北疆地区有伊犁革命党人的影响和势力，并且南疆哥老会也在革命党人中活动，[2] 南疆地区特别是喀什的哥老会戍官暴动也在随时伺机而动，由时代新疆巡抚袁大化首荐的喀什噶尔道尹袁鸿佑在上任途中被喀什哥老会杀死。[3] 此外，还有新疆的统治阶层内部问题。这些问题交织在一起，威胁着刚刚上任的杨增新。

（二）国内形势

杨增新对当时的国内形势有着自己的认识，"今之中国，或以一人割据一省，或以一人并吞数省，或以数人分裂一省。"[4] 其时，北洋政府内阁频繁更迭，奉系、直系、皖系等军阀为各自的利益而争权夺势，混战一番，政局极不稳定，外加新疆地域遥远，与内地联系迟缓，因而中央政府对新

---

① 白振声等：《新疆现代政治社会史略》，中国社会科学出版社，1992，第 103 页。

② 沙巍：《哥老会在新疆辛亥革命中的作用》，《鸡西大学学报》2012 年第 2 期，第 134 页。

③ 张海梅：《杨增新：殚精竭虑保边疆的"新疆王"》，《中国档案》2016 年第 12 期。

④ 杨增新：《补过斋日记》卷二二，兰州大学图书馆藏线装本，1921，第 24 页。

疆的发展与稳定基本无暇顾及。

（三）国际形势

20世纪上半叶的新疆由于中央政府无力西顾，沙俄、英国、德国、日本等列强觊觎这块战略要地，其中又以沙俄最甚。在杨增新主政初期，沙俄国内日益高涨的革命浪潮和一战的爆发（1914年7月28日～1918年11月11日），使其暂时无力顾及新疆。俄国十月革命后（1917年11月7日），苏维埃政权忙于巩固政权，与邻国和地区均采取友好、合作态度，而且经过新疆帮助俄苏维埃政权消灭逃到新疆的白匪军事件后，二者的关系更好。其他帝国主义国家也身陷一战泥沼，为新疆的暂时稳定营造了较为宽松的国际环境。

谢彬在《新疆游记》（1916年12月至1917年12月期间考察）中也分析了新疆当时的国际形势：沙俄觊觎新疆，已非一日，"今幸彼国外困强德，内哄党争"，使新疆能"获以苟安"，"将来俄人元气恢复，势必卷土重来，肆行侵略，交涉愈加棘手，边患愈形滋多。"①

三 杨增新治疆之理念

（一）"大一统"的政治观：治疆的基本宗旨

杨增新对于治疆的基本宗旨有着清醒的认识，他说："一国分裂，则他国起而图之矣。一省分裂，则他省起而图之矣。物必先腐而后虫生，国必先裂而后敌人。"② 所以为了保证国家不分裂，生灵不涂炭，必须坚持"大一统"。但同时国内的现实情势并不乐观，"今之谈政者，囿于省界之见，拘于党派之私，此等气象，虽同种之汉族尚不能包涵徧覆，更何况言五族一家"，"如果我汉族只知权利之可图，而不知义务之当尽，窃恐今日之中国，在各省不过形同割据；将来之中国，在各省势必互相并吞。生民涂炭，乱靡有定，致招外人实行瓜分。"③

而如何实现"大一统"这个目标，杨增新亦有自己的考虑，他说："孟

---

① 吴福环、谢彬：《新疆游记》，《中国边疆史地研究》1993年第4期。
② 《补过斋日记》卷一九，第28页。
③ 《补过斋文牍续编》卷一，第54～55页。

子云：地方百里而可以王……古之时，人心浑朴，故百里可王，然必兵力与仁政相辅而行，非全不用兵而天下之民自归之。"又强调："然能行仁政，国虽小可以兴；不行仁政，国虽大易以灭。仁者无敌。"① 由此可以看出，杨增新作为一名受儒家传统教育出身的进士军阀，深谙"仁政之道"，但同时也强调"兵力与仁政相辅而行"，如此地区稳定，方而国家统一。

在具体践行"大一统"理念方面，杨增新坚持"认庙不认神"，始终以"北京"为重，这主要体现在杨增新处理行政事务上，比如1914年"伊犁政改"、1916年"塔城政改"、1919年"阿勒泰归新"、1920年"南疆增道"等，杨增新每次都要"提请北京政府批准"。② 在政府内阁频繁更迭的情势下，各地军阀要么谋求取而代之，要么考虑如何"抢地盘""占山为王"，但杨增新始终坚持自己"大一统"的治疆理念，团结疆内各族人民先后粉碎了"双泛"流毒和英国等帝国主义的渗透，实属难得。

在"大一统"前提下，杨增新深知"全疆人民约二百万，回缠占百分之六七十，非利用若辈无以维持现状"③，"倘回缠不乐为用或用之而不能推诚，则必至为外人用"④，因而欲维护新疆的发展与稳定，必须依赖或利用"回缠"。但囿于地方官与缠民语言不通，往往需要"毛拉""通事"翻译交流。杨增新又要求官员学习"缠文缠语"，他说："地方官每问一事必藉通事以达其情，每接一呈必赖毛拉以释其语，不唯难以联络地方之感情，洞达人民之隐曲，而通事、毛拉类多因缘为奸佞饰欺蒙淆乱观听，颠倒是非或藉以苛索把持，地方官几如木偶泥人毫不知觉，其弊害不可胜言，皆由不通语文之所致，欲救其弊非预先学习缠文缠语不可。"⑤ 如此，杨增新积极团结少数民族宗教上层人物，实践着"大一统"的治疆理念。

（二）"谋自养"的经济观：治疆的物质保障

新疆建省以后，主要财政依赖清政府的"协饷"。从建省之初（包括伊犁、塔城）的336万两白银，1895年减为289万两，1901年后又减为240

---

① 《补过斋日记》卷七，第39~40页。

② 张海梅：《杨增新：殚精竭虑保边疆的"新疆王"》，《中国档案》2016年第12期。

③ 李毓澍主编《补过斋文牍（一）》甲集上，台湾文海出版社，1965，第34~36页。

④ 《补过斋文牍（一）》甲集上，第35页。

⑤ 《补过斋文牍续编》卷十四，训令政务厅拟定挑选科员学习缠文缠语办法文。

余万两。清亡后，协饷断绝，全靠本省税收维持，多年系"赤字财政"，仅1916年基本达到收支平衡。1917年前后，新疆全省岁入未逾300万两白银，而无准备金之纸币，却发出800万余元，其财政状况可见一斑。据谢彬《新疆游记》的描述，清末民初的新疆金融市场混乱不堪，市面上流通的货币有制钱、红钱、老龙票、省票、伊帖、塔帖、国币、俄国卢布纸币、英国纸币等。特别是俄国道胜银行每年在塔城、伊犁、喀什三地发行卢布纸币百万以上，1916年竟发行高达500万卢布，以致谢氏发出"新疆金融生死大权，久操俄人之手，以故省票价格日低，百物日益腾贵"，"吾恐十年以后，新疆必亡于俄人金融势力之下"① 的感慨。

作为新疆的主政人，杨增新认为经济上与其"他养"不如"自养"，"程子云：自求口实，谓其自求养生之道。愚谓人生天地间，莫贵于自养"。而如何实现"自养"，他认为需要发展工商实业："欲富国当先使一国无游民，欲富家当先使一家无闲人。实业不兴，破国亡家必由于此"②，"欲人人能自养，非大兴农工商之实业不可"③。

新疆在当时孤悬西北，信息闭塞，况且民国初建，封建思想严重，而杨增新欲发展实业振兴经济，第一件事便是打破传统社会的角色分工，"士之子不必为士，农之子不必为农，工之子不必为工，商之子不必为商，"而是"应材而笃"④。在这一理念作用下，他主张打破民间忌讳，开铁路、矿局等。杨增新还分析了实业不兴的原因，一个是欲在"我国风气未开之时"修铁路、设电线、开矿山等，由于心理、风俗忌讳而遭到反对，不知"此皆自塞利源，不知其有益于民生国计"，"天下多忌讳而民弥贫"⑤，另一个是"自后世政教分离，学术遂与职业愈趋愈远。甚至青年学子以力作为耻辱，视农圃为贱役。影响所及，驯致学术日非，职业日坏，而生计之知识技能亦弗讲求"⑥。

实业发展以农业为例，杨增新认为"新省地积纵横数千里，其间崇山

---

① 吴福环、谢彬：《新疆游记》，《中国边疆史地研究》1993年第4期。
② 《补过斋日记》卷五，第64页。
③ 《补过斋日记》卷五，第60页。
④ 《补过斋文牍》卷五，第44页。
⑤ 《补过斋日记》卷六，第43页。
⑥ 《补过斋文版续编》卷一，第29~30页。

戈壁，不能种植者固多，而蔓草荒原，可以开辟者亦复不少。只因人民故步自封，官吏泄沓，又不力为提倡，以致举天地自然之利，弁髦弃之"，欲"实业之振兴，尤以注重农桑为根本"，要求"各知事……自应将农业极力提倡，以收殖民阜财之效果。其各于所辖境内将可垦之地、可开之渠，切实调查，妥拟办法，详候核办"。① 经过杨增新的努力，新疆的农业有了较大发展 1911 年至 1918 年，全疆耕地面积净增 140 多万亩，粮食产量由 1915 年的 660 多万石增加到 1918 年的 800 多万石，基本达到了民食、军食自给自足，缓解财政困难，安置游民，稳定社会的目的。②

杨增新是一名清末进士出身的老式军阀，其思想保守，但考虑甚周，面对当时形势，新疆的稳定必然放在首位，而经济发展次之，即使从中央得不到足够的经济支持，也创造出了可以与当时新疆匹配的内部"自养"经济。

（三）"兵贵精"的军事观：治疆的实力保证

杨增新虽为文人进士，但从其履历可以看出，自 1900 年他担任甘肃提学使兼武备学堂总办始，就已入行伍，先后担任过新疆陆军小学堂总办、阿克苏兵备道等职，另外在内地"群雄逐鹿"、疆内外不安因素众多的现实条件下，杨增新很清楚军备对于新疆稳定的重要意义。

为了能够具有抵御外侮的实力，为了能够维护新疆一隅之安，为了缓解主政之初的经济压力，杨增新对于军队"兵贵精"的认识还是清晰的，"然观前清以兵而亡，民国以兵而乱，未尝不太息于兵祸之烈也。今欲中国太平，请自痛裁军始"，"窃维民国成立以来，中央及各省区因用兵而添兵，致库藏消耗与此兵，地方凋敝与此兵……若长此以往，中央不裁军，则中央危多。省区不裁兵则多省区危。我国欲图免于危且促进政治之统一与经济之发展，实以次裁军队为第一之要素。"③ 杨增新执政之初，除伊犁外，新疆陆军共有 20 个营和 4 队，到 1916 年只剩步兵 4 个营、马队 9 个连、炮

---

① 《补过斋文牍（一）》丁集上，第 55 页。
② 王夏刚、朱允兴：《试论杨增新的民本思想》，《兰州大学学报》1998 年第 3 期，第 80~86 页。
③ 《补过斋文牍（一）》甲集下，电呈陆军学生不宜遣派来新并请痛裁军以遏乱源文。

兵 2 个营 1 个连、步兵 2 队、工程和警察各 1 队。①

"兵贵精"的军事理念不仅仅体现于压缩军队数量,更在于提升战斗力。为培养文化和军事兼通的将领,杨增新自兼校长于 1927 年创办讲武堂(1929年改为新疆陆军军官学校),为培养一批懂现代军事技术的人才,尤其是无线电技术人才,杨增新于 1917~1920 年选派学生到北京交通部电信学校学习电讯技术,并于 1928 年在迪化创办了电报传习所,培养电讯通信人才。②

在"精兵"之路上,杨增新还非常重视一支部队——"回队"。他认为,"非利用回、缠,不足以维持秩序……况新疆种类庞杂,非有回队不足以互相牵制,因时因地,不得不然"。③ 而且"唯练以为兵可激发其爱国热忱,免至生心外向。缠民与回民言语殊而宗教同,缠民之顺逆视回民为转移,今即招练回兵可以羁縻回民即可以羁縻缠民"④,如此既有"精兵之效",又能缓解疆内民族矛盾,可谓一举多得。

(四)"并行不悖"的教育观:治疆的精神保障

杨增新出生于封建官宦世家,科举进士及第,因而在思想上受传统儒家教育较深,去新疆前于甘肃河州(今甘肃临夏回族自治州)任职 5 年(1896~1901 年),在当地发展经济、缓和汉回矛盾、建设书院、规范伊斯兰教等,一时间"政平讼理,民情爱戴",享有"杨青天"的美誉。1901年,杨增新被"保升知府,旋升道员"。1902 年,被陕甘总督崧藩委任为甘肃省新式学校提调。同年,崧藩举荐杨增新、王树楠等五人赴部引见,赴京、津、苏、沪、浙、皖等处考察学务。1903 年,崧藩委任杨增新为文高学堂提调,创办了文高学堂,"课以实学",设立经学、史学、算学、理化、博物、地理、英文、日文、俄文及体操等课程。杨增新还创办武备、陆军、师范、巡警、工业各学堂,并亲手编写章程,规定课程。⑤ 可以说,在入疆前,杨增新已经积累了丰富的传统与现代文化教育经验,并且在处理民族

① 黄明辉、栾睿:《论杨增新主政新疆时期的"安内抗外"的军事策略》,《绥化学院学报》2009 年第 4 期。
② 徐旭生:《徐旭生西游日记(第三册)》,宁夏人民出版社,2000。
③ 《补过斋文牍(一)》甲集上,电呈新疆回队用命情形文。
④ 《补过斋文牍(一)》甲集上,第 34~36 页。
⑤ 何永明:《历史上的杨增新》,http://xj.ts.cn/2014-04/24/content_9592416.htm。

关系上发扬"羁縻"但绝不放纵"羁縻"。

主政新疆后，杨增新在文化教育上主要采取四种方式：尊儒学、办新学、讲经学、防"双泛"。

第一，"尊儒学"。杨增新不仅在全疆设立汉语学校使维吾尔族子弟学习儒学的一些传统思想和规范，而且为了使部属在他所规定的范围内"为官做人"，特意在迪化东门建了一所"上帝庙"，供孔夫子牌位，新官上任之前都要到此处参拜，并做出奉公守法的誓言。第二，"办新学"。他在各地设立小学，并重建师范和中学。1916 年开办师范学校讲习所和政治研究所，1918 年设立医学研究所，1920 年办新疆省立中学，1924 年在迪化举办新疆省立俄文法政学校。为支持女子入学，他在乌鲁木齐成立女子学校。因维吾尔族女子早婚，屡屡有致残事件发生，1915 年杨增新明令禁止缠女早婚，规定女子出嫁年龄至少须年满 14 岁，若女家父母故意违背，则进行处罚。[1] 第三，"讲经学"。谢彬在《新疆游记》中表示维吾尔族等少数民族的教育大多由伊斯兰教寺院控制，主学阿拉伯文和《古兰经》《圣训》，不传授近代科学知识。"现在蒙民之中，无论识汉字者，千百无有一人，即识蒙文者，亦属凤毛麟角。"贵族子弟，多诵满文，各寺喇嘛，只知藏字。[2]这与杨增新拉拢宗教上层，对经文学校采取不干涉政策有关。第四，防"双泛"。20 世纪初，帝国主义列强乘中国政局动荡时欲将新疆在混乱中分裂出去，杨增新及时发现并采取加强团结、改良吏治、宗教管理、封锁并遣返"双泛"分子等方式，有效预防、抵制了"双泛"思潮在新疆的传播。

这种"并行不悖"的教育理念在当时确有其存在的客观现实条件，那么全疆教育情况如何？我们看第一组数据（见表1）。

表 1 杨增新主政新疆后的教育和军事经费对比

单位：元

	1914 年	1920 年	1928 年
教育经费	55893	92051	196136
军事经费	5579534	3516990	299147

资料来源：罗绍文《西域钩玄》，兰州大学出版社，2002。

---

[1] 何永明：《历史上的杨增新》，http://xj.ts.cn/2014-04/24/content_9592416.htm。

[2] 吴福环、谢彬：《新疆游记》，《中国边疆史地研究》1993 年第 4 期。

由表 1 可知，教育经费的投入在增长，而军费在压缩。

第二组数据来自谢彬考察新疆的教育情况（1916～1917 年）：全疆仅有省立初级师范 1 所，学生 40 余人；县立高等小学 6 所，学生 160 余人；国民学校 56 所（其中 3 所属私人开办），学生 150 余人；汉语学校 31 所，学生 800～900 人；女子国民学校 1 所，学生 20 余人。由于财政困难，全省教育经费，几经筹措，仅有官票银 90000 余元，折合内地现洋，不过 50000 余元，与湖南的一个省立中学的经费相等，甚至不及。①

综上，说明杨增新"并行不悖"的教育理念为维护新疆的稳定与发展确实发挥了重要作用，但全疆整体的教育情况与内地比较而言并不乐观。

四 结语

杨增新是新疆近代史上主政时间最长的地方大吏，在他 17 年的主政期间，打了一套完整、系统的治疆"组合拳"，形成了以"大一统"的政治观、"谋自养"的经济观、"兵贵精"的军事观和"并行不悖"的教育观为核心的治疆理念，对外没有签订过丧权辱国的条约、没有借过外债、没有丢失过寸土河山，对内发展实业、团结各族、平衡各方，给新疆人民创造出一段难得稳定的社会环境。

诚然，杨增新作为出身于传统儒家教育的封建官僚，其思想的局限性也是必然的，包括其对"共和"与"专制"的理解认识，② 包括在袁世凯复辟后，杨增新杀害了欲追随唐继尧、讨袁护国的夏鼎、李寅、马一等人。但这些并不能否认杨增新依然是一个爱国之人、爱疆之人，③ 借用徐炳昶先生对他的评价："莅臣将军为一极精干之老吏，实属不可多得的人才，以人种庞杂、政局不定之新疆，毕竟能随机应付，使地方安定，洵属功多过少。"④

---

① 吴福环、谢彬：《新疆游记》，《中国边疆史地研究》1993 年第 4 期。
② 《补过斋日记》卷一二，第 18 页。"天下有道，政在天子。天下无道，政在诸侯。以诸侯而遥制天子，使失其刑赏予夺之权，而王纲因以不振，天下亦自此多事矣。帝制如此，共和亦然。"
③ 陈琪：《守望天山——杨增新与现代新疆》，《新疆社科论坛》2016 年第 5 期。1924 年，杨增新在给女儿的电报中曾说："增新老矣，生入玉门关，死又不知何处。吾当忠于新疆，终于新疆。"
④ 徐炳昶：《西游日记》，甘肃人民出版社，2002，第 208 页。

论我国边疆治理视域中的
文化认同问题

张增勇*

我国是一个古国，有着几千年的文明，而且这一文明在历史上也不像世界其他三大文明古国那样中断过或消失了，这一文明是由全体中华民族在长期的历史生活实践中共同创造的结晶。在这连续不断的近五千年的文明里形成了灿烂的中华文化，为中华民族所共同创造、共同拥有并共同享受。从国家的民族结构来看，我国又是一个比较典型的多民族国家。在这个多民族国家里，各民族在创造了共同拥有的中华文化的同时，也创造了各民族自己优秀的民族文化，同时，各民族之间的文化是存在差异的，这种"文化差异与各民族的存在相伴相随、形影不离"[1]。必须强调的是，文化认同的前提条件是事实上存在的文化差异，所谓文化差异是指"各民族之间的文化存在着不同性、特异性、多元性。从某种意义上说，各民族之间的文化的不同性、特异性和多元性是一种普遍的社会客观存在，自从民族诞生时起，差异就伴随着民族的历史而存在。换句话说，各民族之所以能够独立存在，民族文化的差异就是其独立存在的主要原因"[2]。这一现象的存在犹如中华文化的锦绣大花园里，各民族文化呈现百花齐放、百家争鸣的态势，显得鲜艳夺目、眼花缭乱，真可谓蔚为壮观、色彩斑斓。我国作为多民族国家，有着自身的特殊性，那就是民族分布极不均衡，在腹地

---

* 张增勇，云南大学公共管理学院博士研究生。

[1] 胡炳章、胡晨：《文化差异与民族和谐发展》，《吉首大学学报》（社会科学版）2013 年第 3 期。

[2] 胡炳章、胡晨：《文化差异与民族和谐发展》，《吉首大学学报》（社会科学版）2013 年第 3 期。

主要是汉族，但在边疆地区分布着除汉族外的许多不同少数民族。因此，我国的边疆地区也往往被称为"边疆多民族地区"或"多民族边疆地区"。在边疆多民族地区生活的各少数民族，一方面，由于长期生活在比较偏远的落后地区，交通不方便，边疆各民族国民（具有中华人民共和国国籍的人都称为国民）创造了自己本民族文化，并且有着与生俱来的对本民族文化的高度认同；另一方面，由于长期受王朝国家政权特别是新中国各种惠民的方针政策的巨大影响和多民族国家中华主流文化（以下称为中华文化）的强势影响，边疆各民族国民又形成并保持着对中华文化的一定认同。这两种文化认同长久地、不可人为分割地相互联系和交织在一起，因此，民族文化认同度与中华文化认同度的关系，对边疆的治理、多民族国家的政治统一、社会稳定、国家发展和国家强大等有着非常关键的价值和意义。因此，如何处理、调控好边疆各民族国民对这两个层次文化的认同关系问题，特别是加强边疆各民族国民对中华文化认同的地位认识问题，是边疆治理面临的重大现实问题和政治问题，更是边疆治理理论的难点和重点问题。

一 民族文化认同与中华文化认同之纠结

"认同"这个词是舶来品，其来源于英语单词"identity"，其中文意思是"身份；同一性，一致；特性；恒等式"。由于社会的快速发展，社会科学研究逐渐被人类所重视，因此这个词被广泛运用于该研究领域，而且往往被用来表示某个特定的主体与特定的客体之间的某种相互关系。又由于民族学、社会学和政治学属于社会科学范畴，于是，"认同"也就被运用于这些领域以表示某个体本身对与其有关的某特定的群体、组织或者政治单位之间的认识、了解后所持相同或相近的一种看法、观念或观点，犹如我国著名政治学者周平教授所言："'认同'一词用来表示个体对自己与特定的群体、组织或政治单位之间同一性或一致性的确认。"①

我国是一个地域辽阔的多民族国家，总共生活着 56 个民族，而边疆地区，除汉族之外，还生活着许多少数民族。在长期的历史生活实践中，每个

---

① 周平：《边疆治理视野中的认同问题》，《云南师范大学学报》（哲学社会科学版）2009 年第 1 期。

民族的成员，包括汉族，都保持着对自己民族文化的天然认同感。在边疆地区生活的每个民族都创造了不同于其他民族的民族文化，因此，当本文论及边疆地区的文化认同时仅指认同主体为边疆少数民族的文化认同。

文化认同是指主体对自身所处其中或其外的文化客体的同一性关系的认定或确认。也有学者认为："文化认同是人类对于文化的倾向性共识与认可。"① 文化认同是主体对自身所处文化客体的认识的升华，并影响和支配主体行为的思维准则和价值取向。因此，笔者认为，边疆少数民族文化认同是指边疆各少数民族国民对本民族在长期的历史生活实践中所创造的文化的认识、了解和认定、确认的过程，是少数民族国民与本民族文化之间所持有的一种相对比较稳定的心理过程或状态，并且这一心理过程或状态与边疆民族国民的思想和行为关系非常密切，它会直接影响和支配边疆少数民族国民的思想和行为，其具体表现为少数民族国民对本民族文化的肯定和赞美，以及对本民族文化的归属感、情感依赖以及采取符合本民族文化价值取向的行动，这种表现就是"对民族精神的颂扬和民族形象的爱护，以及为所属民族的利益而努力和奋斗的实际行动"②。正是有了对自己民族文化的认同，"因而才有对这种文化赋予了热爱的情感，具有与这种文化相应的心理体验，维护这种文化的价值并以之来规范自己的行为。"③ 之所以有这些表现，是因为文化在人的心中是相对稳定的，是文明的长期历史积淀及其外在的表现形式，是代际传递的结果，是文化社会化的结晶。任何民族的文化都是该民族在长期的历史中积淀下来的物质财富和精神财富的总和，也是其特别的文明的外在表现形式，所以任何民族的文化与其他民族的文化都存在质的差别。

民族是人群共同体，是由特定的历史文化联系凝聚而成的人群共同体，是由该民族成员通过在长期的历史生活中创造和积淀下来的民族文化这一纽带紧密联系在一起的群体社会。因此，民族文化是创造它的先民们代际传递下来并成为这一群体成员整合和维持其作为整体而存在的前提条件，即民族认同的基本前提。一个民族的解体与消失，与该民族成员对民族文

---

① 郑晓云：《文化认同论》，中国社会科学出版社，1992，第4页。
② 周平：《边疆治理视野中的认同问题》，《云南师范大学学报》（哲学社会科学版）2009年第1期。
③ 郑晓云：《文化认同论》，中国社会科学出版社，1992，第2页。

化认同程度的高低息息相关，民族文化认同度高则民族认同度就高，相应地民族整体意识就强，民族就有很强的凝聚力、团结力，反之亦然。因此，有人言："要想征服一个民族，就得先征服这个民族的文化。"这一点对于边疆少数民族来讲更是如此。现有的少数民族之所以能够存在和延续并发展到现在，是因为大多数民族成员对本民族文化有着高度认同。

在边疆多民族地区，各少数民族的文化认同或认同程度并不都是同等或一样的，而是存在着比较大的差异。有的少数民族对本民族的文化认同非常强烈，而有的少数民族对本民族的文化认同却非常弱，还有的少数民族成员根本就没有意识到自己本民族文化的存在。通常情况下，一个民族处于比较有利的条件下，其民族文化与其他民族文化交流比较多，因此，彼此文化交流融合程度就会比较高，相应地"民族文化中包含其他民族的因素比较多，民族文化的独特性表现得不是十分突出的民族，民族意识的水平也相对较低"①，其民族文化认同也就相对较弱，认同度就相应较低；相反，一个民族处于非常不利的条件下，其民族文化就显得非常封闭，因此就很少会与其他民族进行交流交往，同样其民族文化的交流就会更少，彼此文化融合程度也要弱得多，其民族文化的特殊性就很突出，这时该民族的民族文化认同度就相当高，其民族的凝聚力和团结力就会很强。

多民族的中国，在长期的历史生活实践中，各民族成员在创造了本民族自身的民族文化的同时又共同创造了灿烂辉煌的各民族共同拥有并享用的文化——中华文化。在这一漫长的社会历史实践过程中，边疆各少数民族既形成了对本民族文化的认同，同时也形成了对中华文化的认同。因为在中华文化大家庭中，边疆各少数民族都能找到本民族的民族文化因子，各民族文化都把本民族文化中的瑰宝贡献出来，融入中华文化的宝库，因此就共同创造了中华文化。在这个前提下，边疆各少数民族也就必然形成对中华文化的认同。边疆少数民族对中华文化认同就是边疆各少数民族国民对民族文化认同的同时又保持着对中华文化同一体关系的体认。边疆少数民族的中华文化认同是通过边疆各少数民族成员个体的言行表现出来的，这种表现是边疆各少数民族中华文化认同的基本形态，这也是边疆各少数

---

① 周平：《边疆治理视野中的认同问题》，《云南师范大学学报》（哲学社会科学版）2009 年第 1 期。

民族国民对国家认同的基础和前提条件。边疆各少数民族中华文化认同是指少数民族国民普遍共同持有的认同态度，即各少数民族在中华文化上达成的共识，是少数民族集体性的认同。因此，研究边疆各少数民族整体性的中华文化认同对国家认同有着极其重要的意义和价值，它关系到边疆的治理成效和国家的政治统一和社会稳定。

作为个体与中华文化之间相互作用而产生的一种心理过程，边疆各少数民族的中华文化认同具有不同的表现层次：首先是对中华文化有所了解和把握，能认识到本民族文化是中华文化中的一个因子，而且是不可缺少的一部分；其次是具有中华文化的整体意识，能够理解本民族文化与中华文化的关系及相互作用的关系和依赖程度；再次是尊重中华文化并意识到其价值所在，同时对中华文化产生情感；最后是能够为中华文化的发展和繁荣而努力做出自己应有的贡献。

由于长久地生活于民族文化中，边疆少数民族国民有着与生俱来的民族文化认同，这种认同的形成机制是比较简单和自然而然的，但少数民族国民对中华文化认同的过程就要复杂得多和曲折艰难得多。中国发展到现在主要经历过王朝国家和民族国家两个阶段，而王朝国家在我国又有着长久的历史，边疆各少数民族的中华文化认同是通过其独特的文化认同机制而形成的。我国的各少数民族与世界其他民族有着不同的特殊情况，即"边疆各少数民族原本都既是独立的民族单位，也是独立的政治单位，有的少数民族还建立了自己的国家政治体系"①。即使是这样，各少数民族在与中原王朝的交往和交流过程中被中原王朝强大的国力和辉煌的文明所深深地吸引，于是就出现了各少数民族先后内附、归附、臣服或降服于中原王朝国家，并成为王朝国家的少数民族的现象。同时，通过双方的交流和交往，博大精深的中原文化也深深地影响了各少数民族及其民族文化，各少数民族先后对辉煌的中原文化进行不同程度的认可或认同，把中原文化中适合民族文化的部分吸纳进民族文化，同时把民族文化中的精华贡献给中原文化，这样长久地发展下去就逐步形成了多元一体文化——中华文化。新中国成立后，中国进入了民族国家时代，边疆各少数民族也就成了中华

① 周平：《边疆治理视野中的认同问题》，《云南师范大学学报》（哲学社会科学版）2009 年第 1 期。

民族不可分割的组成部分。为了维护国家的统一和政治稳定，我国从实际出发，采取了有利于民族文化发展和中华文化认同的政策——多元文化政策。这一政策是"一种承认国内各民族文化的价值，尊重各民族保持自己民族文化的愿望，支持和鼓励各民族文化的存在和发展的政策。这种政策以各民族的利益作为基本的价值取向，给予各民族的语言、传统文化、风俗习惯和生活方式以平等的地位，因而容易得到各民族的认同和支持"①。这一政策的前提条件是建立在对各少数民族文化充分尊重和对中华文化认同的基础上，是有益于民族文化和中华文化的发展前景的。从这一过程可以看出，边疆少数民族地区的中华文化认同是在历史中慢慢形成的。因此，在这一过程中，各边疆少数民族就逐步形成了对中华文化的认同。我们知道，在历史上，王朝国家时期有可能带有外部强加的性质，但在民族国家里更多是边疆各少数民族自觉和不自觉地产生了对中华文化的认同，即从外在强制性的认同转变为内在自觉性的认同，因为在民族国家时期，与各少数民族文化相比，中华文化有着极其强大的优势和吸引力。

作为统一的多民族国家，现实中各少数民族对中华文化认同的程度不同，究其原因是我国地域辽阔、地形复杂，同时各少数民族的历史、宗教、族体规模、发展程度、民族意识和区位特点等因素不同，以及国际环境等因素不同，简单地说是由主观条件和客观条件所决定的，所以就造成了有的少数民族的中华文化认同度高，有的少数民族的中华文化认同度低的现象，以至于经常出问题，引起边疆地区的局势不稳，给边疆治理带来困难和治理成本的提高，甚至成为国家不稳定的主要因素。

各少数民族不同程度的中华文化认同是各民族之间加强交流融合，并进一步融入中华民族整体的结果，进而在国家认同方面起着前提和保障作用，也是各少数民族民族文化认同的基础条件。少数民族的中华文化认同程度直接关乎各少数民族文化的发展方向，也影响到中华文化的丰富程度与形式的多样化，更会涉及各少数民族对国家认同程度的高低。只有各少数民族在保持较高水平的中华文化认同的基础上，国家认同才有较为牢靠的思想基础，边疆治理成本才会降低并且治理有效，国家统一才有可靠的心理和思想方面的保障。如果一个少数民族或多个少数民族的中华文化认同出现了问题，那

---

① 周平：《民族政治学导论》，中国社会科学出版社，2001，第 79 页。

么国家认同也必然会出麻烦，边疆的社会就会不稳定，治理成本相应就会提高，而且治理效果不见得好，严重的情况还会导致国家统一受到严峻挑战。

边疆地区各少数民族由于有着与生俱来的民族文化认同，同时又在长期的历史生活中形成了对中华文化的认同，这两种文化认同自从形成后就在边疆地区各少数民族中紧密地联系和纠缠在一起，难解难分，因此，这一现象就形成了富有中国特色的文化认同结构。对此，我国著名政治学者周平教授认为："这是一个历史上形成并在社会历史发展过程中不断获得新的内涵的问题，因而既是一个历史的问题，也是一个现实的问题，还是一个不断常新的问题。"[①] 因此，民族文化认同和中华文化认同的关系问题是我国必须面对的一个长久不变的新问题，既然是新问题，就要探索和采用新的方式方法来加以解决，采用旧的方式、方法可能难以见效，任其发展可能会使问题越来越严重甚至无法解决。这个问题在我国的边疆地区显得更为突出和重要，因为我国的民族文化认同和中华文化认同的关系问题主要存在和体现在边疆地区，且边疆地区的民族文化认同和中华文化认同问题及其关系较为复杂，是我国边疆治理的弱点所在、关键所在。

我们知道，生活于边疆地区的各少数民族国民的民族文化认同和中华文化认同的程度并不是相同的。由于在我国边疆地区生活的许多少数民族国民都认为归属于某个民族群体，而这些民族的身份又是经过国家确认的，因此，他们对国家的行为是存在认同的，同理推之，得出他们对中华文化也是存在一定认同的，但这种认同程度是存在差异的。有的少数民族对中华文化的认同程度高些，而有的少数民族对中华文化的认同程度则低些。在边疆少数民族的两种文化认同中，最根本的问题是如何处理民族文化认同与中华文化认同的关系问题，即将中华文化认同放置于什么位置，这是两种文化认同的关键问题，是不容忽视的、必须妥善处理并加以解决的。

二　边疆少数民族文化认同的整合问题是边疆治理的关键问题

所谓多民族国家，其本身就包含着多种文化共存的国家现象，同时更体现了多元一体的文化结构现象。我国是多民族国家，各民族文化共存并

[①] 周平：《边疆治理视野中的认同问题》，《云南师范大学学报》（哲学社会科学版）2009 年第 1 期。

与中华文化相辅相成。各少数民族文化为中华文化输送本民族的文化精华，而中华文化也为各少数民族文化提供更先进的文化价值理念，同时为各少数民族文化提供更大的展示和发展空间。各少数民族文化在相互交流借鉴中共同演绎中华文化的发展、繁荣及流向，并丰富中华文化的内容，共同维护中华文化大家庭的共识，这是国家统一、稳定、巩固以及发展的深层次的基本前提条件，因为文化是生活历史的积淀，任何文化在历史上都是先人在社会生活中存留给后人的各种人文积淀，并且深深地影响着后人的社会生活现实行为。边疆各少数民族对中华文化的认同是以中华文化有益于民族文化的价值认同为前提条件的。

对于我国这样一个多种民族文化共存的国家来说，国内各民族对共同文化——中华文化的认同就显得非常重要。各民族对共同文化的认同程度和稳定性是多民族国家政治稳定的重要基础，这就要求我国边疆少数民族把对共同文化——中华文化的认同置于民族文化认同之上。这是文化认同的最低要求，低于这个最低要求，作为共同文化的中华文化就有可能受到挑战。因此，只有各边疆少数民族把对中华文化认同置于民族文化之上，才能共同维护中华文化的内在价值，让本民族的文化有更大的发展空间和更多的机会去展示本民族文化的精华以及更好地发展本民族文化，这样也才能对民族文化有更深的认同。虽然认同是各民族群体成员普遍存有的心理状态，但这种心理状态并不是永恒稳定的，而是随着许多外在的（或者说客观的）和内在的（或者说主观的）因素的变化而不断发生变化的，是一个可变量，而不是一个恒量。边疆少数民族的民族文化认同和中华文化认同之间是存在博弈现象的，即边疆少数民族的民族文化认同和中华文化认同都有可能上升或可能下降，但在这一动态过程中，少数民族的中华文化认同程度如果下降到低于民族文化认同的程度，或者说中华文化认同弱于民族文化认同时，少数民族的国家认同的心理基础就会受到动摇，国家的权威就会受到挑战，以至于影响到边疆地区的治理效果和社会稳定，甚至危及国家的统一，这一过程就是所谓的文化认同危机。文化认同危机其实就是指两种以上的认同之间的平衡被打破，即出现了民族文化认同程度提升，而中华文化认同程度下降，或者民族文化认同的提升速度快于中华文化认同的提升速度。这种文化认同危机会造成边疆少数民族对中华文化认同度相对下降或绝对下降，进而否定中华文化的价值所在，否定中华文化的存在，这样就会危及少数民族的国家认同的心理基础，危害边疆的治理稳定，影响国家的政治安全，是非常有害的。

在边疆地区现实中，少数民族的民族文化认同和中华文化认同之间存在差异是不争的事实。在民族文化认同和中华文化认同之间保持一个适当的比例关系，即始终让中华文化认同度高于民族文化认同度并保持在一定或恒定的比例上，这种文化认同危机一般就不会出现，或者不会有太大的危险。如果民族文化认同和中华文化认同都出现一种同步的正向变化，且中华文化认同度始终高于民族文化认同度时，这时就不会有文化认同危机出现。如果两种文化认同之间出现了以下两种情况，就有可能导致文化认同危机的出现：第一，少数民族的民族文化认同趋势增强，而中华文化认同趋势减弱；第二，中华文化认同趋势保持某种一定的程度，而少数民族的民族文化认同趋势却快速提升。

文化认同危机一旦出现，即那些少数民族对民族文化的认同高于对中华文化的认同，该少数民族就会认为本民族文化的价值高于中华文化的价值，直至认为中华文化无用，甚至不认同中华文化，这样就会动摇该少数民族对国家认同的思想和心理基础，甚至影响国家认同，这样就会对边疆治理和国家的政治稳定造成深层次的、更大的危害。历史经验一再证明，在多民族国家中，文化认同问题处理不好会造成一系列的严重后果：一是国家政治文化在边疆地区贯彻和实施受阻；二是国家认同遭到怀疑，国家统一遭受威胁；三是会给敌对势力分裂国家提供可乘之机。

因此，我国作为多民族国家必须高度重视文化认同问题，特别要重视边疆多民族地区的文化认同危机。文化认同问题一旦没有得到及时妥善的处理或者对之掉以轻心，就会造成始料不及的严重后果。我国在文化认同问题上必须要避免、消除或化解这种文化认同危机，平衡好民族文化认同与中华文化认同之间的关系，让边疆各少数民族的民族文化认同保持在一个合理的认同度，同时要确保各少数民族的中华文化认同度维持在一个较高的水平，这样就能很好地平衡两种文化认同之间的关系，文化认同就不会出现问题，这一现象就是所谓的文化认同平衡或称为文化认同整合。

文化认同平衡的核心就在于，在边疆各少数民族的民族文化认同和中华文化认同之间的平衡被打破的情况下，及时协调二者之间的平衡关系，让边疆各少数民族的中华文化认同度始终保持在较高的水平，或者始终将中华文化认同放在高于民族文化认同的位置，让边疆各少数民族的民族文化认同和中华文化认同保持动态平衡趋势，就能很好地让边疆各少数民族的民族文化认同和中华文化认同和谐共处。这样就有利于保证边疆各少数民族国民具有国家认同的稳定牢靠的文化心理基础。

多民族国家应该高度重视文化认同整合，因为这是为边疆各少数民族的国家认同提供强大的国家主流文化价值的重要举措，有着非常重要的意义和价值。从国家层面讲，它是国家统一和稳定的关键基础；从边疆地区层面来讲，它是边疆稳定和有效治理的重大任务。任何问题的解决都不是一劳永逸的，解决边疆地区少数民族的文化认同问题也不可能是一劳永逸的，因为其内涵会随着时代和社会的不断变化而注入新的内容，同时又会出现新的文化认同平衡问题。历史不会重演，人文社会科学的成功模式不具有普适性，只有借鉴性，同样，任何一种成功的文化认同整合方式不可能完全适合任何时候或任何国家的文化认同整合问题。因此，每个多民族国家的文化认同整合都必须根据其所处的具体实际情况来探索适合自己国家的解决文化认同问题的方式和方法。

作为多民族国家的中国，在不同的历史时期都高度重视文化认同整合，探索出了一些有益的方式、方法，虽然有的可能在当时不是很合情或合理，但在整个历史发展中还是相当有用的，为中华文明的传承起到了不可或缺的作用，为统一的多民族国家打下了坚强有力的文化历史根基，各少数民族对多民族统一国家的认识才有了文化价值基础。

当下，我国并没有一劳永逸地解决文化认同问题，仍然存在少数民族的民族文化认同与中华文化认同之间关系的问题，这一问题在边疆地区显得尤为突出，并且已经威胁到了边疆的稳定和有效治理，对国家认同提出了严峻挑战。因此，我国必须加强对边疆少数民族地区的民族文化认同与中华文化认同之间关系的研究，探索一条适合我国当下实际的少数民族文化认同整合的有效路径，并且要不断探索新方法去解决不断出现的新问题，稳妥地解决我国边疆少数民族地区面临的文化认同方面的治理问题，有效地增强少数民族地区的国家认同感，以此来维护国家的统一和稳定。

三　边疆治理中的文化认同整合路径探析

任何事物都不是一成不变的，而是一直处在不断发展变化当中的。边疆各少数民族的中华文化认同和民族文化认同以及两者之间的关系也一直处于不断发展变化的过程中，但在某个特定时间段内，又处于相对稳定期。在某一具体地区，某一特定民族或几个少数民族的文化认同变化不大且比较稳定，这仅仅是相对而言，但要深知变化是永恒的。因此，在这一前提下，笔者试图在探寻这一文化认同过程中努力把握其发展规律，寻找解决这一问题的暂时的最佳方案。

我国边疆各少数民族的中华文化认同现状总体上是好的，比较稳定。但这只是暂时的，并不代表边疆所有少数民族地区的中华文化认同度都高、都没问题。其实，在边疆多种因素的共同作用下，有些边疆少数民族地区的中华文化认同出现了不容乐观的现象，中华文化认同受到挑战，甚至有弱化的现象，这给边疆地区的稳定和治理增加了额外成本。即使这样效果也不是很理想，由于边疆地区治理成本的增加，这样就必然会影响到国家政治的整体稳定，给国家认同带来严重的挑战。

随着我国改革开放政策的实行及其力度的不断加大和广度的拓宽，加上周边国家形势相对暂时稳定，边疆各少数民族国民同邻国之间的交流交往日渐便利和频繁，特别是与处在周边国家的同源同族之间的交流交融机会的增多，这样日积月累，在言语行为方面，边疆的少数民族国民在慢慢地有意或无意地强化了民族文化认同的同时出现了对中华文化认同的弱化现象，比如更多地强调自己的民族属性，或者有意无意地将自己的子女送到与自己同族源的邻国就读，更有甚者出走国外或举家外迁，造成事实上有不利于国家政治稳定的言论或行为，这些都是明显的中华文化认同弱化的外在表现和实际行动，并还有可能继续恶化。这些现象的存在对边疆地区的社会稳定和经济发展及国家全局的政治安全稳定都是十分有害的。

因此，不失时机地对边疆少数民族地区的文化认同问题进行有效的整合，对民族地区的中华文化认同进行维护、巩固并不断强化，不仅是一项紧迫的边疆文化认同任务，更是边疆各族的政治任务，是边疆治理的重要举措，同时也是国家重大的政治任务。

边疆地区的文化认同出现问题，并不是边疆少数民族简单地弱化对中华文化的认同，而是在与民族文化认同对比中对中华文化的认同度有所减弱或降低了，或者是边疆各少数民族对中华文化认同的速度慢于对民族文化认同的速度，造成中华文化认同的主导地位受到了挑战，从而在更深层次——文化层面上国家认同的主导地位受到了损害或减弱。基于这样的现况，平衡好两种文化认同之间的关系，加强和维持边疆少数民族的中华文化认同高于民族文化认同的认同态势是文化认同的最根本的也是最重要的价值目标追求。

据上述价值目标，要让边疆少数民族的中华文化认同高于民族文化认同，或者使民族文化认同低于中华文化认同并保持在一个合理的、恰当的比例之内，当下需要做以下这些方面的工作。

（一）出台惠民经济政策

加快出台并实施针对边疆少数民族地区的特殊的惠民经济政策，让少数民族在国家整体经济快速发展中享受到实实在在的好处，得到实惠，并及时对边疆地区的国民进行政治文化宣传教育。人是作为理性"经济人"而存在的，因此，人人都有追求和享有幸福的权利，少数民族国民作为"经济人"存在也不例外，同样可以享有和追求这些权利。在国家层面，通过政策合理地调整边疆少数民族地区与国家整体利益之间的关系，特别是要重视根据边疆各民族地区的异质性实况出台政策和措施来平衡边疆各少数民族之间以及各少数民族与国家之间的利益关系，加快制定和出台适合于边疆少数民族地区的惠民经济政策并加以落实，真正让边民（即指边疆国民，包括边疆少数民族国民，也包含边疆汉族国民）受惠，同时在此过程中加强对边疆各少数民族国民进行政策讲解和宣传，及时进行国家政治文化宣传教育，让边疆各少数民族国民尽可能及时地认识、了解国家政治文化内涵，真正意识到国家政治文化的价值所指，有意识地强调让边疆国民自觉和不自觉地认识到只有在国家认同和国家统一的前提下才能更好地享有或拥有这些优惠的条件和惠民政策，为更深层次的国家认同——中华文化认同打造坚实的心理基础。这是从经济政策方面筑牢中华文化认同基础。

（二）强化中华文化教育

在边疆地区加快教育发展，特别是要强调中华文化教育的内容、作用和价值功能；同时弱化民族文化教育，仅仅把民族文化作为中华文化的一个不可或缺的部分来看待，或者把民族文化教育放在次于中华文化教育的位置，或者把中华文化教育融入民族文化教育当中，或者把民族教育和民族文化教育分别放进国家教育和中华文化教育当中，当作其部分或次要对待，强调后两者的整体性和全局性地位，以后两者指导和引领前两者。总之，要让民族文化教育与中华文化教育的提升速度保持在一个合理差距内，以利于中华文化认同度高于民族文化认同度，保证中华文化认同一直处于稳固的"高位"。针对边疆地区各少数民族的中华文化认同的异质性，分别探索采取有针对性的不同的教育内容、形式、方法和手段，如国家在内地省份创办的免费藏族班或藏族学校就是很好的形式，这既让边疆少数民族青少年长时间在东中部地区感受到祖国大家庭的温暖，接受教育，学到文化，又减轻了其家庭负担，还让其接受了浓浓的中华文化氛围的熏陶，其积极意义是重大而长久的，要把这一好的做法扩大到其他边疆民族地区的所有民族国民，而不是仅仅让某一特定民族受益。对此，笔者认为把这种举措可以归结为吕朝辉博士在其博士学位论文中所定义的"陆疆情感型治理方式"：这种治理方式高扬"以人为本"的治理理念，主张以陆疆各族群众最关心、最直接、最现实的各类需求为陆疆治理的出发点，以物质帮扶、财政补助、政策优惠、情感关怀等为施政的重要手段，充分体现出党和国家对陆疆少数民族群众的尊重、关心和爱护，以此培植陆疆各族群众对党和政府的认同感、对中华儿女生死与共的血脉感、对中华民族的自豪感、对国家的忠诚感、对陆疆建设和发展的使命感、对社会主义宏伟事业的责任感，从而形成安全、健康、完整的情感纽带，建立陆疆各族群众相互信任、相互支持的团结和睦关系。[1]

教育是国家发展之根本，在加强边疆民族地区教育发展的同时，突出强调全国教育发展的整体性，边疆每一少数民族地区都是国家整体教育不可分割的，更是不可或缺的重要部分。国家要发展、中华民族要振兴，离不开教育。因此在目前现况下，要大力在边疆地区尽快普及与全国其他地区同等数量和质量的教育，让边疆地区的国民真正感受到自己与全体国民的受教育程度的差距在慢慢缩小，对中华文化的理解能力也在慢慢跟上或同步了，对中华文化的价值也就自然而然地认同了。这样既有利于国家认同的整合，也更有利于边疆治理。这是从文化教育方面筑牢中华文化认同基础。

---

① 吕朝辉：《当代中国陆地边疆治理模式创新研究》，博士学位论文，云南大学，2015，第259~260页。

（三）提升对中华文化的"增量认同"

边疆地区少数民族对中华文化已有的认同是在长期的亲身体验的实践中不断形成的，是相对稳定的内心体验，是不会轻易改变的心理感受。在今后的实践当中，边疆少数民族对中华文化的认同也必将随着时间的推移不断加深和稳固。同时，边疆各少数民族国民的民族文化认同也会随着时间的推移不断加深，因此，在今后的社会生活实践当中，要特别注重提高边疆民族国民的中华文化认同度，并保证一定要高于民族文化认同度，让二者之间保持在一个合理的比例范围里。笔者在此引用著名政治学学者俞可平在论述民主时采用"增量"一词来论述中华文化认同，既要保持和稳定边疆各民族国民对中华文化认同的"存量"，更要特别强调提高或增加边疆各民族国民对中华文化认同的"增量"，即注重边疆各民族国民对中华文化的"增量认同"。这是从文化认同增量方面筑牢中华文化认同基础。

（四）加强中华文化对民族文化精髓的吸纳能力

中华文化是由中华民族在长期的历史社会生活实践中创造和积淀下来的精神财富和物质财富的总称，各民族国民都是中华文化的创造者和贡献者。各民族把本民族的优秀文化输送进中华文化大家庭里，这样，各民族国民对中华文化就有着天然的认同；同时，中华文化也要把各民族文化中的优秀成分吸收进来，充实和丰富中华文化的内涵，融入更多的民族文化精华，使中华文化本身真正成为中华民族的共同文化、共有文化和共享文化，成为文化精髓，成为中华民族真正的精神支柱、心理钢铁长城，起到真正凝聚中华民族人心的精神纽带作用。把民族文化和中华文化真正地结合起来，做到民族文化离不开中华文化的价值指引作用，而中华文化也离不开民族文化的丰富、充实、提高以及促进作用，做到相辅相成、相互作用和相互促进。这是从中华文化的特殊胸襟方面筑牢中华文化认同基础。

（五）推介拥有民族文化精髓和特色的中华文化于世界

中国作为文明古国，五千年的灿烂文化不仅仅是全体中华儿女的，更是全世界人民的，应该让全世界人民共享，因此，要把中华文化向全世界推介，扩大中华文化的国际影响，让世界人民认识到多元一体的中华文化是由中华民族共同创造并贡献给世界人民的、永不消失的智慧结晶，以此自动自觉地影响并提升边疆少数民族国民的中华文化认同度。世界的文明离不开中华文化，灿烂辉煌的中华文化同样离不开中国各民族文化的贡献，因此，中国各民族文化只有融入中华文化大花园中并推向全世界，各民族文化只有紧紧依靠中华文化这个支柱才能在世界文化中立稳脚跟，各民族文化才能在世界文化中占有一席之地，也才能在世界上拥有更大的舞台来展示各民族的文化传统和特色。当然这也只能在各民族国民对中华文化有着高度认同的情形下才可能做到，也是各民族国民所向往的和追求的。因此，积极主动地把中华文化向世界推介，尽量扩大中华文化的国际影响，才能更好地让各少数民族国民意识到，只有在提升边疆各少数民族国民在对本民族文化认同度的前提下深深地认同中华文化，并且意识到只有在对中华文化高度认同的基础上，边疆各少数民族文化才会有更好更大的展示舞台，各民族文化才能得到更好更快的发展，这二者是相辅相成、相得益彰的正相关关系。这是从中华文化的世界文化贡献方面筑牢中华文化认同的基础。

四　结语

目前边疆地区的少数民族文化认同和中华文化认同之间的关系确实存在一定的问题，这是不争的事实。因此，提倡和实现边疆少数民族文化认同和中华文化认同的交融，把各民族文化合理有效地整合到中华文化之中，"使民族文化的发展有利于中华文化的发展和壮大"①，使边疆各少数民族国民的中华文化认同达到同腹地国民中华文化认同的高度或同步前进，是我国文化认同永恒的价值追求，也是边疆治理的价值追求，更是国家治理的理想状态。

---

① 周平：《边疆治理视野中的认同问题》，《云南师范大学学报》（哲学社会科学版）2009 年第 1 期。

第四届中国边疆学理论创新与发展高层学术会议问答实录

麻国庆致开幕词

麻国庆[*]

吴楚克老师主办的会议，没有那么多所谓的常规性的动作。充满学术交流的味道，其实是一种"美美与共"的感觉。每年吴老师都要举办一次边疆学会议，其实以前的边疆研究是一种边缘研究，但是我们现在在座的各位专家，真是从边缘走向了中心。边疆研究是中国学术脉络里一个非常有个性的领域。吴老师主办的边疆学会议在中央民族大学举行，我也向吴老师学习一下，套话少一点，但是有一句话必须要说，欢迎各位专家学者莅临中央民族大学！谢谢！

我记得，上个星期在这里召开了一次与这个主题相当密切的会议——中华民族多元一体格局的形成与发展暨纪念费孝通先生"中华民族多元一体格局"理论发表30周年国际学术研讨会，因为费先生在香港中文大学发表这个理论观点的时候正好是1988年。我记得我跟费先生读博的时候，跟费先生一块到武陵山区调研一个月，因为到外地你会感觉到师生之间的距离更近，一日三餐都在一起吃饭，就会聊起费先生为什么会提出"多元一体"这个问题。以我1991年的知识水平，只把它理解为一篇学术论文，并没有把它和国家建设联系在一起。费先生说："苏联解体，东欧剧变中国一定要关注。"直到我1994年到东京大学留学时，我的一名日本老师的一席话才让我真的感受到这个议题是相当重要的。多元一体格局对于中国的民族研究是相当重要的一个议题。我们任何一个研究都是和国家的整体建设联系在一起的，所以我们今天讨论的边疆研究中有很多主题是很有意思的。

---

* 麻国庆，中央民族大学民族学与社会学学院院长、教授。

今天会议的主题是"创新与发展"，在学科建设当中如何进行创新？实际上，从全球化背景来看，我们对于边疆的理解越来越具有前瞻性。边疆根本不"边"，实际上它在中国的学术领域也是非常中心的问题。就相当于我们原来说的民族史，在以前那个时代就是中国历史的边缘，因为其他课程比如地方史、秦汉史等都是主干。但现在看来，民族史就是中国史的核心部分，我也不赞成有些国外学者的观点认为民族史是另外一部中国史。民族史就是中国史的核心。所以我们说边疆研究实际上就是中国史的一个核心研究。我一直觉得边疆研究是中国学界，乃至全球学界一个重要的组成部分。以上是我说的第一点。

我要说的第二点，就是联系我们今天说的人类学、民族学调查，从田野里重新发现边疆，重新评价边疆。这里面涉及几个关键的概念，第一个是区域的问题，这个区域不是一般的区域，而是跨区域。而跨区域本身是一个超越单一的民族国家的概念。从民族国家理论出发，我们如何来反思，特别是从跨疆域社会来反思问题。跨界民族和边疆研究形成一个跨民族、国家的区域社会体系，在这个层面上探讨边疆研究如何创新与发展。从我们的田野资料当中，我们会看到比如东北的俄罗斯族一家兄弟三个人，老大是俄罗斯族，老二是侨民，老三是汉族。你要看他们的身份反映出了什么问题。这涉及我们1949年之后的侨民政策、民族政策以及老百姓之间的身份认同。当看到一个长着俄罗斯人模样的人，讲着一口大碴子东北话时，我会想到一个问题，其实身份认同已经不再是一个核心概念，国家认同才是边疆研究的核心概念。所以在边疆研究当中，一个核心概念就是在跨区域当中的国家认同。南开大学的一个心理学教授研究中华民族认同，他从定量研究的角度入手。当然他研究得出的结论有待讨论。他提出的核心问题是：在中国的边疆地区，也就是自治区这一类地区，国家认同的指标是最高的，反而上海市的国家认同的指标是最低的。像我是一个出生在内蒙古的人，原来我本科的时候读的是考古学，后来我读民族学专业硕士研究生。因为从小生活在内蒙古这样一个民族地区、边疆地区，所以有这种民族意识，就觉得民族学很有意思。因为从边疆地区出来的人有一种自身的情结。其实包括我们在座的很多学者，包括还没来得及搞这个行当的人当中，有相当一批人是从边疆地区出来的。因为从边疆地区出来的学者有这种情感，有这种民族认同和学术自觉。我们今天谈学术自觉是很重要的。

后现代人类学一个很重要的核心概念，就是研究者和非研究者之间的关系。发现研究者自身的一个成长经历和他的研究目标是连在一起的。后来我发现，从我们这个民族研究的角度来说也很有道理。所以我想说的第二点也就是如何在田野之中发现边疆。与边疆相关的民族志，我们记录的有很多。包括在座的各位老师，也包括中国社会科学院和其他大学的博士后做研究，对边疆研究做出来的民族志非常多。我认为，我们国内的很多博士学位论文，远远超出了国外的博士学位论文水平。我们要有自信，我们的学术水平根本不会在他们之下。哪怕我们很多学生在国外留学，包括我自己在国外的学生，我都会让他们和在国内的师兄弟比比看，虽然他们用英文写，但是不一定比在国内的学生论文做得好。在这方面吴楚克老师如果有精力做下梳理，那么可以发现以民族志形式呈现的优秀论文不下百篇。论文当中充满了对边疆的流动、跨界流动当中涉及的人的情感。就是说一个民族的公民对祖国的概念或国家的概念如何表达，我觉得这一点是十分重要的。

我要说的第三点就是，直到今天的所有研究，比如最近十年的全球人类学研究，离不开流动、跨界。所以跨界和流动就变成了人类学、民族学的一个主题。所以我们说这个边疆学论坛当中呈现的很多论文，实际上也是以跨界和流动为核心的。今天在座的各位老师、各位同行，我们也在跨界，我们没有所谓的学科单一性背景。我们有历史学、民族学、人类学、政治学和其他不同学科的参与，所以我们都在跨界。跨界正是构成我们中央民族大学这个校训——"美美与共"的一个基本载体。没有跨界，学科是不可能发展的，所以我觉得在这个跨界的背景当中，我们的边疆研究能够更上一个新的台阶，达到知行合一。谢谢大家！

（整理人：王金龙）

马大正谈中国边疆学构筑是
中国学人的历史担当

马大正*

现在我们以边疆学为主题的会议有很多，但我可以给吴楚克教授汇报的是，吴教授举办的四次会议我都参加了。我觉得这个会议还是有自己的特色的，每次都在不断地创新。比如说这一次从会议组织上有创新，半个小时的时间完全交给我，没有会议的主持人、评议人。我的文章已经印在会议手册当中，所以就没必要照本宣科。所以这半个小时我想重点讲讲我想说的几句话，留出时间，更多的还是想听听大家对我的一些思考的评议，进行互动，可能效果会好一点。在我的这篇文章当中也说了，对于边疆学的构筑，我现在能说的话也说得差不多了，没有什么更多的新意了。我想在这里把我文章当中讲的四个主要问题向大家重申一下，用点时间稍微讲一下。

第一个就是概念，边界、边境、边疆、中国边疆和中国边疆学，这几个概念当中有的概念比较简单，有的概念则显得比较大。但我想我们考虑问题肯定是先从简单到复杂，然后再从复杂回归简单。要不然可能就绕进死胡同，绕不出来了。我现在是觉得有些概念已经到了死胡同里。为什么这么说呢？边界很简单，边界就是现代意义上国与国之间交界的这条线，这个没什么好争议的。边境应该也没太多好争议的。最近《中国边疆史地研究》上有一篇专门讲边境的文章，边境就是边界线内侧的一定的范围，一般也就是 20~50 公里，也可能更大。这是没什么可发挥、可争议的概念。那么下面就是边疆和中国边疆。边疆这个概念现在弄得很复杂。但我

---

* 马大正，中国社会科学院原中国边疆史地研究中心主任研究员。

想我们研究问题就应该是个由简单到复杂，再回归简单的过程，这样才能够解决问题。我个人认为，边疆这个概念不是每个国家都有的。边疆是一个特定的概念，既有地理空间，又有人为因素，这两个因素结合才能称之为边疆。一般的国家没有边疆，但它有边界。例如有的国家本身就不大，单一民族的构成又很简单，所以不能称它有边疆，有的国家就没有边疆。真正有意义的边疆，实际上以我看来，只有中国和俄罗斯可以称之为有我认为的边疆。至于美国，虽然美国的边疆学曾经很热闹，现在也不热闹了。我个人认为，美国所提出的边疆已经不再是我们现在所认识的边疆的概念。

那么现在概念又到了我们的中国边疆、中国边疆学。中国边疆我以前讲过很多次，现在看来我这个界定，学术界大家都认同，包括国家的一些主流媒体也都用这个概念。中国边疆实际上有两个条件，一个是有地理空间上的边界线，另一个是有自身的人文特点。因为边疆地区是地和人的有机结合，边界线是个硬性条件，没有边界线就不能称之为边疆。但是只有边界线、没有人文特点的话，也不能称之为边疆。我们中国的边疆就是这两个因素的有机结合。那么中国边疆学就是研究中国边疆的一门学问。中国边疆学针对的是有中国特色的中国边疆这样一个研究对象，所以中国边疆学也是一门有中国特色的学问。就这个问题能不能形成一种共识，咱们再接着往下走。当然大家如果觉得这个在理论上有很多可探讨的，咱们一会儿有的是时间进行探讨。

我要探讨的第二个问题就是，根据我个人对中国边疆学构筑的思考，我认为有四个节点特别重要。正是这四个节点才促成了中国边疆史地研究到中国边疆研究，再到中国边疆学构筑这样一个过程。当然这四个节点只是我个人的认识。第一个节点是对中国边疆研究的千年积累、百年探索的继承，以及到现在40年的创新实践，这个是我们中国边疆学构筑的准备。如果没有这样的积累，实际上也不会有中国边疆学这个命题。这是第一个节点，也就是从学术史研究这个角度去思考。第二个节点是对中国疆域理论的不断探索，这是中国边疆学构筑的学科基础。边疆理论离不开疆域理论，我们研究的是中国的疆域，千万不要把西方的疆域理论生搬硬套。为什么这么说呢？因为我们也曾有过教训，应该将近20年前吧，也就是21世纪初，我们跟韩国就"高句丽"到底是归哪一方的问题打嘴架，曾经闹得很热闹。当时东北有一位老先生，他也是好意，他讲这个高句丽的归属问题是个很复杂的事情。他就想利用西方国家有关边境、边疆、疆域的理论来解释古代高句丽的归属问题。他本意是好的，但坦率来说是非常吃力不讨好，自己把自己引入死胡同里出不来了。说不清楚，而且越理越乱。不是因为历史本身的乱，而是因为这个理论本身用得不对。我们东方的疆域有东方的特色，你拿西方近代的东西来解释我们古代的问题，它说不清楚。这个方铁教授应该比我还清楚，他可以讲一天。所以这就闹得我们这位老先生很尴尬，因为他说了这头，顾不了那头。我为什么要说这个例子呢？我觉得中国的东西，就得有我们中国的特色，用中国的思维来解释中国的历史常识，来解决中国现实中的事情，这一点是相当重要的。第三个节点是对古今边疆治理理论与实践的全方位的多层面的研究，也就是对边疆治理或者简单地说是对边疆政策的研究，是中国边疆学构筑的一个切入点。为什么中国边疆史地研究承受不了这样一个任务呢？因为边疆治理是一个全方位的整体社会的制度。只用历史学的方法，可能有很多东西延伸不下去。正因为这样，我们就提出来需要有一个多学科的结合。第四个节点就是当代现实生活的迫切需求，也就是社会的需求。我们一直在讲以史为鉴，讲历史的担当，这是中国知识分子的优良传统。现在社会的问题很多，特别是我国当代边疆的问题很多。不仅是边界的历史遗留问题，而且更是当代边疆社会面临的一系列问题。这些问题都需要中国边疆学这个特殊的学科的综合性研究，来追溯历史，面对现实，寻求解决办法，这是现实的需求。这一点在座的各位可能体会得比我还深。我在边疆研究所（前身是中国边疆史地研究中心）的时候，也已经为现实问题花了很大的力量，也取得了一些成果。现在的边疆研究所更是应接不暇。所以现实的需求也迫切需要我们加快中国边疆学的理论构筑。从这个意义上来说，如果大家能够认同我所说的这四个节点，那么对学科建设不足的问题，可以从这四个节点进行深入研讨。这可能有助于我们中国边疆学的构筑。

第三个问题是对中国边疆学的学术思考。现在最关键的一点是需要大家更多地来研究中国边疆学的内涵和外延。中国边疆学的内涵是哪些？它的学科内部到底应该怎么布局？它的外延是什么？它的特点是什么？等等，这些需要大家能够花更多的精力去研究、探讨。

最后，第四个问题。作为学者，既然我们提出了中国边疆学的构筑，那么我们自己要做得熟一点。当做到了一定程度，相关管理部门认可这个学科了，那学科系列里面就有中国边疆学这么一个名分，这需要我们的努力。但关键是我们自己要明白中国边疆学是个什么东西，怎么讲清楚，有什么用处，它对国家的长治久安和可持续发展能起什么样的作用。对于中国边疆学在社会科学的发展中应该占有什么样的地位，这需要我们自己内部把它理顺，我们的兴趣点应该放在构筑中国特色的研究中国边疆的中国边疆学。当然我也不反对有些学者提出的，构筑中国边疆学首先要构筑一个一般边疆学，也就是说，一般边疆学的构筑是中国边疆学构筑的前提、基础。虽然我还没有完全理解，但是我也不反对这种思考和探索。但是我认为这个可能很复杂，孙勇教授正在这方面努力研究。重点还是应该放在中国边疆学上，这是我的一个想法。

刚才我也提到了，在中国边疆史地研究的学者当中，能不能在中国边疆研究的领域中不再人云亦云，不再用中国的事实给西方学者的理论做注脚，甚至不引用西方的理论来证明自己的学术和见解。这种提法实际是有所思考的，我们不是拒绝西方的理论，但我们也不要单纯跟着西方走，特别不要试图用西方的理论来解释有中国特色的中国边疆，不然会弄得自己很累。学者还需要走出象牙塔，我们要让国人了解边疆、认识边疆、热爱边疆。要做普及工作，但我觉得我们普及的对象主要是两个群体。第一个群体是一般的老百姓，另一个群体就是习近平总书记说的关键少数，即我们的领导干部。如果关键少数不明白，那么怎么进行决策呢？中国边疆学构筑起来的话，对治理边疆来说是很有用的，这需要大家共同努力。我就讲这些。讲得不合适的地方，请大家批评。还有十分钟，请大家来讨论一下。

邹建达问：马老师，中国边疆学是您在 20 世纪末的时候提出来的。它是一门学科体系还是一门专学？因为有学者后来搞土司研究，想问边疆学和土司学是个什么关系？

马大正答：我认为这个问题你来回答更合适。我觉得现在就是两个情况，一个是大家现在为了让自己的研究更丰富、层次更高，总希望成为一个"学"，对这种心理我完全可以理解。改革开放以后，咱们有多少"学"？既有传统的，也有新出现的，既有为大家所接受的，也有昙花一现的，但我不希望土司学是昙花一现。现在让我说这个学那个学的，扳手指头能数出一大堆。就新疆来说，有传统的吐鲁番学、西迁学、阿克苏学等，这个从心态上可以理解。但是我想，如果想成为"学"的话，这个研究对象，只用一个学科去研究是解决不了问题的。所以我认为，提"学"还是要慎重，土司学研究土司，不单单是研究土司史的问题，从政治学的角度也可以研究土司，从文化的角度也可以研究土司。从这个角度来说，土司学成为中国边疆学的一个分支也未尝不可。

杨明洪问：有关中国边疆学，现在我觉得大家对于学科建设有一个争议。马老师刚刚强调中国边疆学一定要放到中国边疆的这个特色当中，另外一派就是希望以一般边疆学来构建中国边疆学。我想请教的问题就是，近代以来，中国被纳入世界体系当中。纳入世界体系之后，我们中国的整个人文社会科学也被纳入世界体系当中，所以我国的人文学科不管怎么说，多多少少都受到西方理论的影响。在我们讨论边疆学的时候会受到政治学、民族学以及一些其他学科的影响，而这些学科是受到西方学科的深深影响的。在这样的情况下，我们构建中国边疆学时怎么能够把西方的理论排除出去，怎样才能做到不跟着西方走，这是我们进行思考时面临的一个困境。我们不跟西方走，我们应该怎么走？希望马老师解答一下这个困惑。

马大正答：我也很困惑，但是我这种困惑和你的困惑角度不一样。你的困惑是我们现在成为一个共同体的情况下，怎么能跟西方不接轨。我的困惑是我觉得我们不是排斥西方理论，让它为我所用不行吗？我们立足于中国，不只是立足于中国的现在，更是立足于中国的历史。我们研究中国的现状，离不开中国的历史。所以我们能不能立足于中国，把西方有用的东西拿来为我所用，这大概也是我们文化自信的一个表现。当然这个说起来好说，做起来挺难的，因为我们在座的孙勇教授、杨明洪教授，还有我们年轻的汪洪亮教授都在做一般边疆学研究，你们的文章我都拜读了。坦率地说，有些文章我看懂了，有些文章我没看懂。一会儿我想听你们的高见，我很支持你们在这个问题上的探索。

汪洪亮问：您从20世纪90年代以来就一直在倡导中国边疆学，我感觉您的学术观点在整个过程中也有变化，对中国边疆学的探索很有意义，但是我认为不应该陷入问题与主义之争，我认为问题与主义应该并重。关于中国边疆学和一般边疆学之间的关系，我跟孙勇教授也有过一些交流。我觉得这两个概念不应该有先后之分，应该是并举的。假如说我们必须构建一般边疆学才能有中国边疆学的话，这不一定要等到什么时候。所以从逻辑上来讲，我们不一定要纠结谁先谁后；从学术分工来讲，我们应该齐头并进；从个人的学术潜质来讲，每个人都应该发挥自己所长，共同推进一般边疆学和中国边疆学的构建。

马大正答：我认同你的看法，我们共同努力。希望中国边疆学的构建更加繁荣，让他人接受我们的学科。谢谢大家！

（整理人：王金龙）

方铁谈中国边疆史的若干问题及研究的意义与方法

方　铁*

《中国边疆史的若干问题及研究的意义与办法》是上个月（2018 年 10 月）在北京开的一个论坛的我的发言稿，在这次论坛当中谈到"发展中的中国的重新定位"，而且点名让我谈边疆问题。因为其他的有政治学、美学、国际关系学等不同学科的需求，这就迫使我对中国边疆史做了一个重新的思考。所以这个报告包含几个部分，第一，中国边疆史迄今为止形成了哪些共识，有哪些重要问题并对此进行一定的介绍；第二，从中国发展的重新定位，怎么来看待中国边疆史，也因此产生了一些新的想法；第三，就是要完成这个任务，我们应该在研究方法上有什么改变。重点就是讲这三个问题。

我们先看一下为什么要研究中国边疆史，我觉得中国边疆史的意义比传统的内涵更广。它实际上是总结中国经验的一个重要方面，这就涉及中国边疆学的构建。我非常同意刚才马大正老师说的，我们研究中国边疆学，首先要立足中国自己的经验，再吸收一些外国的知识或概念。所以说这实际上是中国特有的一个问题，不仅是因为我们现在面临的边疆问题其他国家没有遇到，历史上也没有出现过，而且中国从建立统一国家到现在，在边疆的形成、巩固上所积累的经验在世界上是绝无仅有的。所以在这种情况下，也有人提出来先建立一般边疆学，把西方的先搞清楚，再研究中国的，我认为是一个伪命题。外国没有这么多问题，欧洲国家的边疆和美国的边疆形成的时间非常晚，和中国不能相提并论。所以从这个层面来看，我们研究中国边疆史，是总结中国经验的一个方面，可以为中国开放和巩

---

* 　方铁，云南大学西南边疆少数民族研究中心教授。

固边疆提供参考，这一点是显而易见的。我们还要看到，中国政府在中国边疆问题上很多重要的决策，实际上受到了古代治边方略的一些影响。我最近看到一个评论，有记者访问基辛格，问他对中美纷争有什么看法。他有一句话说得非常好，他说中国和美国在处理这个问题上反映的哲学思想是不一样的。美国人认为，出现一个问题只要能找到解决它的办法，问题的解决就指日可待。但中国人认为这个问题和许多问题相关联，一旦面临这个问题就需要考虑连贯出现的其他问题。从这一点来看，中国政府在处理边疆问题上体现出一种长眼光、全局观，考虑的是以后的几十年甚至是"人类命运共同体"这样的大方面。在中国古代已经有这些思想了，现在的问题是我们怎么把它们总结出来，为我所用。我们还要看到，历朝治边的思想总体上是属于中国文化传统的一部分。最近我看了习近平总书记的一段讲话，他说我们要继承我们的文明、我们的历史传统，既有我们的道德观念、社会规范，还有治国理政的智慧。后面我还想写一篇文章，把中国边疆史地研究，作为中国文化遗产的一部分来继承。我们的研究要提到这样一个高度。所以，对两千多年的中国边疆史，我们应该认真地进行研究。其中有这样几个问题，我认为它们具有特殊重要的价值，需要深入地进行探讨。

第一个是中国边疆的形成和边疆地区的繁荣问题。

我们要看到，疆域和边疆有联系，但它们不是一回事。疆域说的是王朝以政权管辖的地域范围，而边疆指的是统治腹地的外延部分。我这里所说的不仅是中原王朝，也包括边疆王朝。换句话来说，边疆王朝也有自己的疆域，也有自己的边疆。只不过过去我们对这一方面研究得很不够。我们还要看到，中国的历史疆域是一个逐渐形成的过程，参与中国历史疆域的构建者，既有中原王朝，也有边疆王朝和边疆政权。正如习近平总书记所说的，中国是汉族和少数民族共同构建的，过去是这样，现在和未来也是这样。我们看少数民族对中国历史的构建，除了要看到少数民族平民百姓的各种发明创造传入中原产生的影响以外，还要看到他们的治国理政观念在中国的历史疆域构建上的巨大贡献。比如说元、清这两个王朝，就是少数民族建立的，它们除了继承前代中原王朝的传统以外，还创造了很多少数民族特有的经验，形成了今天留给我们的这笔历史遗产。我们把这个研究明白了，才算我们真正理解了为什么汉族和少数民族是中国共同的构建者。我们看一下中原王朝，把华夏地区的外缘地区称为"边疆"，这个边疆早期叫作边陲，它是没有范围的。边疆王朝和边疆政权也有边疆，我最近要写一篇论文《论南诏治边观及其方略》。经过思考，我认为南诏有一个完整的治边观，而且付诸实施了。其治边观与中原王朝有些相似，但是很不同。辽、金、蒙古汗国及后金，也有自己的边疆观，这都需要逐一加以研究。首先，清代前期的版图是古代中国的基本范围，这是我们看20世纪70年代出版的《中国历史地图集》形成的一个基本共识。这部地图集的出版，当时所有的中央政治局委员都签了字，因为这是代表中国对历史疆域的看法。现在几十年过去了，国内外没有提出明显不同意见，那就意味着基本被认同了。我这里讲的就是当时学术界的基本共识。今天中国的版图是中国的基本范围，在这一范围内活动的民族，被认为是中国历史上的民族。在这一范围内建立的政权，是中国历史上的政权。另外，有些领土现在是邻国的，但在特定时期它属于中原王朝，今天看来它就是邻国的。当年我参加毛主席组织的中国边疆通史编写工作，毛主席说你要写一篇文章，你要说清楚中国的疆域和边疆以及根据是什么。我就用了谭其骧先生那篇文章的观点，就是说在中原王朝管辖之内的土地，现在已经独立出去的，那现在就是邻国。《西南通史》也是这样写的，至今也没有听到不同意见。

我们要看到元代以前，中国的疆域被中原王朝、边疆王朝分别统治，后来元朝在新的高度实现了统一，对边疆和邻邦实行了不同的政策。我在《元史》中发现它有明确的制度规定，云南、贵州、广西这些地方被纳入云南行省和湖广行省，用土官制度和行省制度来管理。我看宋代历史并没有对这方面进行记载，到了元代才正式以制度的形式确定了中国疆域，疆域以外的就是邻邦，必须用不同的制度进行应对。到了清代前期，这是中国边疆最稳定的时期，所以我们现在撰写清史有特别重大的意义。而且撰写清史告一段落以后，对清代的历史，我们还会继续研究下去，其中还有好多问题，包括因地制宜在边疆实施的各种政策。这些政策的核心是要实施法治，这是超越了历代的。元代以前，中原王朝在边陲实施的是宽松的政策。到了元、明、清三代，就开创了一个对边疆各地分类施治、因地制宜的政策。首先，体现在承认边疆和邻邦之间的差异；其次，西南、蒙古草原、新疆和西藏实施不同的政策。进一步来讲，在建立边疆的管理制度、边疆的管控和资源开发方面，清代达到了顶峰。

下面还有一个问题要解决，按照过去的观点，历史是人民群众创造的，那怎样看待中原王朝和边疆政权呢？我认为它们的差别在于，一个是经营边疆的基本动力，另一个是经营边疆的实施主体。它们有联系但并不是一回事。无论是中原王朝还是边疆政权，经营边疆的动力都是为了维护国家统治，其中动用了国家的强大资源，做出了一些重要的决策，推动了对边疆的经营和开发。但经营和开发毕竟要经过边疆的本地民族、外来移民来实施，所以边疆政权是实施主体。还有一个概念要讲一下。古人（尤其是清代以前）实际上没有明确的民族概念，民族概念是到近现代中国人受到西方的影响才开始认识的。现在看来，中国是一个统一的多民族国家，已成为大家的共识，但这个共识是在国家面临生死存亡的时刻形成的，在古代没有这个共识。古代实际上是根据文明的类别来区分不同的群体的，把所有的群体分为华夏和夷狄两个部分。一直到了清代，我们学习了西方的技术，还有这样的说法——师夷长技以制夷，学习西方夷狄的经验来反制夷狄。

对上面所说的第一个问题，我认为它有下面几个意义。我们要看到，边疆地区是中国的重要组成部分，少数民族主要聚居在边疆地区。边疆是中国对外开放的门户，边疆资源丰富、人口偏少，未来的潜力十分大，所以我们要对边疆进一步开发。在中国实现协同发展、构建和谐社会、构建人类命运共同体层面，边疆的地位十分重要。更高一个层次，我们在研究文明的起源与文明的建构，实现国家安全、资源开发、民族团结、睦邻关系，与东亚乃至全球合作方面，边疆地区十分重要。从这个视角来研究边疆，它的含义和深度就超过了以往。

第二个问题，是关于古代文明及其相互之间关系的问题。文明是使人类脱离野蛮状态的所有的社会文化及其积累和整合，包括精神文明、物质文明、制度文明。我查阅过，这是马克思、恩格斯的观点。文明之间的关系是不同的文明相互影响，形成了更高层次的文明，这与民族之间关系的观点是不一样的。文明之间的关系，更多的是一种相互交流、竞争、交融，最后协同发展。

进一步来讲，我觉得中国古代，在东亚地区主要存在三大文明，就是农耕文明、游牧文明和山地文明。这三大文明里面，农耕文明长期居于主导的地位。我们所说的农耕文明，大概是黄河中下游和长江中下游区域。它以发达的农业为经济基础，儒家文化是它的主要意识形态，主要统治者是中原王朝，但中原王朝也有少数民族建立的，比如元和清。中原王朝的基本特点就是富有、强盛、自信和独步天下。在古代，农耕经济绝对是具有优势的。它开辟了古代的丝绸之路，希望通过一个朝贡之路，厚往薄来地将自己的文化、制度和内涵的影响传播到边疆及边疆以外地区。但农耕文明也有自己的软肋，即经济基础相对单一，除了发达的农业，渔业、狩猎、畜牧业都被排斥了。所以当面临危机时，其可选的道路十分单一，只能恢复农业或者改朝换代。

我们再来看一下游牧文明，它主要集中在北部草原，以结构单一的游牧经济为基础。它也有弱点，经济发展的波动比较明显，天灾人祸可以造成严重的破坏。它也有结构性的缺陷，如缺少粮食、布帛、铁器等产品，文化积累、城市建设相对薄弱。所以唐代突厥的发达程度赶不上汉代的匈奴。游牧文明还有一个特点，即资源和生产方式相对单一，内部比较容易实现整合。受多种因素尤其是内部经济结构缺陷的影响，游牧文明经常南下，形成了冲击农耕文明的极大力量。

我们再来看山地文明。山地文明的基本特点是类别多元、资源多样，是发展水平比较低的初级复合型经济。虽然有农业，但只占一小部分比重，渔猎、采集占有相当大的比重，山地文明是一种复合型经济。山地文明的发展水平永远赶不上中原地区的农耕文明。山地文明主要分为边疆地区和边疆腹地两种，但我们对边疆腹地研究得很不够。山地文明实际上是包含很多亚类型的，比如我国的东北、西南、青藏高原、东南、台湾等，甚至包括新疆。

到了清代以后，西方工业文明开始进入中国，又形成了海洋文明等五大文明。所以我们研究三大文明甚至后来的五大文明之间的互动关系，得沿着中国历史的发展，得出一个新的解释，甚至可以预见到中国未来的发展。具体内容大家可以在我的文章中看到，下面我留点时间和大家讨论。

孙勇问：我们都知道，方老师在中国边疆史地研究上，一方面进展得早，另一方面也做了深入细致的研究。方老师实际上也是20世纪90年代，一批老学者里面同时提出跨学科研究的著名学者。因为我在做文献检索的时候总是会查到马大正、方铁的名字和文章。在刚刚方老师做的学术观点的介绍当中，因为时间关系，没有继续展开。这里我想提一个是我在 20 世纪在另外一本书里的问题。这本书叫《西藏经济社会发展简明史稿》，我在绪论里就提出，文明是可以进化的。当时我们就注意到了农耕文明与草原文明、游牧文明、渔猎文明不同。在这个过程当中我们更注意到了不同的文明都有一个进化的过程，我们当时把它归纳为广泛的适应性进化和专项的适应性进化。在这里我想问，其中有没有文明进化的机理？

方铁答：这个问题提得非常好。首先我们要重温一下唯物主义的一个概念，事物处在发展运动变化的过程中。人无法两次踏进同一条河流，前面的河水已经流走了，实际上第二次踏入的是新的河水。我认为文明的演化基本上是一个螺旋式的发展过程，像河流一样有一个大致的方向，逐渐走向一个更高级的、更发达的社会，但道路是曲折的。我最近写了一篇文章，发现滇东北地区虽然经历了汉晋时的发展，但后来有两次进入了被遗忘、极端落后的时代，到了清代以后才慢慢发展起来。我们知道，人类历史发展是极其曲折复杂的，不一定按照具体的方向发展。文明的问题我觉得能不能这样看，文明的发展是经历不同文明的碰撞、交融形成的新的文明形态，然后继续往下发展的，它不会停止。换句话来讲，刚才我们提到中国在近代接触到了西方工业文明，但遗憾的是，西方文明是使用武力和炮舰打开了中国的大门。过去我们说这是一种侵略，确实这也是一种侵略，但它使中国像罐头被打开一样接触到了新鲜的空气，逐渐开始学习西方先进的物质文明。从这个角度看，我们对于鸦片战争以来的历史发展，中国与西方国家的关系也可以用文明冲突、交融的理论来研究。但其中很多具体细节还需要具体研究。

曹鹏问：方老师，您好！我想问一个概念的问题。之前我们也提到，随着中国历史的发展，中国形成了自己的三大文明，包括山地文明、农耕文明等。我有个问题，就是说文明这个词是不是和文化也有一定的关联性？比如说像您提出来的农耕文明、游牧文明，我们是不是也可以称为游牧文化和农耕文化？文明和文化这两个词，我在使用的时候确实很模糊。我想问一下，我们如何来区分和使用这两个词？

方铁答：这个关键在于对文化和文明怎么定义。文化一般被理解为人类的精神产品，它最多包含制度文明，不包含物质文明。我觉得马克思、恩格斯的文明定义比较科学，他们认为所谓文明就是人类社会和发展留下的各种印记，可以归结为物质文明、精神文明和制度文明，是人类社会的一切积累。这一点它在内涵和外延上远远超过了文化，我们这里所说的文明概念很广阔，不能为文化所替代。

（整理人：王金龙）

王义康谈中国边疆的特性与
当代边疆研究

王义康[*]

　　我今天要讲的题目是中国边疆的特性与当代边疆研究。刚刚马大正老师讲的一句话是说你从事边疆理论方面的研究，对边疆的定性是很准确的。边疆是中国特有的现象，这是至理名言。当代中国边疆是在近代中国民族属性转型过程中形成的，始终存在两个方面的问题。

　　一是古代中国是一个边疆国家的特性在现代依然延续。在中华帝国的历史中，边疆是中央王朝与边疆各族和各政权之间实力对比的移动地带。我们看历代"四夷传"或者"外国传"就知道，我们研究少数民族要看"四夷传"，在"四夷传"当中，有的是记载王朝统治期间或者疆域内的"四夷"，有的是和王朝对抗的"四夷"，或者是周边地区的"四夷"。所以说古代帝国的疆域边缘始终是漂移和流动的状态。直到近代西方的条约体系引进以后，我国的疆域才稳定下来，在法律意义上确定下来。在中国成为民族国家的历史中，19世纪中叶中国领土属性的现代化转型，开启了内地与边疆同质化的进程。传统的边疆政治争执仍以新的形式得以延续。一个共同主题贯穿了清末、中华民国和中华人民共和国时期，这就是中央政权的集权化、一体化意图与强调自身特殊性的边疆分离主义之间的冲突与对抗。迄今为止，民族国家的框架成功地将少数民族地区统一于中华人民共和国的版图内，但一个能将中国内地与边疆各民族自发能动地导向中国人、中华民族的共同伦理心态尚未形成。直到今天，稳定与发展仍然是当代边疆治理的主旋律。

---

　　*　王义康，中国社会科学院中国边疆研究所边疆理论研究室主任，研究员。

二是海洋问题日益凸显，海疆成为中国边疆研究的重要组成部分。改革开放以来，人们对海洋的认识水平和重视程度超过了以往任何一个时期。重视海洋，致力于发展海洋事业，海洋日益成为我国社会经济体系中不可或缺的重要环节。然而我国的海洋领土主权、海洋权益始终面临着严峻挑战，海上安全、海上划界问题直接影响着地区的稳定和双边关系。科学探索中国海疆形成、演变的历史规律，着重解决海疆历史上的疑点问题、海疆理论上的难点问题以及海疆现实中的热点问题，成为社会发展的必然要求。

中国近代以来，边疆问题研究长盛不衰，正是基于中国领土边疆的特殊性。近年来，由于国力的增强，国家利益在全球的扩展，许多人提倡将战略边疆和领土边疆同置于边疆研究的范畴，构建边疆学科。毫无疑问，进行战略边疆研究是必要的。但任何学科都是针对具有同一属性的对象进行研究的学问。领土边疆与战略边疆性质不同。所谓战略边疆与利益边疆，据我的理解，它是当代主权国家共同面临的问题，主要涉及国家安全、地缘政治的问题，具有普遍性。而当代中国边疆的问题，是中国领土属性转型产生的问题，具有特殊性。另外，中国领土边疆也涉及国家安全和地缘政治问题。但对中国来说，领土边疆与所谓的利益边疆性质不同，为不同的研究对象。将不同性质的对象作为某一学科研究的基础，显然有悖于建立学科的常识，而且无法把握国家转型时期中国边疆发展的规律与特点。因此，我们认为，如果当代中国边疆研究作为一个学科研究，应该是基于中国领土边疆的特性而构建的学科研究。这就是我的看法。

我们今天边疆研究讨论很热，学者的看法很多，但是往往把这些中国边疆研究长盛不衰的原因和宗旨忽略了，而且把不同的事物作为同一事物来奠定学科基础的这种方法，我感觉是行不通的。这也是我们大家试图建立边疆学科，但是各说各的，至今还未建立起来学科的很重要的原因。上次吴楚克老师讲要为边疆下一个定义，它包括地理和政治两方面的概念，边疆是由人类构建的一个具体的对象。地理概念具有一个限定，它是一个实体。这对今天我们构建边疆研究的范围、对象还是很有作用的。

王义康问：刚刚马大正老师说，边疆是中国特有的现象。那么作为一个学科，有它研究的基本问题和核心问题。而马老师在今天讲的内容中，已经提到边疆研究的内涵。但马老师是从字面上解释的，我们往往也会把它理解为一般意义上的学科研究。马老师，您如何概括我们边疆研究的基本问题和核心问题？

马大正答：这就是我们现在要完成的任务。

杨明洪问：王老师，我感觉您跟我的理解是一致的。当我们在讨论边疆学构建的时候，我们确实把利益边疆的事情和其他边疆的事情都放到一起来讨论，试图把这些概念放到不同研究对象中去。我当初去云南大学的时候，有些老师的问题是，比如我们讨论的大陆边疆、利益边疆等对象的时候，他们说这应该是国际关系学的研究对象。意思是说在国家关系讨论中借用边疆的概念来讨论这个问题，而不是像我们这样在真正意义上讨论地理边疆的事。过去我们也希望能把这两个问题放在一起，但非常艰难。所以我想听您再阐述一下如何把这两个研究对象分开。但是我们希望搞清楚利益边疆，它具体是要遵从中国的特殊性还是要考虑世界的普遍性？

王义康答：我的这个摘要说得很清楚。边疆研究有它的特殊性。就是因为它是中国在近代国家转型过程中出现的问题，一直延续到今天。今天像美国这样的发达国家，已经没有所谓的边疆问题。但是我们国家依然还存在。国家现代化的意义还没有完全解决就体现在此。我看到他们讲的利益边疆和战略边疆，这个和我们传统的边疆研究性质不一样。他们讲的，比如说，美国人在太平洋有利益，在我们中国也有利益，都是它的利益边疆。今天我们说，中国在欧洲、美国、非洲都有利益。这也是中国的利益边疆。这个是主权国家共有的一个现象。但是你说它和我们边疆学有没有交叉呢？有的。中国今天的边疆也面临着利益输送，或者是国家安全都有这个问题，它们是有交叉的。但它们是两种不同性质的问题。它们有交叉的时候，它是同性质的问题。你把两种不同的事物放到一起探讨它们的规律，肯定得不出一个共同结论。我们今天研究边疆问题就是要解决、探讨领土边疆，它的形成与发展的规律是什么？如何给我们以后的边疆治理提供一些咨询和借鉴。如果说我们把两个不同的事物放到一起，共同作为一个学科来探讨，肯定是起不到这个作用的。

（整理人：包红蕊）

孙勇谈边疆理论研究的共性与个性问题

孙 勇[*]

各位专家学者，大家好！非常感谢论坛主办方的邀请，让我有这样一个机会来做一下这方面研究的介绍。我今天所谈的内容与提交的会议论文不同，提交的论文题目是《一般边疆学视域下的互联网疆域与边疆——兼议国家网络主权的设置依据》。可以这样说，互联网的疆域与边疆也在一般边疆学研究范围之内。马大正老师在开篇发言中引发了一个话题和问题：中国边疆学与一般边疆学最后会朝往哪个方向发展？或者说它们是一种什么关系？马大正老师作为边疆学研究的前辈，特别是边疆学跨学科研究的首倡者之一，明确表示不反对这方面的研究。我们可以看到，尽管马老师在很多问题上能够一锤定音，但他仍然能够宽容地对待我们后继者的研究工作。我所研究的问题，所写的文章，包括马老师以及我的同事王洪亮老师都表示没有完全看懂，当然这也属于学术研究中的正常现象，可能一位学者去世很多年之后，他的观点才会被理解。所以我更寄希望于今后有人能够看懂和理解我的研究。"长江后浪推前浪，前浪扑在沙滩上"，总是带有这种"进化"的色彩。

在讲"边疆理论研究的共性与个性"这个话题时，我先回答一下马老师提的问题，即能不能用简洁的话语把一般边疆学所研究的内容给大家介绍一下？一些研究者用中国式的学术话语对"边疆"做了阐释性的界定，边疆是人类对各自划分疆域的认定、保有以及同时可以交互作用的边远空间。在形式逻辑里面，下定义包括内涵和外延，我认为这个阐释性定义的

---

* 孙勇，四川师范大学教授。

内涵较小，但外延可以很大。边疆是人类对各自划分疆域的认定，从我们的边疆史地研究和对边疆的现实经验考察中，都可以看出当人类将自己活动的疆域划定出来以后，就会有认定。一旦有了认定就有了边界，同时关于边疆的各种"边"的问题也会产生。产生的过程中，我们就可以产生边疆理论。认定与保有，尤其是现代主权国家，或者说是1648年威斯特伐利亚国际体系出现后，才正式以法律的形式进行保有。边远地带具有交互作用，实际中的边境、边疆除了认定占有、扩大收缩等形态以外，肯定还有其他形式，不同民族和不同国家，到了近代是不同的民族国家或现代国家，也是通过这样的边远地带进行相互交流和作用。甚至包括我所提交的关于互联网空间的论文。为什么写这样的文章呢？原因是2018年6月，我参加了中美印网络安全对话会，我在会上提出了这个观点，并跟一位美国代表交流，他说："没想到中国学者讲清楚了我们很多年来想要搞清楚但一直不明白的问题，在网络主权这个观点上，看来我们必须要认中国政府的主张。"习近平主席提出网络空间、网络主权的概念之后，在这个问题上的争议也非常大，争论了很长时间。通过这个事例，我想说明传统边疆研究与我们现在开拓的新的边疆研究视野，二者的共性在于我们都关注国家领土由陆疆延伸到海疆以及空疆等一系列问题，都关心人类所占据的空间的边缘性问题，边缘地带以及在此产生的政治、经济、法律、文化、社会问题，甚至是军事上的传统安全与非传统安全等问题。个性表现在于，每一个学术研究群体的独特性。在《中国边疆研究的三次高潮与学术共同体》一文中，我认为，中国边疆研究自20世纪以来产生过学术共同体，而且现在还在继续产生学术共同体。但在产生学术共同体之前，这方面的研究基本是以学术团体或群体的形式出现的。要成为共同体，除了追求的价值观念要相同之外，研究范式、追求的目标和最终方向也应该是一致的，只有达到这三点，才可被称为学术共同体。在这之前，要么称之为群体，要么称之为团体。群体可以广泛使用。团体，比如说吴楚克老师这里就是一个学术团体，但能否成为一个共同体还不能确定，因为吴老师的很多观点，他的学生能不能接受或者统一按照这种范式去从事今后的研究，还有很大疑问，至少在吴老师的学生里面学术研究上"改弦更辙"的也不少。所以说，一个学术共同体会形成若干核心人物。在上述三点达成一致后，还要形成一个学术观点尤其是学术范式的传承。关注的很多内容可能是交叉重合的，这是共性。而关注点、研究范式和方法，乃至上升到哲学上的方法论不一样，这就是边疆研究的个性问题。

在最近几十年，除了民族学、政治学、宗教学、文化学、社会学等学科都介入民族边疆研究当中之外，还有我们关注比较少的如信息学、战略学、决策学、管理学、协同学、系统科学等实际上也介入边疆研究中。随着时代变化，现在的边疆研究已经打开了学科阐释的理论门径，实际上是交叉融合，既有一些共性的问题，也有一些个性的问题。这些共性和个性问题就会促使大家相互交流、相互切磋，甚至是针锋相对，有的可能会还因为学术观点的分歧导致最后由朋友变为"非朋友"。我认为不应该这样，应该从"非朋友"变为朋友，才更有利于推动学术研究。这里还应该注意一个倾向，现在人工智能大数据的发展导致边疆研究出现了新的态势，这个新的态势里面揭示了一个知识图谱的问题。一旦把知识图谱拿出来，我们会发现共性和个性最后都会交织在一起，最后就会形成一种抽象概念，就像苹果、橘子、香蕉可以统称为水果一样。就像刚才王义康老师谈到战略边疆不是一个学科的问题，其实现在谁也没有把它作为一个学科来进行建设，所以我跟王老师达成一致，他把文章发表之后，我与他进行商榷。最后就会达成像马大正老师所说的那样，"把那些装睡的人喊醒"。因为边疆学确实有成为一门学科的现实需要，但利益部门"装睡"导致其难以成为一门正式的学科。人工智能大数据出现后，我们很容易看清楚共性与个性之间的差别，但也能看到二者之间的交融重叠。实际上这也是前段时间有学者提出的新旧边疆观的问题，比如云南大学的一些学者与杨明洪教授进行商榷，就认为这是边疆观的不同造成的分歧。那么，新旧边疆观从共性和个性的角度看，有没有整合的可能性？对这个问题进行思考后，我认为二者完全可以进行整合。它们虽然是不同的研究范式，但通过个性的公约是可以做到的。我提议建立一个非常包容的边疆研究大格局。从马大正和方铁两位前辈学者的身上可以看到，马老师有一篇发表在20世纪80年代的文章，其中就提出构筑中国边疆学。从那个时候算起，到现在已经30年了。在这个过程中，我们可以看到这些学术前辈不仅在自己的领域研究得很深，而且坚持自己的研究方法，守住自己学术研究的底线，但是他们也不排斥新的观念、研究方法、研究方向的推出，也希望能够打开新的研究门径，使中国特色的边疆学学科在世界的东方建立起来，就是用中国自己的学术语言构筑我们自己的学术话语体系。在前段时间的研究中，我认为新旧边疆理论的问题域和法域大致是一个三角形结构。也就是说，前期研究的部分全部包含在新边疆理论中，而且新边疆理论实际上也已经出现了。当然新边疆理论出现后，有人说看不懂。如果学界同仁也有这方面兴趣的话，我们可以一起合作研究。

我们现在的研究面临人工智能大数据的影响，一般边疆学很可能在今后形成一种类似于系统论的反馈机制或者是一个闭环。最后一定可以形成一种学术指向，而且这种学术体系的指向一旦形成，就会如马克思所说的理论上的一致性就出现了。但现在最关键的，还是要符合马克思主义的另一条原则，即逻辑与历史形成一致性。也就是说，我们构筑的边疆学能否回答过去、现在乃至未来边疆方面的种种问题。如果能做到这一点，就会像马克思所说的，理论的一致性以及逻辑与历史的一致性都实现，这是我们构建一般边疆学所追求的最大的自洽。

周建新问：孙老师，您好！您刚才说到一般边疆学，共性与个性的问题。马老师提出，中国边疆学的学科基础以历史学为主，其他学科参与。那么一般边疆学有这样的学科基础吗？

孙勇答：周老师的这个问题很好。我不知道周老师是否注意到马老师最近的表述与过去有不同的地方。今天在会上马老师就已经表示不反对一般边疆学，其次马老师和方铁老师认为中国边疆学以历史学为基础进行构建是不可能的。出现了这样的微妙变化，我很兴奋，这至少让我觉得我们可以找到新的门径进行研究。一般边疆学的建构非常困难，马老师也做了点评，认为其可能成功也可能失败。沿着马老师等前辈们在中国边疆学上所开辟的路子，我关注到他们的核心思想是想建构中国特色的边疆学体系。如果是这样，我就觉得很正确了，而不仅仅是研究中国（民族）边疆问题的学科。在阅读马老师、方老师以及周伟洲等老师的文章后，我体会他们究竟是想建构研究中国领土边疆的学科，还是想研究一个时代的中国特色的学术体系，我更倾向于他们要开创构建的是后者。而且我也想把马老师的愿望再往前推进一步。

马大正问：孙勇教授刚才所说的，我不认同。但第一我没有权利反对，第二我也确实不是反对。中国边疆学构筑过程中应有多种路径探索，从这一意义上我鼓励学者们对一般意义边疆学或者称之为一般边疆学的探索。

我是鼓励的，不反对。但我还是希望一般边疆学不要影响我们中国边疆学的构筑，一起交流当然是可以的。另外，您刚才讲的一点我很赞同。我们的中国边疆学就是研究有中国特色的中国边疆的一门学科。而且你也看到它们确实有差别，原来我们做历史研究，就是以历史学为基础，但现在云南大学的邹平教授他们已经在开始做了，以政治学为基础。边疆学的四个支点里面有个边疆治理，而且边疆治理研究仅从历史学的角度来做，也已经做得差不多了。当然如果从政治学角度或其他更广的视野来展开从中国古代到当代边疆治理的研究，就需要多学科合作，不可能仅仅依靠历史学。所以我们从边疆史地研究到边疆研究到中国边疆学，从我个人来说，它的起点就是从边疆治理的角度来做的。如果仅从历史学的角度来做边疆政治和边疆治理的研究，现在可以说已经走进死胡同了。前些年有一个国家课题，我是评审专家，当时这个课题一个是周平报的，一个是新疆社会科学院报的。新疆社科院报的题目做大的瓶颈就是他们在历史学里面做文章，所以就没有通过。从这个意义上，我当然主张理论研究需要多路径探索，但我还是希望简单的问题不要变得复杂了，复杂的问题发展到一定程度还要回归简单，否则就绕在里面出不来了。

孙勇答： 谢谢马老师的意见。

（整理人：张祥）

杨明洪谈边界及其在边疆学构建中的重要性

杨明洪[*]

各位老师、学术前辈好！我在这里想谈一下"边界"的问题，虽然早上马大正老师就说过"边界"概念是一个很简单的问题，但往往简单的事情说起来也是复杂的。所以我想在中国边疆学理论构建中贡献一个小小的概念，至于是否可以纳入，还请各位老师批评指正。

何谓"边界"？有老师说因边有界，无疆不会有界。大家知道，边疆问题的出现对理论的需求很大，但边疆学科建构的进展比较缓慢。缓慢的原因就是我们还没有在核心问题和核心概念上形成共识，这是一个基本问题，而"边界"的概念就是其中之一。边界的本质是主权国家利益的分割线，边界的属性有自然地理属性、人文属性、契约属性、几何学属性、政治属性。边界一般指的是国与国之间的界线。也有学者对边界的功能进行了划分，主要分为四种：控制界线功能、司法界线功能、财政界线功能（不同主权国家，即使是欧盟中的法国和德国，其财政界线是非常明显的）、文化界线功能。边界和边疆具有怎样的关系呢？在近代以前或民族国家出现之前，大多数国家是有疆无界。当然不完全是这样，在古代也有边关或边界，如"宋挥玉斧"。在现代民族国家，地理边疆可看作边界的衍生概念。围绕边界形成了兼具两侧特征与影响的有着一定纵深的区域，那么这一区域实际上就是边疆。这个区域究竟有多大，需要看两个国家的相关情况。对于边疆的想象，站在主权国家的角度来看，它是以边界线为标准，向内延伸的一定区域。但究竟向内延伸多大的区域，是比较模糊的，它取决于两个

*　杨明洪，云南大学教授。

主权国家之间力量的对比。但在一些专家学者那里，把边疆和边界是混在一起的，表述比较模糊，甚至在西方的一些学者那里也是这样。边疆和边界混为一谈的现象说明，在某种情况下二者是可以相互替代的。看待边疆的时候，我们主要参照从什么角度去看，如果从北京的角度去看，那么边疆就是我国领土的边远地区。当你从边界线来看，它是向内侧或两侧延伸的部分。因此，至少在现代民族国家的情况下，边界和边疆是有区别的。边界是一条线，边疆是一个带或面，是以边界为起点，向两侧延伸的由相关国家的政治经济实力决定的区域。但一些西方学者只是把边疆看作以边界线为准的两边的区域，如"边界研究"协会所提出的边疆概念实际上是边境的意思。

我们在构筑边疆学的时候需要考虑其至今仍未建立主要是因为我们在核心问题和核心概念上没有形成共识，所以这个学科处于一种"漂流"状态。我在这里提出，边界应该可以作为边疆学的核心概念，主要从四个维度去考察。从地理边疆、非地理边疆，中国当代学者研究中国边疆问题的角度以及边界功能的角度去思考这个问题。在地理边疆方面，边界为边疆区建立了一个固定的参照系。对民族国家，大家能明显感觉到的就是边界线，边界线内外两侧人们的国家认同都是迥然不同的。所以，如果我们以边界线为参照系，那么我们的研究思维就可以固定在一个框架下进行思考。边疆在地理空间上是指向首都的空间区域。这里就有两个参照系，一个是国家的政治中心，另一个是边疆的中心，分别向内指向国家首都，向外指向边界线。从非地理边疆角度来讲，边疆具有自然属性和社会属性，二者缺一不可，但并不意味着它们的地位始终相同。边疆的自然属性在边界开放前提下，往往出现不断弱化的趋势，但不会消失，最终形成一种观念形态的概念，这种概念表示某种"空间""界限""边界"。边疆的社会属性则在某种情况之下有增强的趋势，这种增强的趋势是受到某种理论、观念的强烈影响而形成的。如果边疆的自然属性不断减弱，那么边疆的社会属性就会不断增强。从当代学者研究中国边疆问题的角度考察，历史上，中国中原王朝与藩属之间的关系是基于文化，有时也是基于人的统治而建立起来的，其边界是模糊的。从晚清开始，国家边界逐渐清晰。这是学者们形成的共识。但我们研究中国边疆问题的基准点是什么？有学者认为应该以清代最强盛时期的边界线为基准，我对此并不赞同。中国当代边疆问题是以中国当代的"边界"为基准研究历史上的边疆问题和当前的现实问题。也就是说,我们在探讨边疆研究问题时,不能脱离中华人民共和国与其他邻国已经确定的现有边界线。当然边界线的确定是西方带来的,体现了一种契约精神。从边界的功能角度考察,国与国之间同样面临着生存空间和资源分配的问题,所以我们谈中国边疆战略的目的无非是要为中国争取更多的生存空间和资源的问题。一个是自然法则,一个是成文法则,也就是说要遵守这个世界体系的国际法。两个国家之间签订的边界线是基准,由此,边界的功能就是调控两个国家之间的利益关系。因此,我认为边界应该成为边疆学学科中最重要的概念,我们需要从这个核心概念出发去推演边疆学的基本原理。现在我们谈了很多边疆治理和发展的问题,但国与国之间的关系主要体现在边界线上。边疆学的逻辑起点是民族国家,特别是在以中华民族为中国民族国家建设基础的时候,如果我们没有搞清楚这些基本概念,建构中国边疆学就很难推进。请各位老师批评指正,谢谢!

（整理人：张祥）

邹建达谈土司"研究热"的"冷思考"

感谢吴楚克老师给了我这样一个发言的机会。关于土司研究，我要声明一下，虽然在这方面我写了几篇文章，但我和马大正老师一样，是土司研究的参与者。通过这个题目，我希望能够跟大家分享的是，在西南地区，其实土司研究非常重要，土司研究的学术发展也很好，但是也存在一些问题。这里有一段马大正老师所说的话，是 2011 年我在云南师范大学做编辑的时候，他发表的一篇文章的内容。首先，马老师的核心观点是，土司研究有渐成热点之势。其次，马老师指出了问题，不能忽视中国历史发展的大背景，要立足历代边疆治理和边疆研究的大视野，防止将土司制度泛化的倾向，让土司研究回归其研究本义。马老师的学术眼光非常犀利，他预见到了土司研究一定会"火"，同时他也指出了土司研究存在的核心问题。

我就从以下这些方面来展开讨论：土司研究为什么会热？它热的表现是什么？形成的原因是什么？北方学者可能对土司研究不太关注，其实在南方，特别是西南，有很多学者关注它。我在这里做了一个简单的统计，就研究的论文而言，在学界的土司研究，他们认为从 1908 年一位叫云生的学者发表《云南之土司》算起，到 2001 年共发表土司研究的论文 300 多篇。但我不认为这是最早的土司研究成果，我认为最早研究土司的著作是魏源的《圣武纪》。我觉得他们没有仔细研究《圣武纪》中所写的雍正年间西南改土归流问题以及大小金川的战争。总的来说，这个时期，平均每年不到 3 篇（研究土司的文章）。但进入 21 世纪以后，2002 年到 2011 年，共

---

* 邹建达，云南师范大学教授、历史政法学院院长。

发表论文 400 多篇，平均每年 40 多篇。此后论文数量迅猛增长，仅 2014 年就发表论文 217 篇，2015 年更达到 363 篇，一年之内发表的论文超过整个 20 世纪所发表的论文总和。另外，以土司问题为选题的学位论文、专著也快速增长。这是表现之一，学术成果迅猛增长。

土司研究的学术组织增强，研究队伍不断壮大。2014 年，民政部批准成立了"中国炎黄文化研究会土司文化专业委员会"，吉首大学、长江师范学院、遵义师范学院等高校以及许多原土司地区成立了相关的研究会和研究机构，发布年度研究报告，组织相关学术会议，引导学术发展方向。自 2010 年召开首次"中国土司制度与土司文化（或边疆社会）"国际学术研讨会后，已连续召开了 8 年，从未间断，且每次会议的规模都在百人以上，甚至达到 200 多人。部分学术刊物定期或不定期开设土司研究专栏。国家社科基金持续资助土司研究项目，已有 2 项重大招标项目、2 项重点项目、近 20 项一般项目获得立项。最近几年国家对这个领域的支持力度非常大。这一时期，研究方法不断得到深化和拓展，土司制度和土司文化两个层面的研究局面逐渐形成，我就不再继续展开讨论了。"土司制度"一词正式出现于 1930 年，以前的文献并无土司制度的记载。"土司文化"的概念出现得更晚，1996 年才出现。从参与的学者和学科来说，也从传统的历史学、民族学拓展到了很多其他的学科，就像边疆学和边疆研究一样，多学科参与其中。土司研究最大的推动者，其实不是学界，而是政府，特别是有土司遗址的那些地方政府。还有一个推动因素就是这方面题材的电视剧的热播，例如《奢香夫人》《木府风云》。更重要的是，2014 年国家文物局确定以湖北唐崖土司城、湖南永顺老司城、贵州遵义海龙屯三个土司遗址联合代表中国众多土司遗址申报世界文化遗产，并于 2015 年 7 月获联合国教科文组织通过。申遗成功，引起了公众对土司问题的兴趣和关注，更引起了地方政府的"兴奋"。所以在这个背景之下，掀起了一股土司研究的热潮。这就印证了我刚才所说的为什么 2015 年有将近 400 篇研究土司的文章，因为那一年申遗成功。因此，土司研究也逐渐从一个不太受人关注的领域发展成为学术研究热点，火遍西南，成为"显学"。而早在 2009 年，土司研究学界便提出了构建土司学的设想。当然，土司学与边疆学的关系暂且不论。我个人认为，除了这些原因，有两个原因值得我们关注。第一，土司研究与边疆研究是同步的，没有边疆研究的展开也就没有土司研究的展开。第二，文化研究的热潮推动了土司研究的开展。我认为它的两个研究层面是这样展开的，我们可以看到，土司制度和土司文化的研究一直都受制于时代的要求，这种情况会带来一些问题。这些问题的出现，应该引起我们的一些思考。

我对20世纪的土司研究进行了梳理。其中，龚荫先生从事了60年的土司研究，他曾于2002年撰文指出："前40年为初创时期，后50余年为发展时期，而所谓的'发展'，不过是研究形式的发展，严格地说，这项研究不过刚刚起步，不管是对土司制度的研究，或是对各个土司或具体问题的研究，都仅仅是一些基础的、初步的研究，离揭示其实质，找出其规律，还相距甚远。"那么，土司研究"热"兴起之后，这个问题就已经解决了吗？我认为这个问题并未得到解决。到现在为止，我认为土司研究存在这样几个问题。第一，共识缺失。虽然土司研究有多学科介入，丰富了土司研究的视野和方法，但我们也要看到，学术群体因学科背景的差异，会产生不同的学术立场和学科本位观，研究旨趣、研究视角、研究方法和研究目的不尽相同。时至今日，土司学界对土司及土司制度中一些基本的术语和概念，包括土司制度施行的时间、空间，施行的原因、效果，土司制度的评价，以及改土归流的历史作用，包括改土归流的目的、原因、手段、效果等，长期争论，意见不一，甚至观点完全相左，不利于研究的深入。对土司研究的学术史梳理还很不到位。换句话说，土司研究的基本问题还没有解决。第二，土司研究的核心问题尚未突破。联合国教科文组织对土司申遗所做的评价是："见证了古代中国作为统一多民族国家对西南多民族地区独特的'齐政修教、因俗而治'的管理智慧。这一管理智慧促进了民族地区的持续发展，有助于国家的长期统一，并在维护民族文化多样性传承方面具有突出的意义。"这段话表达了两层意思，一是土司制度本身的意义，二是土司制度对民族文化的意义。我认为土司研究的核心问题是：土司制度到底是一个什么样的制度，为何主要施行于西南民族地区；土司制度在维护国家的长期统一，促进多民族国家的形成方面发挥过什么样的作用；封建王朝如何通过土司制度去控制人群复杂、经济与文化形态各异的西南边疆的；伴随着土司制度的施行，封建王朝在土司地区和改土归流地区推行过什么样的政治、经济、文化、教育政策，这些政策是如何实现并长期维持、不断强化西南边疆的政治统一的，在促进边疆开发、文化建设、国家认同，西南各民族间的交往、交流、交融以及边疆与内地一体化进程产生过什么样的影响等。现有的土司研究没有在这些核心问题上有所突破。一个明显的例证是迄今为止没有一部《土司制度通史》。学科研究的繁荣，一部通史是基础。可喜的是，今年（2018年）有一个国家重大招标项目获得批准，就是"土司制度通史"研究。因此，目前对土司制度这一"独特的管理制度"缺乏系统的梳理、研究和总结。在土司文化研究中较多呈现琐碎化、表象化、静态化的特点，常"陷入无限广阔的现象世界中，抓住五颜六色的文化现象中那些支离破碎的加以描述和梳理"，一些最应该注意的基本问题却被忽略了。或将土司文化与民族文化、地方文化相混淆，或刻意求异，将一些文化糟粕加以宣扬。不仅如此，还存在泛化、美化、碎片化等问题。李世愉曾对土司文化有过界定："土司文化是土司制度创建和推行过程中产生的一种特殊历史文化现象，包含诸多方面内容，既有制度层面，也有意识形态、生活习俗方面的。"土司文化离不开土司制度，它属于土司地区民族文化的一部分，但又不能简单地等同于民族文化。土司文化一个突出的特点是边疆民族对统一多民族国家的文化认同，是少数民族文化与汉文化结合的产物，反映了民族间交流、交往、交融的特点。在此，我要对土司研究中的三个倾向进行介绍。第一，将土司制度泛化，在时间上将土司制度的上限推至秦汉、下限延至新中国民主改革时期。突出表现就是他们在整理土司史料的时候，涵盖范围包括二十五史。在空间上则扩展至东北、北方和西北，将明代东北的卫所都看作土司，造成时空上的混乱。第二，美化土司制度。出于某种需要，以偏概全，以个体代替群体，刻意将土司和土司制度形象和作用拔高夸大。甚至认为，文献所记载的土司的残暴是统治者故意将土司妖魔化，土司武装对抗朝廷是被逼无奈等。第三，碎片化运用资料。对明清档案，现在只有极少数学者在使用。在研究的视角和方法上，缺乏整体的、联系的、发展的研究视角和方法；在研究的理论运用上，缺乏理论分析、价值评判、意义阐述。

最后，我想用两句话总结，第一句话是借用马大正老师所说的那句话，"让土司研究回归其学术研究本身"。第二句话是厚基础，重研究，缓称学。谢谢大家！

（整理人：张祥）

周建新谈跨国民族研究的
两大范式

周建新 *

　　首先非常感谢吴楚克老师的邀请，在这里能有机会跟大家分享个人的研究。这个题目跟我提交的论文题目不太一样。因为那个论文太长了，我就把论文中间重要的部分取出来，讲两大板块。

　　好，直接讲两个问题。第一个讲跨国民族研究的两大板块，第二个讲跨国民族研究的两大范式。我这个研究跟我们上午讲的边疆学相关，但是又不太一样，因为我一直做跨国民族研究，所以我要讲一个历史节点的问题，就是近现代国家建构的历史起点，即1648年的《威斯特伐利亚和约》。这个和约签订之后，近现代国家才开始建构，和约是一个规则，国际法的源头也可以追溯到1648年。

　　我那篇论文是讲"封而不闭的民族国家"，就是讲人类社会发展的纵向历史阶段，我们看它是怎么过来的，到现在我们做一个横向的比较，它又是什么样子的。我们发现，出于管理的各个方面考虑，人们在建构国家的时候，都采取一个封闭的模式，尽可能把这个地缘圈子往人那里聚拢。

　　但是我们看见这个过程，到1648年《威斯特伐利亚和约》签订以后，规矩最严格。当代民族国家实际上是从那个时候开始建构的，因为那个时候是最严格的封闭，但它也不是完全绝对的封闭。就好像抛物线，那个时候差不多是到顶点，但是它继续还会往前走，继续把封而治之做得更严密。

　　但是我们发现，到1985年，欧洲出现了申根协定，我们发现这个封闭的模式慢慢地变成了开放的模式，这个抛物线开始往下。虽然还没有进入后

---

　　* 周建新，云南大学民族学与社会学学院教授。

威斯特伐利亚时代，但我们确实发现这个抛物线是往下的。申根协定签订以后，欧洲二十多个国家开放边境，申根协定最实际的内容就是开放边境。

我那篇文章讨论的就是边界到底是开放的还是封闭的。我讲了一个大致的过程，我们看一下刚才讲的那个抛物线，实际上它没有绝对的封闭，而是相对的封闭，从现代的国家管理视角可以看见这种进化，有很严格的边境管理制度。但你会看见它不是绝对的，还是存在大量的跨越边界行为。《逃避统治的艺术》一书说到，1945 年之前，在赞米亚（Zomia）地区边境比较宽松，人民可以自由往来，当然到民族国家建构以后相对来说封闭得更严密一点。接下来我要讲的问题就是民族国家的建构，它的理想是什么？它的现实又是什么？欧洲人讲西方"一个民族一个国家"，那么它的理想是这样的，即一个政府管理下的人民，要同一个文化、同一个民族。当然我们看见这个理想到今天并没有实现。今天的现实是什么呢？今天的现实是在一个政府管辖之下是多元的文化、多个民族，全世界都是如此，没有哪一个国家是绝对的"一个民族一个国家"，那种理想很显然破产了，到今天也没有实现。我们讲政治民族，边界区分的只是政治，文化是没有办法区分的，不可能把现代的民族国家的边界隔离开来，这个在理论和方法上都是不可能的。埃德蒙·利奇早就说过："我们不可以想象有那样孤岛式的社会群体。"绝对的孤岛和与外界隔绝的社会是不存在的。

研究跨国民族就关注两大板块：一个关注的是，威斯特伐利亚体系建构出现了现当代的民族国家。它遗产的部分，国家边界划分，边界从文化群体中间穿过，或者是同一个文化群体，从边界的一侧移动到另一侧，都会出现跨国而居。在边界线附近居住的跨国民族，往往其不是连根拔起的，或者是一去不回头的，并且会钟摆式地流动。比如早上到这里下午到那里，这个是近距离的流动。另外，还有远距离的流动，它出现在全球性的流动空间，最明显的就是到了 20 个世纪八九十年代，尤其冷战结束以后，苏联解体，大量的流动人口全是扩散（很多人称为"离散"）的。这种流动是远距离的离散，与划分边界遗留下来的那些跨国民族的群体不一样，远距离的离散，可能跨越了大洋，不是上午过去，下午能回来，而是跨越千山万水，到美国去、到欧洲去或到别的地方去了，这些人与原来的国家还保持着一种联系。我举个例子，移民就像风筝，早期的移民风筝是断了线的，移民从遥远的地方来，与本土祖籍国的联系弱。但是现在由于高科技的技术手段，风筝飞得再远，它的线也不会断，与祖籍国有密切的联系。这个时候我们发现不太一样了，我们同样承认它还是跨国民族，因为最后落脚的时候还要回到这个族群。这是我要说的两大板块。对跨国民族研究要梳理，如果要简单地处理就是分为这两大板块，一个是沿着边界线附近的村落研究、跨国民族的研究，另一个是远距离的跨国民族研究。现在远距离的研究比较少。施琳教授写了一篇文章《边境人类学发凡》，我觉得他做的是近距离的研究。现在范茂春教授等做的是离散的、远距离的民族主义研究。我是受到安德森讲到的"Long distance international"的启发，我讲的短距离的和长距离的跨国民族研究是这个意思。

下面讲具体的内容。一个是以边界为核心，另一个是远距离的以跨国移民为核心，其表现形式不一样。我刚才讲它的成果是两大板块，从这两大板块总结出两大范式。范式就是我们一般公认的一种模式。它是如何做研究的，这个不重要，重要的是理论基础在哪里，思想基础在哪里。近距离的研究和早期的研究都立足于国家主义。国家主义，与国家安全、国民利益、国家界限有关，因为国家的三要素是领土、主权、人民。国家主义的立场往往严格区分国界，"你是你，我是我"，分得很清楚。而且我们在做这种研究时，国家主义的立场往往站得很稳，是自上而下的一种视角，所以我们从国家中心看边民，边界划分得很清楚。这是该理论的一个立足点。但后一种长距离的离散会出现什么情况呢？就是这些远距离移出去的跨国民族，比如移到美国或者欧洲的人，会出现一个实质性的变化，即国民身份会发生变化。有些人的身份就出现了双重国籍、多重国籍。过去国家主义的立场是一元忠诚的，只对这个国家忠诚，不对其他国家忠诚。而这种多重身份就不再是一元忠诚。这就挑战了过去传统的国家主义，不仅仅是在领土上跨越，甚至是在意识上的跨越。这个时候就出现了跨国主义的一个范式。

跨国主义现在已经被作为一个范式进行研究，当然早期的经济学、政治学、国际关系都对它做过研究。我国的民族学、人类学从20世纪90年代开始引进跨国主义，时间不是太久。我记得北京的一个教授做这个研究做得特别多。确实出现了这种跟国家主义完全隔离的不一样的视角、观点。我们看跨国主义实际上是一个联系的视角，是一个相互依存的一个观点，不再像过去分得很清楚。所以这真的是一个比较新的可以讨论的问题，是过去那样严格的区分、绝对的区分，才更有利于一个国家的发展，还是现在相互依存的观点、相互联系的观点更有利于一个国家发展。现在我们讲全球治理、人类命运共同体，这些观点都完全超越了单一民族国家的界限。

我以上讲的，就是跨国民族研究现有成果的梳理。跨国民族分成两大板块。一种是靠近边界的跨国民族，是传统的历史文化的遗产，在划边界的时候，就是那样跨国而居的。另一种是远距离的跨国民族，这种人大部分是主动的跨国而居，早期的那种是被动的跨国而居，这个时候就出现了新的跨国形式，这种实践的形式特别多。最后我想讲的是，尽管我们已经看到第二种形式在全球化的过程中确实对传统的民族国家模式构成一种挑战。就是说全球主义实际上已经成为可预见的历史的必然，现在我们讲的人类命运共同体，实际上就是在讲这个东西。但是由于我们现在生存在现有的各个民族国家内部，所以还有一个立场的问题。民族国家现实的存在，也有它的合理性，这是肯定的，民族国家也不可能在短期内消亡。我在跟学生讲课时，也是讲国家主义的立场还是要有的，但是怎么样去表述？而后一种远距离的跨国民族的现象之所以能够存在，是因为它不具备破坏性。比如说某人入了美国籍，又入了澳大利亚籍，他不挑战这些国家的权威，更不去破坏这些国家，那么这些国家就允许他具有多重身份。所以我讲国家主义立场还是要有的。但是我们要认识到后一种情况会越来越多地出现。我们现在大部分的研究是面对前一种情况。我就讲这么多吧，谢谢。

吴楚克问：我有一个问题问周老师，您能用一句话概括一下"跨国民族"和"跨界民族"的区别吗？

周建新答：这个问题实际上有很多人问过。每个人的观点不一样。我在做研究的时候，认为跨界、跨境都是一种小事。我上午注意到杨明洪老师用边疆中心主义的视角讲了跨界民族的政治和身份认同。这里我想说几句。第一，边疆中心主义视角，实际上上午没有解释清楚。我认为那是个小视野，它只盯着边界和边境那一板块。那么跨国不仅是一个用词的问题，还是一件大事，是一件全球的事。第二，用词不准确。这个"界"和"境"在汉语里的表达不是很清晰，比如涉及港澳台的犯罪一般说"跨境"贩毒、"跨境"走私。我有篇文章《边界、边民与国家——跨国民族研究的三个面向》可以回答这个问题。为什么要讲跨国？就是因为"国"是这里的核心。

（整理人：丁全明）

张保平谈中国边海防管理体制改革

张保平 *

很高兴吴楚克教授让我过来学习一下，我想用很简短的时间把我国边海防管理体制改革做一个简单的梳理。研究边疆问题、边海安全问题，离不开体制问题。其实我注意到我们很多老师，包括马大正老师主编的《中国边疆经略史》，书里面提出的很多内容是涉及体制问题的，比如机构怎么设置、力量怎么部署。

体制问题是很重要的问题。新中国成立以后，我国的边海防管理体制其实一直在频繁地变动，三年一小动，五年一大动。但总体来说，从新中国成立以后到"文革"结束乃至于改革开放初期，边海防管理体制是一种以军事边防为主的体制，尽管它经常变，但总体上是一个军事架构下的防卫体制。改革开放以后，特别是 20 世纪 80 年代以来，到党的十八大以前，我们经历了或者说形成了一个相当稳定的边海防管理体制。我刚才讲这种边海防管理体制自新中国成立到"文革"结束以后每隔三五年就变一次，而 20 世纪 80 年代到党的十八大以前的 30 多年里，保持了相对的稳定，这是非常不容易的。这说明它有合理的东西。当然有时候稳定也不是一点变化都没有，它的变化主要体现在哪呢？就是有两次微调。第一次是 1997 年，全国 9 个城市的边防检查工作进行了一个微调，主要是职业化设计。第二次就是 2003 年中朝边境和中缅边境云南段的边境防卫任务移交给解放军边防部队。除了这两次微调以外，在 30 多年里保持了相对稳定的边海防管理体制。这一时期的边海防管理体制大致有这么几个要点：第一，党中央、国务院统一领导国家边海管控和治理工作。这在国防法中也有明确的规定，

* 张保平，中国人民警察大学边防系原主任、教授。

在这样一个体制的领导下，国家设立了一个统筹协调机制——国家边海防委员会。第二，过去一直是由中央政治局常委来担任国家边海防委员会主任，由国家边海防委员会来统筹协调边海防建设，在此基础上由国家相关部门互相配合共同维护。第三，分工负责主要是解放军边防部队和政府部门，政府部门主要是公安部门，也包括外事、海关、交通等部门。所以总体上是形成这么一个体制，30多年来比较大的整体架构没有太大变动。

党的十八大开始对这样一个体制进行调整，特别是党的十八大以后，2013年第十二届全国人大常委会及党的十八届三中全会提出了调整理顺边海防管理体制的任务。所以在这个时候就开启了边海防管理体制调整的一个进程。这个调整主要是两个内容，一是成立中央维护海洋权益工作领导小组。另一个是从管理层面重组国家海洋局，整合四支海上力量，组建海警队伍。这可能是我国边海防管理体制里面一个重要的变化。但是这个变化毕竟没有对国家边海防管理体制做根本性的改变，只是一种微调。2013年以后，我国海上力量的整合也没有达到预期的效果。所以到党的十九大的时候，整个的边境控制、防卫、海上安全等相关的体制进入全面调整、深度调整的阶段。大家都知道，党的十九届三中全会提出了《深化党和国家机构改革方案》，十三届全国人大第一次会议通过了《国务院机构改革方案》。如果梳理一下的话，边海防管理体制主要有以下几个变化：第一是中央层面，不再设立中央维护海洋权益工作领导小组，将相关的职能纳入中央外事工作委员会；第二是组建国家移民管理局；第三是公安边防部队改制；第四是将国家海洋局（中国海警局）领导管理的海警队伍及相关职能全部划归武警部队；第五是海关主要负责出入境检验检疫。主要是这五个方面的变化。

在这五个方面进行调整的同时，有三个方面没有变化，第一是国家安全委员会和国家边海防委员会的设置没有改变；第二是解放军与有关部门分工负责，互相配合的基本格局没有改变；第三是解放军（线）、公安机关（面）这样的分工没有改变。党的十九大以及十三届全国人大第一次会议开完以后，到目前为止，大部分改革已经完成，跟我们相关的这一部分难度比较大，尤其涉及经济改革。海警虽然已经转隶武警部队，从转隶的角度来讲，应该说已经完成了。但是很多具体的工作现在还存在很多问题，全国人大常委会通过了一个关于中国海警以及海上维权执法的决定，粗线条地规定了中国海警以及海上维权执法的职能，但是涉及很多具体问题。关于公安边防部队，现在按照中央的要求，公安边防部队的职能要进行分级，一部分职能转给人民解放军，公安边防部队承担的边境防卫职能的转隶已经完成，一部分职能转给武警部队，还有一部分职能转给地方公安机关，主要是沿边境一线的边防派出所，或者一线的沿海边防派出所。其他的边防派出所、边防大队、边防支队、边防总队以及各边防检查站，除了总干事以外，人员和职能全部移交给国家移民管理局。我们力图把目前的这样一种调整对国家边海稳定的影响降到最低，但是到底有没有影响，影响有多大，还要继续观察。我想至少有三点，可以做一个简单的判断或评价。

第一，目前这一次调整是近40年以来最大的一次调整。原来我在教研室工作的时候，曾经写过一个边海防管理体制调整的文章，已经过去20多年，但我们的观点没有变化。涉及边海防管理体制调整，我一直主张改良主义。

第二，目前这个调整对我们周边国家产生了重大影响，特别是日本和越南，它们是非常敏锐的。在我们提出改革方案的过程中，他们的智库就提出了相应的研究报告。现在日本、越南以及其他一些国家也有一些对应的措施。特别是我们海警这一方面，因为全国人大常委会的决定很明确，但是有些具体的职能手段和一些配备现在还不是特别清楚。

第三，这个体制的运行，我们还要有一个比较长的磨合期。现在各方面的利益关系太复杂了，所以这种磨合期估计是比较漫长的。

我是一个比较关注现实问题的教学研究人员，在这里和大家做这样一个交流，如果有时间，希望能继续和大家交流，谢谢！

（整理人：丁全明）

李骄谈对跨界民族的系统理解

李　骄[*]

　　尊敬的专家、各位老师，大家下午好，我是云南大学公共管理学院方盛举老师带的博士研究生李骄。今天能够参加这次高层次的学术会议，能够聆听各位老师的真知灼见，我感到十分荣幸。各位专家、各位老师都是学界巨擘，学界翘楚。此时的我诚惶诚恐，颇有班门弄斧之感，下面我向各位专家、各位老师报告我个人关于跨界民族的一些所思所想，其中有不当之处，还请各位专家、各位老师不吝指正，谢谢！

　　跨界民族，它既是一个客观的特殊存在，又是一个用于描述的概念，我以为要对跨界民族进行分析，首先需要了解跨界民族形成与出现的时空条件。大概来看，跨界民族形成和出现于民族国家时代，围绕着明确具有国家主权意义的相邻国家的国界线提出。

　　第一，跨界民族中的民族是什么？在民族国家时代，民族是用于描述和分析两个方面或层次的人类群体，分别是政治民族和历史文化民族。政治民族形成与维系的基础力量是国家政权。历史文化民族形成与维系的基础力量是共同的历史文化关系。从整体的角度来看，跨界民族中的"民族"是指历史文化民族群体，但是在民族国家时代，政治民族与历史文化民族存在共时性的联系。一个民族国家中可能会存在多个历史文化民族，具体的个体化群体既具有政治民族身份，又具有历史文化民族身份，属于同一历史文化民族的成员，可能有相互不同的民族身份。因此跨界民族中的民族，作为整体是同一或同源的历史文化民族，但是作为部分则分别属于不同国家的政治民族。

---

　　*　李骄，云南大学公共管理学院博士研究生。

第二，跨界民族中的"界"是什么？"界"可以理解为同一或同源历史文化民族之间的分隔物，这样的分隔物从本质来看，它是明确具有国家主权意义的，并受国际秩序和准则约束的国界线。从规模上看，它又可以分为仅仅是国界线的一条线，包含着国际线的条、块或者是片，然后再由此分别延伸出跨界民族、跨境民族、跨国民族等相关的概念。

另外，从民族的角度来看，跨界民族中的"界"，还可以指不同政治民族之间的区别，以及政治民族之"界"。

第三，是我参考一些文献以及进行一些思考之后，对于跨界民族含义的一个大概总结。跨界民族就是作为整体的相似或统一的历史文化民族，被具有主权意义的国家边界分隔在相邻的不同国家，被具有国家公民性质的政治民族界限分隔成为不同的政治民族部分，而且被分隔的这些部分围绕着相邻国家的陆地边界线毗邻而居。

第四，对于跨界民族的类型分类，它的分类标准是有很多的，比如说其形成的原因或者过程、跨界民族群体的民族认同与国家认同的情况等，这里简单的以数量、规模以及所占比例的标准来进行分类，主要分为三种类型。这是从相对静止的角度来观察跨界民族群体。

第五，跨界民族形成和出现的原因就是跨界民族中的"跨"。它既是跨界民族形成的一个原因，也是跨界民族出现的一种状态。它的原因就是同一或同源的历史文化民族。之所以这个民族群体成为跨界民族，就在于它或被动或主动地围绕着相邻国家的国界线毗邻而居。

第六，跨界民族作为有机能动的人类群体，它的运动或多或少地将会产生一定的功能和影响，产生这些功能和影响的客体有很多，可以是跨界民族本身、其他的民族群体、相关的国家以及国家治理，还有相关的地缘政治关系或者国际关系等，而产生的这些功能和影响在价值判断上也有一定的方向。这些产生的影响可能是积极的，可能是消极的，也可能是一种中性的现象。

跨界民族作为一个群体，它是在不断地运动和变化之中。它的演变趋势可以比较粗浅地归纳为三点。第一，在当前时代跨界民族将会继续存在，并发挥相应的或相关的作用和影响。第二，在各国进行国族构建整合增强的背景之下，跨境民族群体在依旧身负历史文化民族身份的同时，分属相邻不同民族国家的部分所带有的政治民族身份将进一步凸显。第三，基于经济社会的发展、国家战略政策的导向、基础设施的完善，以及相关个人或群体的主观能动性的发挥，跨界民族可能将会向跨境民族甚至跨国民族的趋势演变。

以上就是我的报告，作为晚辈的我，恳请各位专家、各位老师指正与点拨。谢谢！

（整理人：丁全明）

许建英以新疆为例谈从亨廷顿
文明冲突论看中国边疆面临的
文化挑战与治理

各位专家,下午好,今天在这里和大家交流一下,希望大家指正。我主要是从亨廷顿的文明冲突论看中国边疆面临的文化挑战与治理,并以新疆为例。

第一,文化边疆建设与治理刻不容缓。我国边疆地区占我国国土面积的 63%。大多数边疆地区是少数民族聚居的地方,形成了中华民族多元一体的格局。但同时从内部来说,各地区的文化有多样性,各少数民族都有自己的历史文化传统,也有自己的亚文化圈。从境外来说,我们也有一个圈里的共有文化,简单说就是中华文明圈,但周围也有伊斯兰文明、印度文明、东正教文明等。从而呈现这样一种多样性,从边境地区到内部都存在这种多样性。它有这么几个简单的特点:第一,从内部来看,边疆文化呈现的多样性,特别是有很多亚文化,使边疆文化呈现丰富多彩的特征。第二,从境外来看,存在一种过渡性特征,边疆地区的跨界民族之间长期存在交流,形成一个文化过渡带。我们从文化角度来看,把它叫作"衔接地带"更合适一点,因为它不是简单的对立的地带,它是一个过渡的衔接地带。第三,从文化的效果作用来看,边疆文化中丰富的交流性,决定了边疆地区文化的动态性非常强,容易接受外国文化的影响,甚至外国文化处于强势状态会对边疆地区的文化产生非常大的冲击,会产生巨大的影响。反之,如果是中国边疆文化处于强势状态,就会借助人员的流动和现代文

---

[*] 许建英,中国社会科学院中国边疆研究所新疆研究室主任、研究员。

化的优势将中华文化向外扩张，影响周边地区。像新疆早些年宗教极端主义泛滥，暴力事件频发，究其原因其实就是意识形态出了问题。我们认为纵深的中国边疆地区是中华文明与周边文明的衔接地带，是境内外文化交流的地带，也是多种文化融合的地带，表现出非常活跃的态势。

第二，亨廷顿在20世纪90年代以后写了一系列的文章，还写了一本书叫作《文明的冲突与世界秩序的重建》，这本书的核心观点认为冷战以后世界格局的决定因素演变为七大文明——中华文明、日本文明、印度文明、伊斯兰文明、西方文明、东正教文明、拉美文明。冲突的基本根源不再是意识形态，而是文明的差异。亨廷顿的观点在国际上非常流行，我们国内学者对这一观点持批判态度的比较多。根据亨廷顿的观点，可以衍生出以下观点。一是冷战后世界格局出现了多极化和多元文明。二是文明之间的均势正在发生改变。三是一个以文明为基础的世界秩序正在出现。四是美国既然把中国列为文化或文明冲突的重要对手，我们自己也不能置之不理。五是西方人把自己的文明看作独特的而不是普遍的，并且团结起来加以保护，而文化保守主义与特朗普的贸易保护主义是非常相似的。

刚才我们谈到中国学者大都是批判亨廷顿的文明冲突论，因为他认为中华文明是对世界秩序的威胁，中国的崛起与文明的冲突有直接关系。亨廷顿断言儒教和伊斯兰文明是西方文明的敌人，我们应对此高度重视。虽然亨廷顿的一些观点我们不赞同，但是他给了我们一个西方文明怎么看待中华文明的例子，有值得我们借鉴的地方：一是文明的划分及冲突；二是文明内部的冲突是可以解决的；三是拥有共同文化亲缘的各个社会相互合作。我觉得这些方面值得我们加以思考。

在我们东亚，在边疆地区，特别是在西部边疆地区，文明内部的冲突体现得相当明显，刚才我也谈到了这一点。因为这些原因或者背景，我想以新疆为例和大家交流一下这个问题。

新疆的地形，是三山夹两盆，地形地势决定了它的交流方向。新疆的地缘特征大家也都知道。新疆面积有160多万平方公里，周围有8个国家，其中大部分国家的文明形态不一样。比如俄罗斯的东正教文明，中亚和南亚地区的伊斯兰文明，甚至在近代以来，西方的很多传教士在新疆也有很深的根基，进行了长达半个多世纪的传教。

就新疆内部来说，它也是一个多民族聚集地区。我们常说新疆有13个主体民族，实际上现在56个民族都有了。但是我们就按传统来说13个主体民族，它们呈现的文化形态也有比较大的差异。有的民族有非常漫长的历史，有自己独特的文化，不容小觑。跨界民族还有境外很深厚的文化动力源。现在考古发掘也证实了新疆的南北疆地区有大量的文明遗址。在历史上，新疆文化东西交汇的特点非常明显。我觉得现在新疆文化的特点有这么几个，当然不一定正确和全面。其一，新疆在汉代纳入了中华文明圈，中央王朝在公元前60年建立了西域都护府，在这里进行治理。但是在这个过程中，这种治理是断断续续的。其二，新疆受外部与现代文明影响，内外部很多宗教施加了影响，同时近代以来的"双泛"思想对新疆的影响是非常大的。其三，新疆内部各种文化形成亚文化圈，按生产方式来说，有游牧文化、商业文化等。

第三，我认为新疆的文化治理面临着挑战。民国以后，新疆的文化环境、内部的亚文化没有太大变化，但是它的构成要素力量发生了重大变化。比方说1949年新疆汉族人口只有30多万，但现在达到500多万，这种巨大的变化对新疆民族关系可能会带来强烈的影响。

新中国成立以后，我觉得我们在意识形态建设上给新疆带来了巨大的变化，带来了一种革命性的变化，这种变化有可能使新疆很多的传统的议题在更新，并为我们对新疆社会的治理带来了一种全新的局面。但是改革开放以后，我们在很多方面放松了这种治理，再加上境外的一些势力对我们的冲击非常大，以宗教为例，清真寺在短时间内就发展到23000多座，在数量上超过沙特阿拉伯等伊斯兰国家。另外，在互联网时代，新媒体对中国产生了巨大的影响，把有界的、可见的边疆变成无界的、不可见的边疆。我们对边疆地区的文化治理存在空前的压力，外部文化的影响使新疆文化的认同更加复杂化。对文化治理，我有一些初步的思考，我认为文化治理是新疆治理的根本。一是新疆所处的环境决定了新疆处于文化冲突的前沿地带。二是要充分尊重和善待新疆境内的亚文化，但它们必须在中华文化的大框架下得到认同。三是充分认识新疆文化所具有的衔接地带的特点，要思考怎么能使其变得强大。

第四，要树立新的边疆观。从治理角度讲，我们经常说，2000多年来，我们始终是内地中心观和边疆中心观的这种对立关系，我们这种关系的模式是消极的，我觉得我们应该有这种决心、有这种魄力来消解这种对立。

为什么边疆始终是边疆，中心始终是中心呢？因为我们治理的出发点有问题。我认为首先要逐步融合内地中心观和边疆中心观，要树立一种开阔的边疆观；其次，要把新疆建成文化高地，文化有辐射能力，才能建设稳固的边疆。最后是新疆现在处于一个文化重塑的过程，比如要学习语言、学习法律、学习技能。我简单谈这几点，谢谢！

（整理人：丁全明）

李国强回答提问实录

李国强

张保平问：李老师，您好！我有两个困惑，想向您请教。第一个困惑就是上午方铁老师提到的，中国疆域抑或是边疆是以清朝前期形成的区域为基准的。我们传统的疆域是陆地边疆，如果按照这个时间点，作为中国疆域或者边疆的一个标志，这能否为我们在某一个海疆的主权上提供一个历史的实证的支撑？不过现在这个可能比较困难，因为我们传统的边疆概念主要聚焦陆地边疆，而对海洋边疆的关注比较少。第二个困惑是，我们现在的学科很少冠以中国字样，很多的学科是带有国际标准的共同话语或者共同概念体系。但中国边疆确实很特殊，如果借鉴外国话语，在语境上会有一定困难。但是如果搞一个一般意义上的边疆学，似乎现在存在很大的分歧，而且国际上真正有边疆学的国家估计也不多。我们注意到美国历史上也出现过边疆研究，甚至也有过边疆学的。但是这么多年来，我们没有看到美国在发展过程中专门对边疆问题进行讨论，而且美国好像不再继续特意强调边疆的问题。美国最初的边疆问题必然与边疆研究设计联系在一起，但现在好像已经不是这样的情况了。从美国的经历来看，对我们有没有什么启发？

李国强答：我尝试着回答第一个问题。我一向认为，我们不可以用陆疆研究的眼光去看待海疆。我们在海洋研究上有较多不足之处，如果直接运用陆地观去看待海洋以及海疆的形成、发展、变化，往往会出现问题。此外，我还要特别强调一点，正如你刚才所说，我们很多文章说中国疆域在清朝基本上形成了，但是在我看来，中国版图的形成远没有结束。我们知道，在中国的陆地上，在中印边界还有一小段跟印度之间还未达成协议。而海洋领域没有划界的地方就更多。在我看来，中国的海洋还处在划界的阶段，没有形成真正的海洋版图。由此而言，中国的国家版图真的已经确定了吗？答案是没有。2000 年中国和越南在北部湾划定了一条海上分界线，这是中国第一条海上分界线。而中日之间的东海划界问题，以及中国和南海周边国家的南海海上划界问题远远没有启动。中国的海洋疆界已经确定了吗？没有。中国海洋范围有多大？比如说有 300 多万平方公里。为何不对？这其中缺乏一个重要的界定词，确切地说，应当是中国主张管辖的海域面积有 300 多万平方公里。在国际社会，我们要非常严谨地发声。中国主张的海域面积有 300 多万平方公里，这是站在我们的角度来说的。我们不可以说它是一个确定的数字。也就是说，在中华民族伟大复兴的道路上，不要仅仅看经济指标，仅仅看到 2050 年我们是不是在经济上取得了很大的成绩，或者我们说实现中华民族复兴伟大中国梦，这个梦里面，如果中国的版图没有得到最后的确定，我指的是包括海洋疆界领土在内没有得到确定，我认为中华民族伟大复兴的中国梦远未实现。从这个道理上来讲，我们说即使在清代底定了中国版图，那么也就是说中国的领土仍然处于一个需要去再完整起来的过程，这个进程没有结束。我提出来这个问题，也请各位思考。我们现在面临的最明显的一个问题就是台湾还没有和祖国大陆实现统一，那么能说中国的版图是完整的吗？不完整。所以这可不可以是我们中华民族伟大复兴的又一个中国梦？就是要实现我们国家版图的完整。以上内容我不知道是不是能够回答你提出的第一个问题。

对第二个问题，坦率地讲，按特纳学派的理论，美国的边疆与我们说的边疆好像不是一回事。它的概念，包括特纳学派的很多理论实际上与我们是不一样的，换言之，国外的很多理论与中国边疆是合不到一起的，所以不要简单地用国外的理论来套中国边疆的历史和现实，包括特纳学派。当然我承认特纳学派中有关边疆的理论，有一些会给我们带来一些思考。以美国 200 多年的历史，与中华民族 2000 多年的文明史去考察、比较的话，中国的边疆跟西方的边疆或者跟美国的边疆存在天壤之别，其中的差别不仅仅体现在地理构造上，而且是从它的延续、它的发展、它的内涵、表现出来的内容、它体现的外在或者内在的东西，都有很大的不同。从古至今，从政策到制度发展，甚至到一些法律的制定，中国历代政府到当代都做了很大的努力，而我们从来没有见到（美国及其他一些西方国家）是如此的境况，所以这才给了我们研究者一个非常大的研究空间。

（整理人：艾俊雯）

王晓鹏谈"四海一体"海疆构架与
东亚海洋秩序的形成

非常感谢吴楚克老师，感谢会议主办方能够给大家提供一个学习和交流的机会。我本人在中国社会科学院中国边疆研究所的中国海疆智库，专门研究海洋问题。因此今天我要与大家分享的内容是我个人关于海疆的一些思考，即"四海一体"海疆构架与东亚海洋秩序的形成。

第一，2016 年，我提出了一个东亚海的概念，并且在我的倡议之下，由国家海洋局和教育部专门设立了一个东亚海研究室。东亚海就是东亚海疆的简称，指东亚地区的边缘海（不含内海）、海峡、水道及西太平洋的部分区域。具体包含鄂霍次克海、日本海、黄海、东海、南海、宗谷海峡、对马海峡、宫古海峡、台湾海峡、巴士海峡、巴林塘海峡、巴拉巴克海峡和西太平洋部分区域等。了解大致的区域之后，我对东亚海疆的范畴总结为"四海一体"。

第二，要明确海疆与海洋的区别或关系，海疆的本质是海洋与人类社会关系的总和。在没有人类社会产生的时候，海洋是一个自然地理概念，自从有了人类社会，有了人类的生产生活活动，海洋与人类社会就紧密结合在一起，这样一种关系的总和称为海疆。从历史上来看，它的特点是经历了一个从陆海复合最终到海陆合一的过程。海疆的基本构成包括五大要素，即沿海、海域、海路、海外和海上命运共同体。沿海，即沿海的区域；海域，即海洋的区域；海路，即海上通道，如"一带一路"中的海上丝绸之路；海外，即在边缘海之外的洋域和海外大洋、国际海底；最后是海上

---

*　王晓鹏，中国社会科学院中国边疆研究所海疆研究室副研究员。

命运共同体。我和吴楚克老师探讨过，在研究边疆、海疆问题的时候，还要注意一个空疆的问题。如果站在空疆的视角来看，那么第五阶段就是海疆最终的阶段。根据李国强教授关于东方的疆域和西方的边界相互关系的提法，我总结如下。分别对应五个阶段的疆界形态，包括无疆无界、有疆无界、有疆有界、无疆有界，最后回到无疆无界。五种形态既包含时间上的延伸也包括空间上的扩展，形成了结合时间顺序与空间顺序的"曌间顺序"。为了便于理解东亚海疆的基本构成问题，我举一个例子，如历史上的大航海时代，其实就是由无疆无界到有疆有界，这是从沿海阶段到海路阶段过程当中出现的特殊形态。再比如研究海疆问题，会遇到一个重要的名词如南海分界线，俗称九段线问题。海外国际学者和国外学术界对此有很多理解，其实九段线就出现在海域阶段到海路阶段之间，也就是由有疆无界阶段向有疆有界阶段过渡过程中的特殊形态，是用西方的海上边界的形态来表述东方的海上疆域的存在而已。在这样的构架之下，《联合国海洋法公约》是海路阶段到海外阶段的特殊形态，是有疆有界向无疆有界转化。这是从海疆的角度来诠释我们面临的国际形势和国际问题。

再比如说美国在西太平洋区域的战略。奥巴马时期提出了"亚太再平衡"战略，这是在海上通道的有疆有界的海路阶段呈现的战略形态。其手段就是重视对海峡水道、海洋通道的控制，从而控制世界贸易，进而控制世界。而特朗普上台后，其对于奥巴马的战略有限地继承，抛出了"自由开放的印太战略"。美国悄无声息地将战略由海路阶段向海外大洋阶段转化，目标在于掌握自身对于大洋的控制权。美国三面环海，是一个地理形态非常有利的滨洋国。有相关资料曾经做过统计，以滨洋国所影响的海洋范围来计算，美国海外大洋的范围达到2000万平方公里以上，基本相当于苏联的陆地面积。而我国是一个海洋地理不利国家。因此我们要以构筑海上命运共同体为目标，这也是人类命运共同体先期可以实现的一部分。在可预期的未来，国际社会的主要矛盾由当今的矛盾分歧包括意识形态、贸易摩擦、海上争端等，转化成以美国为首的大洋国家与以中国为首的内陆或海洋地理不利国家对于海外大洋人类共同财产分配的矛盾，而"一带一路"共建国家大多数是内陆国或海洋地理不利国家，形势十分严峻。

第三，东亚海洋秩序的形成与演变。其内涵是要在尊重历史事实的基础上，按照国际法，构建东亚特色海疆平衡架构和海洋合作模式。关键在于维护二战后国际社会按照《开罗宣言》《波茨坦公告》等一系列国际文件形成的关于南千岛群岛（北方四岛）、独岛（竹岛）、钓鱼岛及其附属岛屿、南海诸岛等岛屿归属的处置方案，通过双边谈判妥善处理有关海域划分问题。其中岛屿海域划分、以岛控海问题是核心问题。所以，关键在于划清历史上形成的与现实存在之间的关系。其原因在于，海洋本身具有全球性、连通性、先期性等特点，而海洋问题具有历史性、敏感性、复杂性等特点。

诗云："春江水暖鸭先知"，那么世界局势海先知。面对挑战，我们应对的现实问题是，如何反制域外大国"岛海联动"，防止域外大国以岛屿和岛礁问题为切入点，牵制我们的战略注意力。另外，要总结历史经验，防范超级大国"贸海联动"。将历史回溯到100多年前，以史为鉴，确保类似的情况不再发生，这对我们是一个警诫，也会对未来产生启示作用。谢谢大家。

（整理人：王浩）

汪洪亮谈李安宅未刊手稿
《十年来美国的人类学》的解读

汪洪亮[*]

　　谢谢吴楚克教授，谢谢大家。首先我讲的内容主要是被忽视的一段学术史，即华西边疆学的发展脉络。边疆学经过千年积累，百年探索，才有了今天的格局。民国时期是承前启后的关键时期，实现了边疆研究从传统到近代的转型。这种转型是多方面的，在理论、方法、体制、路径等方面都发生了翻天覆地的变化。我曾经从边疆机构兴起对边疆学术的形塑等角度，剖析了民国时期与之前不同的几个方面。之前的中国边疆研究，主要是研究者个人兴趣驱动，依靠个人的经费支持，研究行动主要是个人的行为，依赖个人能力。民国时期研究机构的兴起，以及与其相关的学术共同体的兴起，与之相匹配的众多边疆研究刊物、出版机构的出现，使边疆研究成为众多学人合力抱团同时又相互竞争的事业，成为国家边疆开发与建设计划的重要组成部分。边疆研究成为学术活动较快开展的一个热门领域。第一，边疆研究从个人行为向群体行为、从书斋研究到以实际调查为主的转变，促进了社会调查运动的兴起。第二，边疆研究机构人员出现了变化。研究方向从单一走向多元，学者从以史地学者为主走向以社会文化学者为主。民国时期的边疆研究学者学科背景多元，包括自然科学和社会科学等学科。费孝通说："我们国家边疆研究的范畴，既如是之广，绝非一二专家或少数人士，所能应付。亦非一二学术机关或大学所能担当。我国边疆研究，举凡自然科学，社会科学中部门之重要学者，均可参加。各门学科在边疆研究中均各应占一席之地。"顾颉刚认为："边疆种种政治问题，无不

　　* 汪洪亮，四川师范大学历史文化学院教授、院长。

有其史地之背景存在，史地之背景明，则政治问题无不得解决之端倪。"他注意到史地调查很重要，而且边疆学者要有民族文化、语言、习俗和地质等方面的知识。虽然他们的观点有差异，但也认可边疆研究是多学科的领域。第三，民国时期的边疆研究逐步改变了西北研究在边疆研究中一枝独秀的局面，形成西南、西北研究并驾齐驱，西南研究后来居上，东北研究、蒙藏研究持续推进的基本格局。第四，边疆学术刊物对边疆研究的推动非常大，民国时期出版的刊物是非常多的。

华西边疆学很早就实现了学术转型，表现出很多不一样的地方。1930年之前，民族学处于萌芽时期，考察团所注意的多数是自然科学问题，边疆问题被视为外交问题，是不甚注意的。但是华西学者一开始起点就很高。华西大学成立于1910年，1914年就筹建博物馆，共有5个博物馆。民族类的文物在古物博物馆，下面设立民族学与考古学两个部门，收藏文物非常多。这些文物很大一部分来自边疆地区，尤其是藏族地区。华西大学在1922年成立华西边疆研究学会。宗旨和目标就是对华西地区的民族社会文化进行研究，本质上也是边疆研究。

抗战之前，华西边疆学的主体研究力量集中在华西大学，抗战时期，华西边疆研究聚集了五所大学的力量，除了华西大学以外，还有金陵女子大学、金陵大学、齐鲁大学、燕京大学。我对这五所大学的边疆学术传统进行了一番梳理。华西大学的边疆研究开始早，而且有其特色。一开始以外国学者为主导，与民族学等学科并驾齐驱。金陵大学一开始比较注重边疆问题，而且服务于教学。抗战之前，燕京大学边疆研究的主体力量有两个。一个是以顾颉刚为中心的禹贡学会，主要是从历史地理角度出发；另一个是吴文藻主持的社会学系，主要精力集中于汉人社区，对边疆研究关注较少。齐鲁大学和金陵女子大学在抗战之前对边疆研究几乎没有积累。齐鲁大学关注乡村建设，这个传统在抗战时期得到发扬，体现在边疆建设、边疆服务上面。

其次，我想讲一下四川师范大学的边疆学术传统，这个传统从李安宅先生起往上追溯。在很多学者的描述中，李安宅先生是华西坝的边疆学学者、人类学学者、核心人物。1949年成都解放前夕，李安宅先生在国外，作为爱国学者，一定要回到中国。当时在华西边疆研究所的人，全部参加了中国人民解放军第十八军的政治研究室，为和平解放西藏作出了贡献。20

世纪 60 年代，李安宅来到四川师范大学，留下了很好的学术传统。一批有名的学者陆续加入四川师范大学，扩大了边疆研究的学术队伍，同时也为四川师范大学的边疆研究实现了转型。以前四川师范大学的边疆研究偏重史地型，现在转变为偏重哲学型。

四川师范大学领导希望重新举起华西边疆研究的旗帜，马上要成立华西边疆研究所，把以前创办的《华西边疆评论》再办下去。希望大家给予支持，谢谢！

（整理人：王浩）

袁剑谈近代中国西北"边疆"意象的生成

袁　剑[*]

非常感谢吴（楚克）老师、马（大正）老师。能够参加此次会议，我也是感慨良多。马大正老师在讨论边疆学和近代边疆研究的发展过程中提到了几次浪潮。第一次浪潮是西北史地学的兴起，它奠定了中国边疆研究以国家为本位的、基于家国情怀的研究定位，同时也成为现在边疆研究的立足点。实际上，不管是我们这些后辈，还是学生，都是在这个基础上进一步实践马大正老师的指导和主张的。

在中国边疆发展的过程中，尤其是中国近代以前的王朝发展史上存在一个"大中国"和"小中国"的交替发展过程，而所谓大和小或称大一统和非大一统，体现在疆域上就是大一统的王朝对西北实施长期的有效的管理，而非大一统的王朝对西北治理相对薄弱。这就提示我们如何认识中国西北边疆治理的发展脉络问题，如何理解古代到近代的转折期，如何评估西北边疆的变化对当代和当时世界形势的后续影响。可以看到，中国西北边疆在历史上的影响可能要更大一些，而这个区域也正处于亨廷顿在《文明的冲突》中所说的文明断裂线的位置上。在这样一个过程中，如何更好地理解西北边疆在中国历史上的演变过程就非常重要。

近代，中国西北边疆在逐步形成的过程中出现了文明断裂线的状况。在布热津斯基著名的《大棋局》中提到广义的中亚是指亚洲的大片区域，指明了该地区的复杂性。这种复杂性对周边区域、周边国家产生了深刻的影响。中国对于西域的话语在近代发生了变化，即广义的西域消失，出现

* 袁剑，中央民族大学民族学与社会学学院教授。

了俄属中亚和中国西北这样的一个空间上的区分，因此国内与国外区域的分界很明显。这是在中国西北认知过程中出现的一个变化。与此同时，在另一侧，俄属中亚地区在这个过程当中原本处于混沌状态，如草原帝国部落制结构之下的中亚在俄罗斯帝国或苏联的控制下逐渐成型。18世纪俄国控制中亚地区后，开始在此设置相关行政机构加以管理。20世纪20~30年代形成了5个加盟共和国的体制，这个过程是俄属中亚由粗放式管理到较细致的行政化管理逐渐转换的过程，而且到现在还没有完全结束，其后遗症在现在中亚国家的划界问题中依然存在。回顾历史，俄属中亚地区与当时的中国西北有类似的现象。在当时欧亚中部的复杂性开始显现，对后来的民族国家造成了挑战。与此同时，中亚、南亚的结构实际上与中国西北的变化节奏是基本同步的。在基本同步的一个结构里，可以通过细致的分析，了解到为何到19世纪中后期，中国边疆研究出现了第一次高潮。原因有两个，一方面是中国史地研究的传统，另一方面是外国的影响也刺激了当时具有家国情怀的史地研究者，他们做了大量相关的史地研究。我们可以明显感到历史共同性在这一区域的影响。从这个角度来说，认识中国近代西北边疆过程，也恰恰需要同时认识中亚如何复兴。

下面我对近代中国西北边疆的形成过程进行简要分析。在中国王朝历史中，边疆的概念实际上是本土知识下的边疆，包括对于羁縻的认识，也是现在构筑中国边疆学的一个重要基础。近代，中国与西方进行经济文化交往的同时在某种程度上也受到西方知识的冲击。中国与西方殖民帝国在边界谈判中，不可避免地受到了西方知识的冲击。这些西方知识就使我们原来的知识受到一些影响。两种知识的冲撞，在近代中国的相关边境条约中得以体现，也造成了我国近代的边疆危机。危机既包括战争的危机，也包括知识上的危机，我们怎样去概括和归纳在两种知识冲撞之后对中国边疆造成的影响，这需要我们好好地把握。而这种冲击一直影响到现在，如海疆、国际法等。

中国西北边疆经历了一个由古代的西域到近代的西北边疆的变化。西北开始成为有边疆的西北，始于近代对于西北的知识的增长。近代社会知识普及率很低，而且是自上而下一层一层地贯穿，对西北的认识就是一个从高到低的过程。此后，由于科技普及，传播媒介变为电报、报纸。而真正形成知识潮流，是在20世纪40年代，进而才形成共同的救亡信念。梳理西北历史，把握知识的潮流，才可以更好地了解公众对西北形象的认知，也使这个图景更加丰满。了解这段历史，对那些存有误解和敌视情绪的人讲述真实发生的故事。从这个角度来说，西北边疆意象在重新形成的过程中会变得更有力度。这需要我们大家一起努力，在三次边疆研究高潮之后，推进第四次边疆研究的高潮，这对于国家也是一件有益的事情。谢谢大家。

（整理人：王浩）

朱金春谈边疆研究及其学科化

朱金春*

　　各位专家，下午好，参加这次会议使我深受启发，特别是边疆学和中国边疆学的讨论，非常具有启发性。总体上，边疆学在国际上更有说服力，因此我今天从边疆学角度出发，对民国时期边政学进行一个学科化的讨论，以此来讨论民国时期边政学的立场和逻辑，以及对于今天边疆学的启示。

　　近代以来，学者们在展开边疆研究的同时也进行着边疆学学科建构的尝试与努力。民国时期边政学的建立是边疆研究学科化的重要表现，不仅探索了边疆学学科建构的路径，而且使后来的边疆学学者形成了鲜明的学科意识。但是边政学迅速兴起又转瞬衰落，其中缘由何在？除了时局影响，我觉得可以从学科建构的路径角度出发进行讨论。我的讨论从四个方面对学科的特性和建构路径进行阐释。第一，边政学学科的二重性及其建构路径；第二，边政学的内外建构的状况；第三，边政学学科存在的内在建构的缺失导致其迅速衰落；第四，边政学兴衰对当前边疆研究学科化的启示。

　　首先，学科是人们对对象化世界的分类体系，具有二重性，即学科不但包含知识的分类，而且还包括知识分类的制度与规范，这种二重性决定了学科建构的逻辑路径，即内在的知识建构与外在的社会建构两个路径。其中内在建构主要着眼于知识生产的规范化与体系化，旨在形成一定的理论范式；而外在建构是支撑学科研究的物质基础，它至少包括四类基本范畴：职业化和专业化的研究者及他们赖以栖身的研究机构和学术交流网络；规范的学科培养计划；学术成果的公开流通和社会评价；稳定的基金资助

---

　　*　朱金春，四川大学西部开发与社会发展研究院副教授。

来源。学科的内外建构这一路径，是学科成立的基本要求，同时也是评判学科化程度的标准。那么把边疆学看作一个独立的学科，它的建构也应该如此。

其次，边政学内外建构的状况。外在建构是民国时期边疆研究得到政府的支持，而且受到时局的影响，主要表现在边疆研究机构、刊物的发行，院系增设与课程设置等，都形成了一个完整的体系，创建了边政学的物质基础与社会建制。而且在内在建构上有比较大的进展，主要是对边政学的研究对象、研究方法、研究理论等进行系统性的研究，形成边政学的研究框架与理论体系。杨成志与吴文藻分别发表《边政研究导论》《边政学发凡》，它们被称为"边政学的学科宣言"。从边政学内外建构来看，可以说边政学内在的知识建构与外在的社会建构都获得了长足的发展。汪洪亮教授指出，民国时期的边政学已经发展得比较成熟，并具备了一定的"学科性"。可以说，这一总结，十分精练且准确地总结了边政学作为学科的基本特质，以及民国时期边疆研究学科化的成效。

再次，边政学衰落是非常迅速的，在抗战之后迅速衰落，我们如何去理解这种衰落？还是要回到学科本身的二重性。学科本身的二重属性决定了学科内在知识建构与外在社会建构的必要性，如果只是在外在建构上具备，而内在建构缺失，就难以有坚实的理论基础，即使构建起来也将面临着迅速衰落的命运。民国时期的边政学正是如此，根源在于学科内在知识建构的缺失。如果读杨成志和吴文藻的两篇文章，会发现对于边政学的方法、对象，都进行了非常深入的探讨，搭建起边政学的研究框架。但是学科的建构有其自身的规律，基本上可以表现为一个从概念到原理到命题再到规律的逻辑演绎过程。而如果以此重新观察这两篇学科宣言，就会发现两者都是在知识生产的外围"作业"，是方向性的指引与框架性的勾勒，并没有奠定坚实的理论根基。当然这受到当时局势的影响，在当时边疆危机的情况下，要学以致用，要为国家的边疆服务。当时的局势限制了学者们对于边疆研究的一般原理、一般规律的讨论。因此造成了学科内在建构的缺失。

最后，民国时期边政学的兴衰历程，对当前边疆研究学科化有哪些启示呢？可以做一个简单的对比，当前学者们所推动的中国边疆学学科建构，在内外建构上都进行了积极的探索。但是如果与民国时期的边政学建构进行整体性的比较，就会发现两者在建构的路径、方式上，存在相似的情境与问题。如果将杨成志与吴文藻的两篇文章与当前学者们建构中国边疆学的论述相比较，就会发现都集中于学科定位、学科特点、学科构成、学科功能、研究内容、研究方法等，可以说在内容和逻辑上有着许多相似之处，在边疆研究学科化的设想和推进路径上也大同小异。这也是边疆学科建构的困境所在。

那么如何走出这种困境呢？我想还是要从学科的二重性上进行探索。就是内外兼具并强调内在建构。所以有学者提出了建构一般边疆学的设想。其理由在于，边疆并不是一个仅仅存在于中国的现象，世界上许多国家都存在着边疆，因此可以对边疆这一普遍现象进行抽象化与理论化，寻求边疆存在与发展的一般性规律。这其实就为我们探索出了一条路径，怎样去奠定边疆学的基础，怎样去探索它的建构路径，特别是完成其内在建构，就是要从边疆属性出发，通过逻辑演绎，形成一个有着核心概念、基本假设、主要命题的理论体系，这样可以完成对边疆这一现象最大限度地抽象，形成具有普遍解释力的边疆理论，从而完成边疆研究学科化的内在建构，并为国别与区域的边疆学提供理论基础。但是，这一努力面临着重重的困难，需要对边疆进行哲学层面的深入讨论，并从历史与逻辑的统一的视野加以考察，持续地探索。以上就是我要讲的主要内容，希望得到大家的批评指正，谢谢！

（整理人：王浩）

宋培军谈从"边疆政治原理"到 "边疆学原理"

宋培军[*]

感谢各位老师，谢谢吴（楚克）老师给我这样一个交流学习的机会。我看到吴楚克老师申请了一个"中国边疆学原理研究"的课题，我从原理的角度阅读了吴文藻先生的《边政学发凡》，将其进行了梳理，从而提供交流思考的空间。

从民国年间的"边疆政治原理"到新时代的"边疆学原理"，支撑和引领了中国边疆学的建构。从学科、学术、话语体系三大体系的角度，对民国以降中国边疆学的建构进行梳理，有助于不断检视、反思中国边疆学研究的对象领域（学科范畴）、基本概念、主要模式（理论框架）以及方法范式。无论是中国边疆学学科、学术体系还是话语体系，都离不开两大研究范式——现代化范式、革命史范式对研究者潜移默化的方法论主导。提出"边政学原理""边疆政治原理"概念的吴文藻仍然不免把"边疆政治原理"这一对象领域原理混同于不同的学科范畴原理，新时代"边疆学原理"的建构要引以为鉴。我从以下几个方面进行论述。

第一，民国时期"边疆政治原理"命题的提出及其意义。1941 年民族学学者杨成志先生在《边政研究导论》中提出"科学原理""民族学原理"的概念。1942 年人类学学者吴文藻先生在《边政学发凡》中指出，在边政学系、科目、学会建立之后，应把将边政学建立为独立学问、专门学问作为基本目标。他提出了"边政学原理""边疆政治原理"的概念。基于"科学原理"、"民族学原理"、政治学原理以及经济学、法学、教育学原理，建

---

* 宋培军，中国社会科学院中国边疆研究所边疆理论研究室研究员。

构边政学原理，是基本思路。但至于"边疆政治原理"的内容有哪些，并未明言。第二，中国边疆学原理的初步建构成果。我也是通过学习吴（楚克）老师的两篇文章，产生了一些基本的思考。吴楚克老师的文章《现代社会分工背景下的边疆经济与边疆社会治理》，主张从分工而不是生产力的角度出发论证"中国边疆学原理"在本质上依从社会物质生产的基本规律。吴楚克、徐姗姗在《现时代理性认识的特点与中国边疆学建构》一文中，主张不能走"把边疆作为一个概念与边疆存在的各类客观事实相联系"的旧的研究路子。我对学术前辈以及当代学者的边疆学原理建构理论进行了梳理。吴文藻和杨成志先生的边政学，在建构对象和逻辑起点上，是理论社会科学（人类学）与应用社会科学（应用人类学），狭义的人类学角度的边政学属于应用人类学，主要的研究对象是边疆地方政府。其边疆政治原理以民族学原理、政治学原理以及经济学、法学、教育学原理为科学原理来源。在原理应用或学科支撑层面，包括社会人类学（对象民族）、文化人类学（文化社会学）、地缘政治学、边疆史地学（并且提出其需要"科学洗礼"）。在建构路径和目标方面，提出要建立概念体系，实际上也是话语体系，建立独立的、专门的学问。与之进行对比可以看出，吴楚克老师是把边疆作为一个客观的现实范畴，建立的基础是中国边疆政治学，并提出一些基本原理。

最后，我想探讨的是中国边疆学建构与现代化的关系问题。在国家现代化的进程中，我们如何用哲学社会科学的话语进行回应。无论是吴文藻先生还是其他学者，他们当时的研究有一个基本的指向就是中国的现代化，这是他们研究边疆问题的前提。提出"边政学原理""边疆政治原理"概念的吴文藻仍然不免把"边疆政治原理"这一对象领域原理混同于不同的学科范畴原理，主张"中华民族是一个"理论的顾颉刚仍然不免受困于民族概念，但他们都是现代化论者，这是我们要明确的。发现边疆问题的所在，才能建构起边疆学。民族学者杨成志对边疆教育问题的归纳及其对"科学原理"的倡导，显示了学术先贤的现代眼光。马大正倡导的中国边疆学学科体系以中国边疆史地为基石，直面的则是边疆社会的稳定问题。吴文藻先生主张把边政学作为人类学在中国的应用学科，这样的话就可以考虑把它作为应用社会科学的独立学科。

（整理人：张祥）

聂有财谈清代内迁恰喀拉人的民族与国家认同

聂有财*

非常感谢吴（楚克）老师给我一个学习的机会，也很高兴有这个学习的机会。今天很多老师的报告从宏观层面对边疆学理论进行丰富和完善。我本人所学专业一直是历史，另外也由于学术兴趣，所以一直偏向于使用历史档案来做一些实证研究，对理论了解尚浅。这个题目中的"恰喀拉人"，很多人可能都没有听说过。为什么选择这样一个题目呢？这与我的研究方向有关。我本人是利用满文档案做清代吉林东部边疆研究的，它包括乌苏里江、绥芬河、图们江流域，另外，还有吉林东部的海疆，我着重做了清代吉林东部图们江入海口到乌苏里江这一段的海疆治理问题研究（这段海疆在清代被称作南海）。

在整理满文档案资料的过程中，我发现了几份关于恰喀拉人的档案，感觉很有意思，但当时也没有做深入研究。由于接到这个会议通知的时间较短，而且另外写的两篇文章都用于参加其他会议了，所以就利用这几份档案，在很短的时间内写了这篇论文。恰喀拉人在清代文献中又被称作恰喀尔，内迁的恰喀拉人到今天已经融入满族当中。居住在俄国境内的恰喀拉人在今天被俄罗斯称为"乌德盖人"或"乌德赫人"。所以很难说它是跨界民族，因为在两个国家的称谓和现状不同。关于恰喀拉人，国外学者关注很少，他们更多的是从民族学或人类学的角度对"乌德盖人"或"乌德赫人"进行研究。中国个别学者发表了几篇对恰喀拉人研究的文章，但由于当时档案没有开放以及研究角度上的不同，也为我对这个问题的研究提供了一定的空间。我主要

* 聂有财，吉林师范大学历史文化学院副院长、副教授。

从以下四个方面探究：一是内迁恰喀拉人的源流；二是咸丰同治年间恰喀拉人内迁缘由；三是内迁恰喀拉人的安置；四是恰喀拉人的民族与国家认同。

关于恰喀拉人的源流，在《清代三姓副都统衙门满汉文档案选编》中有明确记载，他们原隶属宁古塔副都统衙门，雍正六年（1728年）五月，经吉林将军奏准，将其划归三姓副都统衙门管辖，以便就近缴纳贡貂及候赏。乾隆十六年（1751年）和四十四年（1779年），规定此等有别于赫哲和费雅喀的45户恰喀拉人，隔年在乌苏里上游呢瞒（尼满）地方集齐，缴纳贡貂并候赏，再返回吉林东部沿海、锡霍特山以南栖息地。在此后100多年内，恰喀拉人因不断孳生，应比当初45户有所增益。此即咸丰同治年间内迁恰喀拉人的源流。有的学者研究恰喀拉人，由于没有利用这部分档案，虽然对恰喀拉人的源流追溯久远，但我们可以看到清代内迁的恰喀拉人直接源于此。具体来说，恰喀拉人生活的区域位于乌苏里江、兴凯湖等地，活动的区域大致就在锡林郭勒山南部、乌苏里江上游。1860年，中俄《北京条约》签订后，这部分恰喀拉人开始内迁至绥芬河附近和珲春等地。关于恰喀拉人内迁的缘由，也可从档案中找到。据档案记载，咸丰九年（1859年）由于水灾问题，恰喀拉人生计困难，所以内迁至珲春。但水灾问题只是直接原因，在咸丰九年之前，为什么就没有关于恰喀拉人因为水灾问题而内迁的记载呢？实际上这与当时的大背景有关。《瑷珲条约》签订后，沙俄侵略势力延伸到乌苏里江南部，严重压缩了恰喀拉人的生存空间。另外，由于自然灾害，他们又不能随意迁徙到其他地方，只能选择内迁，所以其内迁的根本原因还是俄国的侵略扩张。当时清政府对于内迁的恰喀拉人也有一种认同，在中俄《北京条约》第一条中就写明恰喀拉人是《北京条约》中所指"中国旧居渔猎、俄国不得驱逐之人"中的一部分。

本文研究的意义是对俄国人调查报告做出回应，因为长期以来俄国人在这方面做了很多调查，都强调汉人对恰喀拉人的欺压，而对俄国人的侵略压迫行为则轻描淡写甚至闭口不谈。实际上，在俄国势力进入乌苏里江流域之前，就有很多满族人、汉族人和恰喀拉人在这里一起生活，咸丰同治年间恰喀拉人的内迁根本上是由于沙俄的侵略。换句话说，沙俄侵略最终促使恰喀拉人民族意识和国家意识的觉醒。

（整理人：张祥）

祁进玉致闭幕词

祁进玉*

非常感谢吴楚克老师的邀请，我也很高兴能参加这个会议，因为这个会议非常重要，我从悉尼乘飞机回来，早上一到家就赶来参会。吴（楚克）老师也为这个会议精心准备了很长时间，我去国外之前，他就跟我说了，让我致闭幕词。我非常高兴，见到了很多老朋友，也认识了很多新朋友。边疆学研究会议放在中央民族大学召开，由吴楚克老师来召集，各位学术前辈和青年才俊济济一堂，讨论了整整一天的时间。并且每个人的发言时间都很充分，我觉得这样的论坛非常好，很务实，就像早上麻国庆老师所说的我们没有邀请校领导。在这里，我谈谈自己的一点感受。

边疆研究这一块，我虽然也在关注，但没有写研究论文。这次会议有几个很重要的议题。首先是跨界和地缘安全。虽然在探讨过程中，各位老师更为关注构建中国边疆学的理论和实践问题，这当然也是一个很大的话题。我觉得有几个很重要的关键词。首先是"全球化"，全球化的话题带来了我们所讨论的这些问题，包括中国社会近几十年来社会科学界所关注的重大问题。另外，就是2013年以来的"一带一路"倡议和习近平总书记提出的"人类命运共同体"概念，不仅在中国学术界，在全世界的学术界关于这方面的讨论都很多。前年（2016年），我应邀到澳大利亚墨尔本的大学参加学术会议，他们特别关注丝绸之路东端的民族关系，其实说白了就是新疆、甘肃、青海、西藏等区域的民族关系研究。与会学者既有对中国观点支持的，也有一些反对的声音。中国学者做中国边疆研究，非常重要，也很不容易，在座的马大正、方铁老师以及其他学者一直都在努力。其次，

---

* 祁进玉，中央民族大学民族学与社会学学院民族学系主任、教授。

我们既然讲全球化，也就有一个"全球在地化"的问题，与地方性知识相关的，西方学术界也讨论很多，叫作"全球在地化"。所以就出现了"文明冲突论"以及杜维明先生等对这一理论的回应。东亚文明之间并不必然是冲突的，它有可能是和谐的，我认为这种关于东方与西方，关于边疆和社会治理的讨论非常重要。另外，我们谈到边疆研究，就会产生一个重要的跨学科研究领域——认同，包括跨界民族、地缘安全。关于对跨界、跨境、跨国等词的讨论，近些年在中国社会科学界也特别多。不管是用跨界民族、跨境民族、跨国民族中的哪一个，它都会涉及一个非常复杂的社会认同问题。尤其近几年关于民族认同与国家认同的讨论，学术界有两种非常极端的观点。一种认为民族意识和民族认同强，就会削弱国家认同感；另外一种观点认为民族认同和国家认同之间没有必然联系，不是一种此消彼长的关系。我们研究边疆少数民族地区，我们今天谈的边疆只是传统意义上的边疆，但实际上边疆已经不在边疆地区了，边疆学也不是边缘学科，是一种显学，是引起社会很大关注的学科。各位学者的讨论，对我来说，有这样几个启发。中国边疆学研究的时代议题，特别是吴楚克老师在这个会议中提到了边疆学理论的创新和发展问题，我认为涉及研究范式、方法论以及具体研究方法的转换，需要理论创新。而要做到理论创新，我认为以下两方面的研究仍需加强。一是理论研究，在座的各位都做了很多的工作，但仍然需要加强。二是应用性研究，这是中国社会科学界普遍比较薄弱的地方。理论要创新，只有把理论研究和经验或实践研究结合起来，才能提出中国自己的富有特色的边疆学理论体系。另外，我的感受是，与会学者讨论中国边疆学研究的领域很大，它是一个跨学科、跨专业的对话和比较研究，除了对重大社会问题的关注，还要关注边疆少数民族以及社会治理的问题。比如现在强调怎么用传统的习惯法来辅助解决目前在边疆地区的法律实施困难问题，以及提升边疆社会的治理能力，所以也需要跨学科的各位学者积极参与、通力合作。谢谢大家！

（整理人：张祥）

附录 2018 年开启"解构边疆观与重构边疆学"*

吴楚克 马 欣**

一 目前边疆理论研究面临的主要问题

(一) 由"中国边疆史地"到"中国边疆学"的建构路线是否正确?

马大正先生在《二十世纪的中国边疆研究——一门发展中的边缘学科的演进历程》一书中提出:"创立一门以探求中国边疆历史和现实发展规律为目的的新兴边缘学科——中国边疆学,这就是肩负继承和开拓重任的中国边疆研究工作者的历史使命!"[①] 马大正是中国边疆学的首倡者,他也竭尽全力呼吁构筑中国边疆学,通过《关于构筑中国边疆学的断想》[②]、《深化边疆理论研究与推动中国边疆学的构筑》[③]、《边疆研究者的历史责任:构筑中国边疆学》[④]、《关于中国边疆学构筑的几个问题》[⑤]、《略论中国边疆学的构筑》[⑥] 等文章,苦心孤诣地指出构筑中国边疆学的意义、任务、目的,并

---

* 本文是吴楚克主持的国家社会科学基金重点项目"中国边疆学原理研究"(项目批准号 17AZD019)的核心成果。
** 吴楚克,中央民族大学教授;马欣,中央民族大学 2017 级博士研究生,讲师。
① 马大正、刘逖:《二十世纪的中国边疆研究——一门发展中的边缘学科的演进历程》,黑龙江教育出版社,1997,第 285 页。
② 马大正:《关于构筑中国边疆学的断想》,《中国边疆史地研究》2002 年第 4 期。
③ 马大正:《深化边疆理论研究与推动中国边疆学的构筑》,《中国边疆史地研究》2007 年第 1 期。
④ 马大正:《边疆研究者的历史责任:构筑中国边疆学》,《云南师范大学党报》2008 年第 5 期。
⑤ 马大正:《关于中国边疆学构筑的几个问题》,《东北史地》2011 年第 6 期。
⑥ 马大正:《略论中国边疆学的构筑》,《新疆师范大学学报》2013 年第 5 期。

描绘了中国边疆学的理论框架和学术史。"中国边疆研究由单一学科层面向多学科层面发展,既符合学术发展的一般规律,又凸显出该学科的独特性。当仅仅依托单一学科的理论、方法和手段已不足以全面诠释中国边疆所面临的诸多问题时,由中国边疆史地研究向中国边疆学的学术转型就成为必然。"① 马大正先生指出中国边疆学经过"千年积累,百年探索,最近三十年实践才有发展"。千年积累喻中国历史悠久,疆域辽阔,边疆纪实及研究的历史遗产既是前人对边疆实况的记录,也往往反映了作者的世界观和方法论。百年探索,实际上是涵盖了 19 世纪至 20 世纪两个百年的时段。

首先,千年积累的中国边疆历史和百年探索的中国边疆治理依然汇集在中国边疆史地研究领域,历史学、地理学和历史地理学没有被新的一级学科取代,中国古代疆域史和中国历代疆域治理依然属于历史学科,而且,"中国历代边疆治理"的提法如果与"中国历代内地治理"的提法并列,我们会发现一个角度问题,与当今国家民族政策倡导的基本观点存在矛盾。

其次,近 30 年的跨界学科交叉发展,集中在边疆政治、边疆民族、边疆文化和边疆安全方面,依托中国边疆历史地理研究成果而衍生的这些理论基本是对现时代实践要求的回应,并没有基于一个新的共同的规范的学科共识,也就是说,这些跨学科交叉研究成果主要集中于历史研究领域,交叉的成果主要是政治性的、政策性的,缺乏共同的学理基础。

再次,学科的扩展,并不意味着新学科的诞生。如经济学,可以有民族经济学、宏观经济学、微观经济学、工业经济学、农村经济学、理论经济学、政治经济学,进一步延伸为价格理论、数码经济、市场学、营销学、媒体经济学等,虽然涉及社会科学和自然科学的很多领域,却依然归属于经济学范畴。因此,边疆历史和地理研究成果的极大丰富,并不能表明从历史地理研究中诞生一个新学科。

最后,一个概念产生的时间是否久远,与一个学科是否产生并没有直接关系,同样,一个学科的形成发展与官员倡导和政府认定也没有直接的关系。一些人焦虑"中国边疆学"始终没有出现在教育部的"学科目录"中,以为造出更大的声势,就会引起相关部门的关注。迄今为止,人类知识体系结构中的自然科学和社会科学的分类及目录,哪些是被官方宣布后

---

① 马大正:《当代中国边疆研究》,中国社会科学出版社,2016,第 557~558 页。

形成和发展起来的？人类探索自然和社会的实践活动是一切学科产生和消亡的"自然生成史"，即使在某个短暂的历史阶段或许会出现少数人为的"学科、学术"，但只有沿着人类社会分工进程、始终追随科学探索规律的知识体系和学科分类才能存在下去。

（二）坚持以历史为基础构筑中国边疆学，就存在如何处理"王朝边疆学"和"民族国家边疆学"的问题

这是一个研究中国边疆理论无法回避的"悖论"："假如不做学理层面的切割、澄清和分辨，就会古今混淆、中外不分，错乱丛生甚至谬误百出。假如我们讨论的这个'边疆'不做刻意的时空规范，就会落在当今国家政治体制观念的解释框架之内。"① 毫无疑问，这是一个真实存在的问题。

首先，以历史为基础的中国边疆学研究思路必然面临这个问题，这也是当前大多数中国边疆学研究者占据的主要阵地，然而，这也是他们无法突破的高地。毫无疑问，中国边疆历史研究的大量成果为中国边疆理论研究构筑了牢固基础，"中国边疆史地研究"充实了历史学科并当之无愧地创新发展了历史研究领域。这个研究思路依然可以延续到近现代中国边疆史，但混乱也出现在这个历史时段，"观念的历史要逃出历史的观念"，"王朝时代"的结束也终结了历史边疆，共和国开启了新的边疆历史，如果中国边疆学仍然围绕着边疆历史转，就只能挖掘历史上的边疆概念演绎。

其次，认为"中国边疆发展的大势"是：第一，原为边疆地区后变为内地的一部分；第二，曾是域外或边疆地区现仍为中国边疆的组成部分；第三，曾是中国边疆地区而后成为我国域外之地。② 这三个边疆发展的大势实质依然是历史问题，变化的根本局限在利用新的政治观念和历史观，加入民族史和周边国家关系史，历史部分只是避免陷入"当今国家政治体制观念的解释框架之内"。然而这样的理论研究，仍然不是中国边疆学的研究思路，还属于中国边疆史的范畴。"传统的边疆史研究主要关注的是疆域的演变、边疆政策、治边思想和机构设置等基本问题，并涉及边疆社会生活、边疆开发、边疆战乱等问题，但随着边疆史研究的不断深入和新时代边疆

---

① 李鸿宾：《中国边疆研究概念的认识与界定》，《中国边疆史地研究》2018年第3期。
② 马大正：《当代中国边疆研究（1949—2014）》，中国社会科学出版社，2016，第578页。

史研究的客观要求仅仅局限在这一固定的研究范式中是远远不够的。"① 正是在这样的边疆史研究观点推动下,扩展和融通成为近30年中国边疆历史研究大发展主流,而不是建构中国边疆学的通道。

再次,基于所谓"历史上"边疆概念的含义来解释中国边疆学中的"边疆",仍然是历史材料的罗列加想象描述,因为这样依然不能在中国边疆学方法论上有所突破,反而加剧了"边疆"的复杂性,好像人们对边疆的客观性现实性无法认识,只能用特征来加以描述。无论特征有多少,边疆的本质规定是存在的,如李鸿宾教授指出:"边疆首先是疆域的构成部分,疆域是人群活动依托的空间场所……当国家这类政治体将它的统治权置于这一特定的空间场域之时,这个空间就变成了所谓的疆域。如此看来,边疆是国家拓展的结果,它表明的是国家政治体权益在空间布局上的维系。"② 这才更接近中国边疆学的边疆定义。

最后,中国边疆历史与中国史相伴,不能割裂,试图通过突出中国边疆史的特殊性来分割中国历史的完整性,或者试图与中国历史并行相对,都是对中国历史及疆域完整性的破坏,这也不是对中国历史研究的深化和拓展。"可以说,多民族国家的基本格局是中国古代历史上的常态,也是馈赠给近当代一笔丰厚的历史文化遗产,并内化为凝聚与稳定中国疆域基本形态的强大力量,一直延续至今。就历史传统与当今现实而言,中国从来就不是某个或某些民族的中国的边疆与内地一样,都是中国各民族共有的家园。正因为如此,即使有近代以后西方列强不断入侵和蚕食,以及所谓的近代'民族-国家'理论和国家学说的影响甚至冲击,中国疆域的基本形态依然没有发生根本性变化。"③

二 解构中国边疆观需要的基本知性知识

(一) 需要纠正的几个基本思维路径

存在都有自己的规定性,即一事物存在的内在本质,相对客观存在比

---

① 田澍:《互动与融通:新时代中国边疆史研究的客观要求》,《中国边疆史地研究》2018年第3期。

② 李鸿宾:《中国边疆研究概念的认识与界定》,《中国边疆史地研究》2018年第3期。

③ 王欣:《关于中国边疆学学科话语理论体系建构的几点思考》,《中国边疆史地研究》2018年第3期。

较好确证其规定性，比如可以通过人们的感觉器官和知性判断来证明其存在，而有些社会存在需要透过现象才能揭示其本质，边疆就属于这类社会存在范围。

一是相对于人这个主体存在，边疆的本质是客观存在的，即边疆范畴中的地域性是边疆的本质规定。不管边疆在时空范围内推进还是缩减，扩大还是减少，特指一定的地域范围是不变的，变的是空间和时间，不变的是特定地域范围。

二是人们把这样特定地域范围的认识抽象化为"边疆"概念，逐步形成这一概念抽象的本质规定性，至于历史上如何演变，一方面是属于边疆历史研究范畴，另一方面是属于历史语言学研究范畴。通过"搜索文献"来研究边疆概念则属于资料归纳。事物存在的客观性拥有否定所有强加在该事物存在本质规定之外的天然能力，这是一个仅凭权威和简单多数根本无法战胜的自然本性，更不是靠声音大小和文章多少就能确证胜负的规律。如果我们的研究是对纯粹科学理论的追求，那么，摒弃学术上的"占位""结盟"，放弃词语上的"创新""构造"，努力前行，留下让后人值得评说借鉴的思维成果，才能真正为中国边疆学理论研究做出贡献。

三是国家的产生和存在不是抽象的，用国家观念取代国家实在是人们常常犯的错误，因为人们只能就自己生命存在的时段去判断国家的存在，无法把人类存在并发展到国家形态的历史视为客观，然而，就国家存在的历史而言，国家是典型的社会客观存在，就像人们学会穿衣服一样，衣服的历史就是人的历史的一部分，通过构成衣服物质到样式的研究，可以揭示人类物质生产发展史，国家就是人群进化的客观历史存在，今天的国家形态丰富性和完整性与历史上以往任何国家形态不可同日而语，但本质没有变化，正如衣服的丰富性和多样性也与以往无法同日而语，但衣服的本质没有变化。如果确立了这样的国家观，边疆观就要服从国家观。

四是边疆的政治含义是国家形态赋予的，如果国家形态发展是人类社会进化的客观事实，那么，边疆的政治含义当然属于那个国家时空发展的一个客观事实，因此，历史上不同时段的边疆本质规定中拥有的政治含义是社会客观存在，应当属于政治学和管理学的研究范畴，而不是历史学的研究范畴。比如中国古代边疆治理史，是中国古代历史上封建王朝对远离中央地域的周边地区和民族的治理史，和边疆学理论本身没有直接关系，完全属于中国古代史的应有之义，试想，如果说中国古代边疆治理史不属于中国古代史，那么，中国历史必然是不完整的。因此，在历史、民族研究中涉及边疆地区，使用历史的、民族的、政治的、文化的、管理的等研究方法，并不能改变研究对象的本质存在，而边疆本质中的政治学意义和地理学意义是构成中国边疆学的内容之一。

（二）边疆的本质规定

第一，边疆的本质规定是指人们活动的特定区域，这个区域被组织起来的统一的机构认定为远离中心区域，并行使有效的管理。边疆作为人类社会的对象性存在是客观的，客观边疆的基本特征是变动，不同时代不同国家的边疆始终在变动当中，不变的是边疆的本质含义。客观边疆的根本特征是政治利益最大化，无论是希望拓展还是保持稳定，边疆都是国家政治利益的敏感部分。

第二，不能用"形态想象"代替边疆本质，因为边疆的客观对象性特征，人们很容易用对象性存在来想象边疆。比如把边疆定义为"国家疆土远离统治中心的边缘部分"，可是，"尽管边疆具有边缘性，但中国的边疆并不必然是边远地区……同时，边缘与中心是相对的，这种相对性绝不是简单的'手脚'与'心脏'的关系，更不是简单的'边缘'与'根本'的关系。在中国传统的国家治理体系中，'边缘'并不意味着无足轻重，可以随意舍弃。而传统的'守在四夷'也是偏颇的，此'守'仅仅是外在形式，真正的'守'在中央而不在边疆。"[①] 而且，边疆是国家的边缘地带，这个观点的前提是需要对具体国家分别研究确定，那种把所有国家的边缘部分都想象为"边疆"，忽视了国家形态的复杂性和边界的多样性、变更性，如果以此来扩大边疆范围，扩大边疆学研究的应用广度，其实是舍本逐末，搞乱了边疆学理论的研究对象。

第三，也不能用边疆的特征来代替边疆的本质。就像蛋糕的本质是构成蛋糕的面粉、鸡蛋等物质实体，吃了不饿是食物包括蛋糕的根本目的，至于是蒸的还是烤的，是其特点不是本质。边疆历史、边疆地理、边疆政

---

① 田澍：《互动与融通：新时代中国边疆史研究的客观要求》，《中国边疆史地研究》2018 年第 3 期。

治、边疆民族、边疆文化、边疆旅游，甚至边疆多形态性等都是一般边疆含义下的独立门类，就像面粉是所有以面粉为原料构成的食物的本质一样，边疆的一般性含义存在于以上各个学科、部门和门类，这些有边疆因素的学科、部门和门类的存在并不要求边疆学都要把它们作为自己的研究对象，显然，这也是边疆学根本做不到的。同时，我们发现"边疆"恰恰是一个抽象的一般性范畴，也就是说，一般性和普遍性是边疆概念达到范畴意义的基本特征，有了这个特征，中国边疆学应该是可以存在并逐步建构起来的。

第四，走出历史的边疆，跨越民族的边疆，解构中国边疆观就需要提炼边疆的一般性。或者说，我们需要对边疆本身进行纯粹理论研究，而不再是策论式或应用性研究，因为只有把中国边疆学本身的基本理论问题作为研究对象，才会就"边疆"的"元"问题有所深入和创新。目前，真正就边疆"元"问题进行研究的不多，因而，理论研究的价值和空间都很大。问题在于，研究者需要在"边疆观"方面进行"二次重构"：一次是重新批判式解构中国边疆历史和边疆观，从中提炼和再造一般边疆范畴的含义；一次是以政治学为基础，重新整理和创新近代以来中国边疆理论研究成果，重构中国特色的边疆学。

第五，解构边疆观面临许多理论和现实问题，正如马大正先生指出："中国边疆是一个历史的、相对的概念，只有综合考虑政治、军事、经济、文化和地理位置等方面的因素后，才能得出一个相对明确的答案……事实上，人们在研究边疆问题时都有自己的着眼点，这其中既有综合性考虑问题的，也有就某个局部问题进行研究的。"① 因此，从不同角度研究中国边疆问题是这门理论研究的最大特点，也出现众说纷纭、莫衷一是、利益均沾之怪现象。我们的一些研究者"对诸如中国边疆历史和现状缺乏透彻的了解和深刻的把握，采取削足适履的做法进行研究，其结论不科学是肯定难免的。还存在个别学者无原则吹捧西方理论，又无原则贬低中国的研究的情景，还有自身对边疆情况缺乏扎实的实地调研和深入的分析，纸上谈兵，理论脱离实际的情况，也直接影响到其成果的科学性和学术上的创新"②。

① 马大正：《当代中国边疆研究（1949—2014）》，中国社会科学出版社，2016，第6页。
② 张云：《中国边疆研究的内涵和特征刍议》，《中国边疆史地研究》2018年第3期。

三　重构边疆学的目的、路径和困难

（一）重构中国边疆学的主要目的

首先，应该给出边疆概念的基本定义，如果顾忌历史上的边疆①、政治上的边疆、非边疆国家的存在②，那么，边疆就没有本质含义，就不是一个真实的范畴。按照语言逻辑的判断，抽象概念是对事物、情感、思想的类指，比如物质和精神、激动和冷峻、团结和统治，而对一类事物的抽象概括，比如水果、民族、国家，都是在概括具体事物的特征基础上形成的，水果概念的存在必须依赖具体水果的存在，即如民族概念的存在必须依赖各个民族的存在。那么，任何一个概括性抽象概念的出现都与人类认识该类事物的历史过程和未来方向直接相关，从这个意义上说，人类认识对象世界的实践活动是无限的，因而，真理是相对的。而认识过程的阶段性本身不能完全代表这个概念的全部，正如边疆概念，它的历史、它的政治、它的文化并没有限制边疆概念的本质内涵：国家的边缘。这个"缘"可大可小，这个"国"可早可晚，但前提是必须针对某个具体国家形态，当下的"边疆"就是当下的国家"边缘"。

其次，前面我们提出："边疆的本质规定是指人们活动的特定区域，这个区域被组织起来的统一的机构认定为远离中心区域，并行使有效的管理。边疆作为人类社会的对象性存在是客观的，客观边疆的基本特征是变动，不同时代不同国家的边疆始终在变动当中，不变的是边疆的本质含义。客观边疆的根本特征是政治利益最大化，无论是希望拓展还是保持稳定，边疆都是国家政治利益的敏感部分。"这个定义包含：一是特定区域，地理性质的；二是政治利益，国家性质的；三是动态稳定，边缘性质的。这些本质规定把中国边疆学中的历史的、民族的因素放到次要位置。

---

① 李鸿宾在《对"中国边疆研究"概念的认识与界定》一文中主张："中国边疆学之分作王朝与民族国家两个阶段，这是就其时间而言的……边疆一词的前提应是地理疆域，即人群被严密地组织在特定地区共同维系生产活动的架构之内，地域的观念才具有疆界的属性。"

② 张云在《中国边疆研究的内涵和特征刍议》一文中认为："今天的中国也与世界上大大小小的国家在边疆的理解上存在不同。比如像城市国家新加坡、国中之国梵蒂冈、欧洲领土面积相对较小的比利时、卢森堡、瑞士等，都比较独特，它们有无或者是否也要定义边疆？"

再次，"批判的武器不能代替武器的批判"，换句话说，概念的应用范围不能代替表达的观念，正如"边疆"概念的应用并不能完全表达边疆的范畴意义，对应边疆范畴下的分门别类，比如边疆民族、边疆文化、边疆政治、边疆地理、边疆历史、边疆区域、边疆军事、边疆防御，甚至边疆旅游、边疆风情、边疆小吃等，边疆宽泛的涵盖使边疆这个概念表达出来的意义超出了"边疆"本义，边疆范畴"区域的政治的"本质发生外溢，这就使我们不得不对"边疆学"进行重构，以准确理解中国边疆学应该有的范畴意义。

最后，范畴是指一类事物的基本性质、一般规律的概念，范畴是指明类别的，含义是立体的。比如物理学是指一个学科，"物理"就是一个范畴，"边疆学"成为一个学科，"边疆"的范畴意义是指边疆的基本性质和一般规律，边疆概念的边缘与中心界线是立体的，可以涵盖很多与边疆范畴发生本质联系的事物，因此，边疆应有的范畴意义完全支撑边疆学的内涵建构。

（二）重构中国边疆学的路径

第一，从某种意义上说，中国边疆学就是中国特色的地缘政治学，以政治地理学为基础，构筑中国的地缘政治学，也就是中国边疆学。这需要"双重重构"：一是重构西方地缘政治学的理论成果，消化中国边疆历史的地缘政治经典材料；二是批判西方地缘政治理论，重构中国地缘政治思想，建设有中国特色的地缘政治学，即中国边疆学。如果世界上拥有典型边疆的国家和拥有典型边疆历史的国家屈指可数，那么，中国就是典型中的典型，因此，构筑中国边疆学，就是中国特色的地缘政治学。

第二，中国边疆学的理论规范应该遵循当代中国政治思想和政府政治制度，中国边疆的过去、现在和未来都存在客观的运行轨迹，各时代政治制度都力图把控边疆的发展趋势。然而，无论中国边疆历史多长，无论中国边疆治理史多成功，我们都无法回到过去。同样，无论近代中国边疆如何失地丧权，无论当代中国边境保卫战如何成功，我们都无法把边疆从政府政治中脱离。总之，边疆的本质规定就属于国家政治利益的集中体现，所以，依靠政治学的最新成果，不断创新中国边疆政治学，为中国边疆学的政治利益观开拓进取，为中国共产党领导下的中国特色社会主义制度下的中国边疆学理论建设做出努力!

第三,边疆安全与稳定似乎是边疆理论研究的应用核心,这也从相反的方面证明边疆的变动是常态。从国家生成史的角度看,边疆变动的确是常态,只不过历朝历届政府都把"传教化,守四方"作为边疆治理的宗旨,目的是保障封建姓氏王朝千秋万代,因此,王朝时代边疆的核心在"人"不在"地",土地是搬不走的,创造地上财富的是人,所以统治的对象是人。然而,正如一个蒙古族民间谚语讲到"世上没有百代的王朝",在中国历史舞台上轮番更迭的朝代必然引起边疆变动。及至王朝时代结束,边疆成为国家政治利益的核心部分,成为主权的直接体现,就像过去地球表面的国家分割是平面的,现代国家在地球表面的分割是立体的,态势上全面的、整体的国家存在让国家"立体边缘"意义重大且复杂多样,于是,出现地缘政治学也就实属正常,应运而生的中国边疆学也应该是顺应自然,重构中国边疆学就是打开学科理论产生的自然通道。

(三) 面临的主要困难

习近平总书记《在哲学社会科学工作座谈会上的讲话》中指出:"哲学社会科学发展战略还不十分明确,学科体系、学术体系、话语体系建设水平总体不高,学术原创能力还不强。"[1] 习近平总书记的讲话切中要害。

首先,中国边疆学远看清晰,近观模糊,原因是有名称无"线路"。边疆就是一个社会,社会科学研究的所有方面边疆都有,而且边疆历史独特,所涉内容庞杂,仅有一个"中国边疆学"的名称,却没有明确的"线路和站点",众学者风起云涌,各显神通,成果丰硕,但在中国边疆学基本理论创新和系统化方面成果不多,特别是支撑学科体系的概论、原理、论纲类成果鲜有。所以,中国边疆学的建构需要在方法上创新,在路径上突破,然而,方法上创新的最大困难是没有"现成方法",路径上突破的最大问题是分歧太大。

其次,研究环境和政治限制也是一个客观存在的困难。马大正先生讲:"要理顺研究与决策的关系……在研究与决策中,决策者是矛盾的主要方面,在正确处理两者关系时,决策者需要有更多的政治家气度与远识,应

---

① 习近平:《在哲学社会科学工作座谈会上的讲话》,人民出版社,2016,第7页。

该为研究者进行实事求是的研究提供更有利的条件和保证。"① "正因为是科学事业，边疆史地的研究过程中，出现匡正旧说、提出新见的事，论断分歧、发生争议的事，都是不可避免的、正常的，都是学术发展的契机。也正因为如此，边疆史地的研究的成果所表述的只是学者们的学术见解，而不是代表任何社会集团的意愿，更不是代表政府在边疆问题上的政策和态度。"② 我们需要这样的见解和态度，才能有所创新，有所发展。

最后，坚持马克思主义的基本观点与坚持追求真理的严谨的科学精神是构筑中国边疆学亟待解决的理论前提。马克思指出："每一历史时代的经济生产以及必然由此产生的社会结构，是该时代政治的和精神的历史的基础"③。更为可贵的是，他们在《共产党宣言》发表 25 年后再版的序言中重新审视自己的作品时指出："这些原理的实际运用，正如《宣言》中所说的，随时随地都要以当时的历史条件为转移，所以第二章末尾提出的那些革命措施根本没有特别的意义。如果是在今天，这一段在许多方面都会有不同的写法了。"④ 过了 16 年恩格斯写的再版序言中，仍然引用这段话。从 1848 年到 1888 年，40 年里他们反复推敲自己指导世界工人阶级革命的作品。中国边疆学的发展与创新太需要这样重新审视自己的方法论与研究成果，没有这种精神是难以前进的。

---

① 马大正：《中国边疆学构筑札记》，中央广播电视大学出版社，2016，第 280 页。
② 马大正：《中国边疆学构筑札记》，中央广播电视大学出版社，2016，第 280~281 页。
③ 《马克思恩格斯全集》第 28 卷，人民出版社，2018，第 8 页。
④ 《马克思恩格斯全集》第 28 卷，人民出版社，2018，第 531 页。

编后记

2018 年 11 月 20 日，第四届中国边疆学理论创新与发展高层学术会议在中央民族大学召开，会议依然延续了前三次的主题和内容，只不过改革了会议形式，让每位学者尽可能地发挥自己的见解，让听众尽可能地提出问题。同样的主题和内容在五年以后已经发生了很大变化，每个人持续不断地思考同一个问题或者相近的内容时，其实就是科学研究的最好形式。人一生把一个问题搞清楚其实很不容易，因为这个问题与周围的相关问题纠缠在一起，穷尽一生才可能把这个问题捋清晰。马大正老师就一直在捋，我们接着继续捋。

在中国边疆学理论研究过程中，区别学科与学术的关系十分重要，很多人始终围绕着中国边疆历史、边疆政治、边疆民族、边疆文化、边疆保卫、边疆旅游等展开，这些都很好。关键是它们与中国边疆学是什么关系？是否把这些东西都装到"中国边疆学"目录里，中国边疆学就完成了？其实不是。学科的产生是人类探索客观对象的必然结果，是人类思维在某个领域独立形成思维规律和范畴的积累完成，而不是归纳、汇集，更不是官方指定。

学术机构的设立是必要的，是探索和开展研究的条件，但是在目前形势下，很多学术机构的设立是因人因物，不单纯是因研究问题的需要，结果是投入产出不成比例。中央民族大学成立中国边疆学研究中心，目的是吸引专门的学者投入专门的研究当中，所以，坚持初衷，连续出版"中国边疆学理论创新与发展报告"，到今年是第四本。虽然不能说有多大的代表性，但应该说能够代表一个比较开放的研究群体和研究角度，始终关注中国边疆学理论的创新与发展。在 2017 年获得国家社会科学基金重点项目

"中国边疆学原理研究"后，这本报告就更具针对性和建设性，为完成该项课题提供研究成果发表的平台，希望在第五本《中国边疆学理论创新与发展报告》中，充分展示"中国边疆学原理研究"的成果。

吴楚克　王　浩

2019 年 6 月 6 日

图书在版编目（CIP）数据

中国边疆学理论创新与发展报告. 2019 / 吴楚克，
王浩主编. -- 北京：社会科学文献出版社，2021.4
　　（中央民族大学民族学与人类学丛书）
　　ISBN 978-7-5201-6738-3

　　Ⅰ.①中… Ⅱ.①吴… ②王… Ⅲ.①疆界-研究报
告-中国-2018 Ⅳ.①K928.1

中国版本图书馆 CIP 数据核字（2020）第 092919 号

·中央民族大学民族学与人类学丛书·
中国边疆学理论创新与发展报告（2019）

主　　编／吴楚克　王　浩

出 版 人／王利民
责任编辑／黄金平

出　　版／社会科学文献出版社·政法传媒分社（010）59367156
　　　　　　地址：北京市北三环中路甲 29 号院华龙大厦　邮编：100029
　　　　　　网址：www.ssap.com.cn
发　　行／市场营销中心（010）59367081　59367083
印　　装／三河市龙林印务有限公司

规　　格／开　本：787mm×1092mm　1/16
　　　　　　印　张：18.25　字　数：294 千字
版　　次／2021 年 4 月第 1 版　2021 年 4 月第 1 次印刷
书　　号／ISBN 978-7-5201-6738-3
定　　价／98.00 元

本书如有印装质量问题，请与读者服务中心（010-59367028）联系